Hernandes Dias Lopes

1SAMUEL

Da teocracia à monarquia em Israel

© 2023 Hernandes Dias Lopes

1ª edição: julho de 2023

Revisão
Luiz Werneck Maia
Patrícia Murari

Diagramação
Letras Reformadas

Capa
Claudio Souto (layout)
Julio Carvalho (adaptação)

Editor
Aldo Menezes

Coordenador de produção
Mauro Terrengui

Impressão e acabamento
Imprensa da Fé

As opiniões, as interpretações e os conceitos emitidos nesta obra são de responsabilidade do autor e não refletem necessariamente o ponto de vista da Hagnos.

Todos os direitos desta edição reservados à
Editora Hagnos Ltda.
Rua Geraldo Flausino Gomes, 42, conj. 41
CEP 04575-060 — São Paulo, SP
Tel.: (11) 5990-3308

E-mail: hagnos@hagnos.com.br
Home page: www.hagnos.com.br

Editora associada à:

Dados Internacionais de Catalogação na Publicação (CIP)
Angélica Ilacqua CRB-8/7057

Lopes, Hernandes Dias
  1Samuel: da teocracia à monarquia em Israel / Hernandes Dias Lopes. — São Paulo: Hagnos, 2023.

  ISBN 978-85-7742-421-4

  1. Bíblia. A.T. Samuel
  2. Crítica e interpretação
  I. Título

23-3357   CDD 222.4306

Índices para catálogo sistemático:
1. Bíblia. A.T. Samuel, 1 - Crítica e interpretação

Dedicatória

Dedico este livro ao querido amigo e irmão Cláudio Vieira, servo do Altíssimo, vaso de honra nas mãos do Senhor, bênção de Deus em nossa vida e cooperador de nosso ministério.

Sumário

Prefácio 9

Introdução 13

1. **Surge uma luz em meio à escuridão**
   (1Sm 1:1-28) 25

2. **Um hino de exaltação ao Senhor**
   (1Sm 2:1-11) 39

3. **Eli e seus filhos, uma família que fracassou**
   (1Sm 2:11-36) 49

4. **O chamado de Samuel e o juízo sobre a casa de Eli**
   (1Sm 3:1-21) 63

5. **A banalização do sagrado**
   (1Sm 4:1-22) 73

6. **A arca da aliança entre os filisteus e o poder vingador de Deus**
   (1Sm 5:1-12) 89

7. **A arca da aliança de volta a Israel**
   (1Sm 6:1-21; 7:1,2) 99

8. **Ebenézer, o Deus ajudador**
   (1Sm 7:3-17) 109

9. **Um rei que nos governe**
(1Sm 8:1-22) 121

10. **Saul, o primeiro rei de Israel**
(1Sm 9:1—10:27)...135

11. **Deus salva o seu povo**
(1Sm 11:1-15) 147

12. **A mensagem de despedida**
(1Sm 12:1-25) 157

13. **Provado e reprovado**
(1Sm 13:1-23) 167

14. **O triunfo da fé**
(1Sm 14:1-23) 177

15. **Um grande pequeno homem**
(1Sm 14:24-52) 187

16. **Obediência é o que Deus requer**
(1Sm 15:1-35) 199

17. **Quando Deus escolhe os improváveis**
(1Sm 16:1-23) 215

18. **Um vencedor de gigantes**
(1Sm 17:1-58) 225

19. **Amor e ódio numa mesma família**
(1Sm 18:1-30) 241

20. **Livramentos de morte**
(1Sm 19:1-24) 251

21. **A um passo da morte**
(1Sm 20:1-43) 263

22. **Um homem em fuga**
(1Sm 21:1-15) 273

23. Um espetáculo de horror
(1Sm 22:6-23) 285

24. Traições e livramentos
(1Sm 23:1-29) 297

25. Lições da caverna
(1Sm 24:1-22) 309

26. Entre a loucura e a sensatez
(1Sm 25:1-44) 321

27. Vingança não; misericórdia!
(1Sm 26:1-25) 343

28. Davi, o incrédulo
(1Sm 27:1-12) 353

29. Saul e a necromante
(1Sm 28:3-25) 367

30. Davi, o suspeito
(1Sm 29:1-11) 383

31. Tomando de volta o que o inimigo levou
(1Sm 30:1-31) 393

32. O trágico final de um rei impenitente
(1Sm 31:1-13) 407

Prefácio

Tenho a grata alegria de apresentar aos nossos leitores o primeiro livro de Samuel. Escrevi-o com entusiasmo e com o coração tomado de emoção e de expectativa. O livro registra a história de três homens: Samuel, Saul e Davi. O profeta foi levantado por Deus para ocupar o lugar da família de Eli, o sumo sacerdote que se revelou fraco na disciplina de sua própria casa. O nascimento de Samuel foi um milagre, sua vida foi um portento e seu ministério foi exemplar. Coube a ele fazer a transição da teocracia para a monarquia em Israel. Ele teve o privilégio de ungir os dois primeiros reis de Israel, Saul e Davi. O primeiro começou bem e terminou mal. O segundo, depois de longa saga, debaixo da mais insana perseguição de Saul, ganhou notoriedade como o maior rei de Israel.

1 Samuel — Da teocracia à monarquia em Israel

O primeiro livro de Samuel retrata, com eloquência, os soberanos propósitos de Deus na História. Depois do turbulento e instável período dos juízes, no qual Israel, oprimido pelos inimigos ao redor, oscilava entre quedas e restauração divina, Deus suscita Samuel, dedicado a Ele desde o ventre, para restaurar a credibilidade do ministério profético e sacerdotal na nação, sendo ao mesmo tempo o maior juiz de sua história.

Apesar do cuidado de Deus, que trazia livramento ao povo face à ameaça de seus inimigos, Israel, invejando as nações vizinhas, clamava por um rei que lutasse suas guerras. Ao pedirem-no, estavam rejeitando o governo de Deus sobre eles. Samuel consultou ao Senhor e Ele lhe ordenou que atendesse ao clamor do povo, alertando-o, porém, sobre o alto preço que teriam que pagar. Saul foi ungido rei sobre a nação, no entanto o jovem benjamita recalcitrou contra o Senhor, rebelou-se contra suas ordens e, tomado de ciúme, perdeu-se em seu governo e tornou-se um homem violento e cruel. Deus então ordena a Samuel que vá à casa de Jessé para ungir um de seus filhos como rei de Israel. O improvável Davi, o filho caçula, foi escolhido.

Ao receber a unção, Davi não sobe ao trono, mas desce aos vales escuros das provas. Foi perseguido, caçado e espreitado por Saul por anos a fio. Na providência carrancuda de Deus, Davi estava sendo provado para ser aprovado. Primeiro Deus trabalhou nele, para depois trabalhar por seu intermédio. Em suas frequentas fugas de Saul por desertos e vales, cidades e cavernas, Deus estava moldando Davi a fim de que ele fosse um segundo Saul.

O livro termina com um Saul desesperado, entrincheirado pelos filisteus, sem qualquer estabilidade emocional e espiritual. Depois de expulsar de Israel os necromantes, ele torna-se um apóstata contraditório ao buscar uma feiticeira que supostamente contatava os mortos para falar com Samuel, que morrera. Ludibriado pelo seu próprio coração enganoso, mergulha na noite mais escura de sua alma, saindo dessa sessão mediúnica ainda mais atormentado. Seu fim é trágico. Acuado pelo inimigo, lançou-se sobre a própria espada para tirar sua vida.

Quem não escuta conselho, escuta "coitado"! Porque jamais se arrependeu e nunca emendou seus caminhos, foi apeado do poder, abrindo caminho para Davi, o homem segundo o coração de Deus, reinar.

Hernandes Dias Lopes

Introdução

1 E 2SAMUEL SÃO livros inspirados. São o fascinante registro da transição da teocracia para a monarquia em Israel. Os livros cobrem um período de mais de cem anos, quando, para imitar as nações ao derredor, as tribos de Israel reivindicam um rei. Os livros de Samuel registram a transição do período dos juízes para a época do estabelecimento da monarquia. Samuel foi o último juiz e o primeiro profeta nacional. Ele ungiu Saul, o primeiro rei, e depois Davi, seu sucessor. Os livros, portanto, falam de três personagens principais: Samuel, Saul e Davi.

Nesta introdução, faremos breves considerações acerca dos dois livros, muito embora este comentário se restringirá apenas a 1Samuel. Não nos estenderemos, por demais, nessas preliminares. Há outras obras mais específicas sobre o assunto. Nosso propósito precípuo é dedicarmos tempo à exposição.

Aqui, levantamos alguns pontos indispensáveis para uma melhor compreensão do livro. Vejamos:

O nome do livro

Tradicionalmente, as três principais divisões do Antigo Testamento são: Lei, Profetas e Escritos. Samuel e Reis encontram-se no cânon hebraico ao lado de Josué e Juízes, em uma seção conhecida como "Os Profetas Anteriores", que servia como uma demonstração da maneira providencial como Deus lidava com seu povo.[1]

Os dois livros de Samuel são os primeiros dos seis "livros duplos" que originalmente não estavam divididos e que perfaziam um total de três: Samuel, Reis e Crônicas. Juntos, esses livros contêm o registro histórico iniciado por Josué e a travessia do Jordão e estendem-se até o período do exílio babilônico.[2]

W. T. Purkiser diz que 1 e 2Samuel eram um só livro no antigo cânon hebraico. A atual divisão foi derivada da tradução da Septuaginta e seguida pela Vulgata. A Septuaginta dividiu-os e chamou-os de 1 e 2Samuel e a Vulgata, de 1 e 2Reis.[3] Carlos Osvaldo Pinto diz que os judeus somente dividiram o livro de Samuel após dezesseis séculos de cristianismo, na edição Bomberg do Antigo Testamento, datada de 1517.[4]

O motivo de o livro ter recebido o nome de Samuel foi devido à atuação predominante desse grande homem de Deus como ponto de ligação entre um período e outro da vida de Israel. O profeta era filho de Elcana e de Ana e foi consagrado ao serviço do templo em resposta à oração de Ana (1:27,28). Foi o maior juiz, profeta e sacerdote de sua geração. Julgou o povo depois da morte de Eli, desde sua juventude à sua velhice. Fundou uma escola de profetas, uma espécie de seminário, chamada de "Rancho de Profetas" (19:20), da qual ele era o dirigente (19:20).

Estou de pleno acordo com o que escreveu Matthew Henry: "Este livro e o que o segue recebem o nome de Samuel no título não porque Samuel tenha sido o seu autor, mas porque o primeiro livro começa com largas informações sobre ele: seu nascimento, infância, vida e governo; e o resto desses dois volumes que são denominados pelo seu nome contém a história dos reinos de Saul e Davi, que foram ungidos por ele".[5]

Victor Hamilton é oportuno quando diz que diversos fatores sublinham a importância de Samuel. Primeiro, ele conduz a transição da confederação de Israel desde os juízes até a monarquia. Em segundo lugar, associado ao primeiro fator, ele preenche a lacuna entre a era carismática anterior e a era profética futura. Terceiro, ele é o elo entre uma hierarquia exclusivamente arraigada de funcionários religiosos — os sacerdotes — e uma explosão de líderes espirituais proféticos. A história está repleta de exemplos da contenda constante nas comunidades religiosas entre a hierarquia e o carisma.[6]

O propósito do livro

A última coisa que lemos antes do início do livro de Samuel na Bíblia hebraica é o último versículo de Juízes: "Naquela época não havia rei em Israel; cada um fazia o que lhe parecia certo" (21:25). Concordo com Tim Chester: a história contada em 1 e 2Samuel é a solução para esse problema. É verdade que Israel não tinha rei; mas, fundamentalmente, a razão disso era que a nação se recusava a reconhecer que Deus era o seu rei. O verdadeiro problema não foi a ausência de um rei, mas a ausência de obediência a Deus como rei.[7]

O propósito de 1Samuel e 2Samuel é mais do que histórico. Esses livros não são uma mera coleção de histórias sobre religião e política em Israel durante aquele tempo; tampouco são puras biografias de Samuel, Saul e Davi. Os escritores selecionaram certos fatos da providência de Deus com o propósito de ressaltar a salvação de seu povo. Essa revelação foi escrita, pela inspiração do Espírito Santo, a fim de que, terminada a tarefa dos escritores, o produto não fosse nem histórico nem biográfico simplesmente, mas a Palavra do Deus vivo. Toda a Escritura tem como alvo principal apontar para Cristo. 1 e 2Samuel têm um claro significado messiânico — retrata Deus agindo na História para preparar um povo para si mesmo, trazendo a esse povo a salvação, por intermédio de seu último Rei ungido: Jesus Cristo.[8]

1Samuel e 2Samuel são uma espécie de transição. São o registro da passagem do governo de Israel de juízes para reis, e da passagem do governo de Deus (teocracia) — Rei invisível — ao governo de um rei visível (monarquia). Assim, 1 e 2Samuel são o final da história dos juízes e o começo da história de Israel como monarquia.[9] Os livros registram acontecimentos que cobrem um período de mais de cem anos, ou seja, desde o nascimento de Samuel até o final do reinado de Davi. Victor Hamilton sugere um esboço simples para o livro de 1Samuel:[10]

1—7: Samuel e Eli (profeta *versus* sacerdote)
8—15: Samuel e Saul (profeta *versus* rei)
16—31: Saul e Davi (rei *versus* sucessor).

Gleason Archer Jr. diz que o propósito destes livros era registrar a fundação da monarquia hebraica. Incluem, portanto, a carreira de Samuel como profeta, sacerdote e juiz; a carreira de Saul, o rei infiel, que abandonando a aliança, se transformou em tirano; e a carreira de Davi, rei verdadeiramente teocrático, que fundou a dinastia permanente e válida de cuja descendência surgiria o Messias.[11]

Victor Hamilton diz que nos capítulos iniciais de 1Samuel vemos o clero estabelecido (a casa de Eli) substituído por um novo líder (Samuel), vindo das fileiras dos leigos. Por movimentos semelhantes, pode-se pensar nos essênios, que deram as costas ao sacerdócio corrupto de Jerusalém; ou nos fariseus, que começaram a preparar mestres/rabinos para substituir os sacerdotes como líderes da comunidade; ou nos luteranos e calvinistas, ordenando pastores em vez de sacerdotes; ou em John Wesley, um anglicano conservador, ordenando pregadores leigos; ou nos movimentos paraeclesiásticos, geralmente liderados por leigos e com uma esfera de influência muito mais ampla que a de ministérios denominacionais estabelecidos.[12]

A autoria e data do livro

O nome de Samuel aparece no título, mas o livro não revela o nome do autor. Ou seja, 1 e 2Samuel são anônimos. Também não sabemos exatamente a data em que 1 e 2Samuel foram escritos. Não há no próprio livro, de forma explícita, o nome do autor e nem a data em que foi escrito. Podemos ter como certo que 1 e 2Samuel são uma unidade escrita pelo mesmo autor ou autores.

1Crônicas 29:29,30 sugere que houve uma sequência cronológica nos registros preservados por Samuel, Natã e Gade. Fora isso, não há qualquer outra indicação de autoria. É evidente que os livros de Samuel não são uma obra de um único autor. Atribui-se, portanto, a autoria a Samuel, a Natã e a Gade, com os primeiros 24 capítulos tendo sido escritos por Samuel (1Cr 29:29). Depois de concluir o livro, colocou-o junto à arca da aliança (10:25). Kevin Mellish corrobora com esse pensamento. Fazendo alusão ao que diz o Talmude babilônico, afirma especificamente que "Samuel escreveu o livro que leva o seu nome" (Bava Batra 14b). Entretanto, o mesmo Talmude faz a explícita restrição de que Samuel fora responsável apenas pelos primeiros vinte e quatro capítulos (já que 1Samuel 25:1 relata a sua morte), e atribui o restante do *corpus* de Samuel aos profetas Natã e Gade (Bava Batra 15a).[13]

Aage Bentzen diz que o nome hebraico do livro está em conexão com a tradição de que o profeta foi o autor de Juízes e Samuel. A maior parte do livro narra acontecimentos posteriores à sua morte, mas a tradição explica isso afirmando que este material foi acrescentado pelo "vidente Gade e o profeta Natã" (1Cr 29:29,30).[14]

Archer Jr. também defende que, julgando pelas evidências internas, os livros de Samuel dificilmente poderiam ter sido escritos antes da morte de Salomão, uma vez que em 1Samuel 27:6 já há menção dos reinos divididos.[15]

Carlos Osvaldo Pinto corrobora com esse pensamento ao escrever:

A evidência interna indica que o livro foi escrito durante o período da monarquia dividida. Assim, 1Samuel 27:6 diz: "Então lhe deu Aquis naquele dia a cidade de Ziclague; pelo que Ziclague pertence aos reis de Judá, até o dia de hoje". Uma vez que não há qualquer referência à queda de Samaria, tal silêncio é tomado como indicação de que o livro foi escrito entre 931 e 722 a.C.[16]

O contexto histórico do livro

No campo das relações internacionais, os eventos descritos nos livros de Samuel são contemporâneos a um período de generalizada fraqueza política e militar no Oriente Médio.[17] Tanto a Assíria como a Babilônia e o Egito estavam debilitados como potências mundiais. Bill Arnold escreve:

> As maiores potências do antigo Oriente Próximo — Assíria, Babilônia, Hati e Egito — estavam todas em declínio e não representavam uma ameaça real para Israel. Os vizinhos de Israel, porém, eram sempre um problema em potencial. Foram então que chegaram os filisteus, um povo de origem indo-europeia que se assentou ao longo da costa da Judeia.[18]

Carlos Osvaldo Pinto está correto quando diz que 1Samuel retrata os dias em que os filisteus oprimiram Israel, ao passo que 2Samuel narra a derrota definitiva dos filisteus perante Davi. Esse vácuo de poder permitiu a Israel tornar-se, nos reinados de Davi e de Salomão, a nação mais proeminente, militar, econômica e culturalmente, do Oriente Médio.[19]

Como nosso foco nesta obra é 1Samuel, ressaltamos que o livro nos oferece uma ampla descrição da queda de Eli e do levantamento de Samuel e de seu exemplar governo (1Sm 1—8). Depois nos informa sobre a renúncia do profeta e o estabelecimento da monarquia e o governo desastroso de Saul (1Sm 9—15). Finalmente, apresenta a escolha de Davi, suas lutas com Saul, a ruína deste e a abertura do caminho para o filho de Jessé subir ao trono (1Sm 16—31).

Técnicas literárias

Umas das mais destacadas técnicas literárias de 1Samuel é o uso do contraste. A humilde Ana é contrastada com a orgulhosa Penina. O dedicado Samuel é contrastado com os degenerados Hofni e Fineias. O Senhor onipotente é contrastado com o impotente Dagom dos filisteus. Jônatas, o valente, é contrastado com Saul, seu pai, o vacilante. Davi, o escolhido de Deus, é contrastado com Saul, o renegado.

Carlos Osvaldo Pinto descreve, também, a justaposição de personagens em 1Samuel:

> Saul, o monarca rejeitado, *versus* Davi, o herói em ascensão
> Jônatas, o amigo leal, *versus* Davi, o fugitivo ardiloso
> Saul, o vingativo, *versus* Davi, o perdoador
> Abigail, a esposa sensata, *versus* Nabal, o marido insensato
> Saul, ocultista disfarçado, *versus* Samuel, despenseiro de oráculos
> Davi, fortalecido no Senhor, *versus* Saul, ferido de morte.[20]

A teologia de 1 e 2Samuel

Destacaremos, aqui, alguns pontos importantes acerca da teologia deste livro histórico:

Em primeiro lugar, *o livro retrata a soberania de Deus.* É Ele quem entra na história, muda o placar do jogo, cura Ana da esterilidade e faz dela alegre mãe de filhos. Samuel é fruto de oração e um presente dado por Deus a fim de ser levantado como um novo sacerdote, profeta e juiz. É Deus quem escolhe Davi, o improvável, para ser rei em Israel em lugar de Saul.

Em segundo lugar, *o livro destaca a fidelidade de Deus ao pacto.* 1Samuel destaca a fidelidade do Senhor para com os que nele confiam, como Ana, o povo de Quiriate-Jearim, Samuel, Jônatas, Davi e Abigail. Porém, as maldições da Lei vêm sobre aqueles que, arrogantemente, rejeitam a direção divina em sua vida, como Eli, Hofni, Fineias, os moradores de Bete-Semes, Saul e Nabal.

Em terceiro lugar, *o livro evidencia a permissão do mal.* Deus permitiu que Eli e seus filhos corruptos ficassem longos anos à frente do povo de Israel como sacerdotes em Siló. Deus permitiu que Saul, com todas as suas loucuras, continuasse no trono por quarenta anos.

Em quarto lugar, *o livro revela a disposição divina de julgar o mal.* O moinho divino mói devagar, mas mói fino. De Deus não se zomba. O que o homem semeia, isso ele colhe. Deus julgou a casa de Eli. Ele julgou Agague, rei amalequita. Julgou Nabal. Julgou Saul.

Em quinto lugar, *o livro retrata a disposição divina de abençoar seus escolhidos.* O Senhor abençoou Ana e reverteu a sua situação, fazendo dela a mãe do maior profeta, sacerdote e juiz de Israel. Ele abençoou Davi, e mesmo sendo o candidato improvável, levantou-o como rei de Israel, firmando sua dinastia até a chegada do Messias. O Senhor continua enchendo os famintos de bens e despedindo vazios os ricos. Ele é o Deus abençoador!

Em sexto lugar, *o livro aponta para Jesus, o Filho de Davi, o Messias*. Richard Phillips diz, com razão, que os estudiosos concordam que o centro teológico do *corpus* de Samuel está em 2Samuel 7, que registra a promessa pactual de um trono eterno da linhagem de Davi. Sendo assim, o centro de 1Samuel ocorre no capítulo 16, quando o profeta-juiz Samuel unge Davi para seu ofício real. Tudo o que vem antes é um prólogo para a sua unção, e toda a fascinante tensão que vem depois resulta do fato de Davi ter sido separado como o rei que agrada a Deus (13:14).[21]

O uso neotestamentário do livro

Marcos, Lucas, João, Paulo e o escritor de Hebreus fazem referência a 1 e a 2Samuel. Há cerca de dezoito referências a esses dois livros no Novo Testamento, quase todos enfatizando o cumprimento da salvação de Deus por meio de Jesus Cristo como Messias. A ênfase neotestamentária nunca é exaltar as três personagens Samuel, Saul e Davi. Os escritores inspirados do Novo Testamento viram todo o Antigo Testamento como a salvação histórica centralizada em Cristo. Certamente, essas referências dos autores sagrados do Novo Testamento são uma forte evidência da inspiração de 1 e 2Samuel.

NOTAS

[1] DOBSON, Edward D. *et all*. *I e II Samuel*. In The Complete Bible Commentary. Thomas Nelson Publishers: Nashville, 1983, p. 293.

2. PURKISER, W. T. *Os livros de 1 e 2 Samuel*. In Comentário Bíblico Beacon. Vol. 2, 2015, p. 175.
3. SILVA, José Apolônio. *Sintetizando a Bíblia*. Rio de Janeiro: CPAD, 1984, p. 43.
4. PINTO, Carlos Osvaldo C. *A estrutura literária do Antigo Testamento*. São Paulo: Hagnos, 2021, p. 251.
5. HENRY, Matthew. *Matthew Henry's Commentary*. Grand Rapids, MI: Zondervan Publishing House, 1960, p. 281.
6. HAMILTON, Victor P. *Introdução aos livros históricos*. São Paulo: Cultura Cristã, 2018, p. 198.
7. CHESTER, Tim. *1Samuel para você*. São Paulo: Vida Nova, 2019, p. 9-10.
8. DOBSON, Edward G. *I e II Samuel*. In The Complete Bible Commentary. 1983, p. 293.
9. SILVA, José Apolônio. *Sintetizando a Bíblia*. 1984, p. 43.
10. HAMILTON, Victor P. *Introdução aos livros históricos*. 2018, p. 199.
11. ARCHER JR., Gleason L. *Merece confiança o Antigo Testamento*. São Paulo: Edições Vida Nova, 1974, p. 317.
12. HAMILTON, Victor P. *Introdução aos livros históricos*. 2018, p. 198.
13. MELLISH, Kevin J. *Novo comentário bíblico Beacon – 1 e 2Samuel*. Rio de Janeiro: Central Gospel, 2015, p. 29.
14. BENTZEN, A. *Introdução ao Antigo Testamento*. São Paulo: ASTE, 1968, p. 104.
15. ARCHER JR., Gleason L. *Merece confiança o Antigo Testamento*. 1974, p. 319.
16. PINTO, Carlos Osvaldo C. *A estrutura literária do Antigo Testamento*. 2021, p. 251.
17. PINTO, Carlos Osvaldo C. *A estrutura literária do Antigo Testamento*. 2021, p. 252.
18. ARNOLD, Bill T.; BEYER, Bryan E. *Descobrindo o Antigo Testamento*. São Paulo: Cultura Cristã, 2001, p. 196.
19. PINTO, Carlos Osvaldo C. *A Estrutura literária do Antigo Testamento*. 2021, p. 253.
20. PINTO, Carlos Osvaldo C. *A Estrutura literária do Antigo Testamento*. 2021, p. 256.
21. PHILLIPS, Richard D. *1Samuel*. São Paulo: Cultura Cristã, 2016, p. 9.

Capítulo 1

Surge uma luz em meio à escuridão

(1Samuel 1:1-28)

CONTEMPLAMOS NESTE TEXTO o fim de uma era sombria e o começo de um tempo de esperança. Depois de mais de trezentos anos de inconstância e de reincidentes períodos de rebelião contra Deus e de opressão dos inimigos, no tempo dos juízes, o enredo nos mostra o nascimento de Samuel, aquele que fez a transição da teocracia para a monarquia em Israel.

A nação enfrentava uma crise de liderança, acompanhada por uma crise espiritual. A geração que nasceu na Terra Prometida não conhecia mais o Senhor (Jz 2:10). Além dessa triste realidade, está escrito: "Naqueles dias, não havia rei em Israel; cada qual fazia o que achava mais reto" (Jz 17:6; 18:1; 19:1; 21:25). A nação estava rendida à anarquia. Foi nesse cenário decadente, de corrupção da liderança religiosa e idolatria do povo, que Samuel nasceu e cresceu.

Richard Phillips diz que assim como Deus mais tarde prepararia Israel para o seu Messias enviando João Batista, Ele preparou o caminho para o rei, que seria "um homem que lhe agrada" (13:14), enviando Samuel, que foi ao mesmo tempo o último juiz e o primeiro da grande linhagem de profetas.[1] W. T. Purkiser corretamente afirma que o profeta foi considerado, juntamente com Moisés e com Davi, um dos maiores personagens na história de Israel (Jr 15:1).[2] Os descendentes de Samuel estavam, provavelmente, entre os "filhos de Coré", aos quais é atribuída a autoria de onze salmos.[3] Richard Phillips diz que com Samuel começou uma nova era para o povo de Deus e para o desdobramento do relato da redenção divina no mundo. Ele abriu novamente as portas para a presença e para o poder de Deus.[4]

Cinco personagens ocupam o palco no texto em tela.

Elcana, um homem piedoso (1:1-4)

Destacamos quatro verdades sobre ele:

Em primeiro lugar, *a procedência de Elcana* (1:1). Não se trata de alguém de destaque na história do seu povo. Ele é apenas um homem que nasceu em Ramatain-Zofim (alturas duplas de Zofim), a oito quilômetros ao norte de Jerusalém. Sua casa estava no território de Efraim, por isso era conhecido como efrateu. Seus ancestrais eram da tribo de Levi (1Cr 6:22-28, 33-38), muito embora não estivesse na família aarônica ou sacerdotal. Joyce Baldwin diz que a genealogia de Elcana, mencionada até a quarta geração passada, pode ser uma indicação de sua alta posição na sociedade, embora nada mais se conheça sobre as pessoas ali citadas. Por outro lado, em Crônicas, Elcana é um nome recorrente na lista dos descendentes de Coate (1Cr 6:22-30), e 1Crônicas 6:33-34 apresenta Elcana como um levita.[5] Mesmo não sendo da linhagem de Arão, seu filho Samuel vai ocupar um lugar de destaque no exercício tríplice de profeta, sacerdote e juiz de Israel. Elcana vivia em Ramá, na fronteira entre as tribos de Efraim e Benjamim (Js 18:25). Por isso Samuel nasceu em Ramá (1:19,20), onde viveu (1Sm 7:17) e foi sepultado (1Sm 25:1).

Em segundo lugar, *a família disfuncional de Elcana* (1:2). Ele constitui uma família disfuncional. A poligamia, embora tolerada por Deus naquele tempo (Dt 21:15), não era o propósito divino (Gn 2:24; Mt 19:5). Elcana tinha duas mulheres: Ana, cujo nome significa "favorecida", e Penina, cujo nome significa "fértil".[6] Ana tinha o amor do esposo; Penina tinha filhos com ele. Kevin Mellish destaca que os arranjos polígamos frequentemente apresentavam uma ameaça política, econômica e social para a mulher estéril.[7]

Em terceiro lugar, *a piedade de Elcana em tempos de apostasia* (1:3). A apostasia predominava naquele tempo. Cada um fazia o que bem achava. O povo rendeu-se à idolatria dos povos de Canaã. A religião estava corrompida. O sacerdócio estava manchado pelo desprezo ao sagrado e pelo envolvimento com a imoralidade. Eli era um pai bonachão e conivente com os pecados escandalosos de seus filhos, Hofni e Fineias, que eram homens ímpios e imorais. Eles eram notáveis por sua corrupção e infidelidade (2:12-17; 2:22-25; 3:13). Mesmo em face da decadência espiritual da nação e da corrupção dos sacerdotes, Elcana mantinha seu compromisso de subir à Casa do Senhor em Siló, todos os anos, onde ficavam o tabernáculo e a arca da aliança, desde os dias de Josué (Js 18:1), para adorar e sacrificar ao Senhor dos Exércitos. Siló foi o principal santuário dos israelitas em todo o período dos juízes (Jz 21:19).

Era o santuário central porque abrigava a arca da aliança. Kevin Mellish diz que a ação contínua e a atividade consistente de Elcana na sua peregrinação regular a Siló sugerem que ele era um homem piedoso que temia ao Senhor.[8] Siló estava localizada cerca de trinta e dois quilômetros ao norte de Jerusalém, nas altas montanhas de Efraim, também chamada de Samaria. John Delancey diz que esta localização privilegiada permitia que as doze tribos de Israel viessem regularmente ao santuário para celebrar as festas de Israel por mais de trezentos anos. Josué obteve o controle da cidade (Js 18:1) e Siló funcionou como a primeira capital de Israel.[9] A cidade foi destruída pelos filisteus, o povo do mar, na batalha de Afeque, quando a arca da aliança foi capturada, por volta do ano 1070 a.C.

A expressão hebraica *Yahweh Sabaoth*, "Senhor dos Exércitos, é também traduzida como "Senhor todo-poderoso" e aparece em duzentos e trinta versículos no Antigo Testamento, sendo esta a primeira aparição nas Escrituras. O Senhor dos Exércitos, sendo onipotente, é aquele que tem o comando sobre os exércitos, mas especialmente das legiões do céu.[10] Joyce Baldwin é mais clara: "Os exércitos, forças pertencentes ao grande Deus Criador, consistiam em anjos (Js 5:14), estrelas (Is 40:26) e homens (1Sm 17:45). O nome exprime os recursos e o poder infinitos à disposição de Deus, à medida que ele atua em favor de seu povo".[11]

Mesmo sabendo que a liderança da nação estava em franco declínio, e que Israel como um todo havia se esquecido do Senhor, ele sabia que Deus estava no controle e era digno de ser adorado. Elcana tinha consciência que era pecador e por isso comparecia perante o Senhor por meio do sangue derramado de um sacrifício (1:3).

Em quarto lugar, *o cuidado de Elcana com sua família* (1:4,5). Ele era um marido provedor. No dia que subia para Siló e oferecia seu sacrifício, dava porções deste sacrifício a Penina e a todos os seus filhos e filhas; a Ana, porém, dava uma porção dupla, porque a amava. Sua esterilidade não diminuía em nada o seu amor e o seu cuidado por ela.

A esterilidade de Ana era um emblema da esterilidade da nação. Ela não ficou estéril por qualquer causa secundária. Foi o Senhor que a deixou estéril (1:5) e cerrou o seu útero (1:6). Havia um propósito nessa esterilidade e uma lição não apenas para aquela família, mas para toda a nação.

Penina, uma rival irritante (1:4,6,7)

Dois fatos tristes são aqui mencionados:

Em primeiro lugar, *Penina, uma mulher provocadora* (1:6). Ela tinha filhos de Elcana, mas não tinha o amor dele (1:4,5). A esterilidade de Ana, o amor e o favoritismo de Elcana por ela eram fontes de atrito para Penina. O coração de Elcana pertencia a Ana. Isso era motivo suficiente para Penina provocá-la excessivamente (1:6) com palavras ácidas e com zombaria selvagem. O coração asqueroso de Penina e sua língua venenosa levavam Ana ao desespero. A esterilidade de Ana, sendo um sinal da maldição da aliança, era o combustível para Penina afligir a vida dessa piedosa mulher, cujo nome significa "graciosa".

Em segundo lugar, *Penina, uma mulher insolente* (1:7). Suas provações ocorriam principalmente no período do ano em que a família subia a Siló para adorar e sacrificar ao Senhor. Penina tinha uma religião de fachada. Ela transformava a adoração em provocação. Sua liturgia não era dirigida ao Senhor para exaltá-lo, mas uma rajada de provações à sua rival. Ela, certamente, não era uma mulher de Deus, porque gente de Deus não vive para infernizar a vida das pessoas. Gente de Deus é bálsamo, é aliviadora de tensões.

Ana, uma mulher de oração que luta pelos seus sonhos (1:5-18)

O foco do nascimento de Samuel está em Ana e não em Elcana. Vejamos:

Em primeiro lugar, *um sonho legítimo* (1:5,6). O sonho de Ana era ser mãe e, assim, perpetuar sua descendência e aguardar a chegada do prometido de Deus. Ela não pede vingança contra Penina. Não anseia por riqueza ou prestígio. Ela quer um filho. Richard Phillips diz que não ter filhos não era apenas uma frustração, mas parecia tornar a pessoa desonrada por Deus, uma vez que os filhos eram considerados um sinal do favor divino (Dt 7:14; 28:4). A esterilidade era vista como um sinal de maldição pela quebra da aliança (Dt 28:18).[12]

Em segundo lugar, *um sonho adiado por Deus* (1:5,6). O sonho de Ana, embora legítimo, está sendo adiado por Deus. Foi o Senhor quem a deixou estéril e cerrou a sua madre. Richard Phillips diz que o Senhor fechou o ventre de Ana para lembrar a Israel que Ele havia tornado o povo espiritualmente estéril por causa da idolatria e incredulidade. Israel era a esposa estéril de Deus, não tendo conseguido lhe dar os filhos da fé que Ele desejava. A ansiedade de Ana por não ter filhos, muito embora Elcana a amasse, forma um paralelo com a ansiedade de Israel por não ter um rei, apesar do cuidado e do amor de Deus.[13] Tim Chester diz que a esterilidade trazia um sentimento de exclusão dos propósitos do povo de Deus (Gn 3:15; 22:17,18). Para Penina, a esterilidade de Ana é um pretexto para zombar dela. Para Elcana, o fato é um motivo para se compadecer dela. Mas para Ana, o fato a leva a orar. A soberania de Deus a impele a agir. Até aqui, as coisas acontecem a Ana. Ela é passiva. Mas agora, ela se levanta da mesa e vai à Casa do Senhor para orar (1:10,11).[14]

O fato, porém, de Deus mesmo ter deixado Ana estéril e cerrado sua madre aponta para um sinal de esperança. Isso significa que o próprio Deus está envolvido diretamente com suas aflições. Podemos até nunca vir a saber como Ele usa nossas amargas provações para o nosso bem e para sua glória, mas certamente Deus trabalha para aqueles que nele confiam.

Elencaremos aqui algumas razões pelas quais o sonho de Ana foi adiado:

Primeira, para que Ana entendesse que o Deus das bênçãos é melhor do que as bênçãos de Deus. Poderíamos ter todas as bênçãos divinas, mas se não tivermos Deus, nossa vida continuará vazia. Porque o sonho de Ana foi adiado, ela passou a buscar a Deus com um senso de urgência. O Senhor ocupou o topo de sua agenda e a primazia de seu coração.

Segunda, para que Ana compreendesse que tudo vem de Deus, é de dele e deve ser consagrado a Ele. Ana disse a Eli: "Por este menino orava eu; e o Senhor me concedeu a petição que eu lhe fizera" (1:27). Se Ana não tivesse essa compreensão, teria feito de Samuel um ídolo. Ela não quer apenas ter um filho, mas um filho para Deus.

Terceira, para que Ana compreendesse que os planos de Deus são maiores de que seus sonhos. O sonho de Ana era apenas ser mãe, mas o propósito de Deus era que ela fosse mãe do maior profeta, sacerdote e juiz daquela geração, ou seja, do homem que faria a nação rebelde retornar à presença do Senhor.

Em terceiro lugar, *um sonho incompreendido pelo marido* (1:8). Elcana era um homem amoroso e provedor. Deixou claro para sua esposa que a esterilidade dela não era um impedimento para o seu amor. Porém, mesmo com essa declaração tão efusiva de afeto, desestimulou-a a prosseguir na busca de seu sonho. O amor conjugal não substitui nem anula o anseio pela maternidade. Elcana se julgou melhor do que dez filhos para Ana, mas ela continuou insistindo com Deus, sem renunciar a seu sonho.

Em quarto lugar, *um sonho apresentado a Deus em oração* (1:9-11). A oração de Ana é feita com amargura de alma e regada com lágrimas. Ela não pede um filho para concorrer com Penina, mas para consagrá-lo ao Senhor como um nazireu. Ela não apenas apresenta a Deus a sua causa, mas, também, o filho do seu desejo. Richard Phillips destaca seis características da oração de Ana: 1) ela se voltou para o Senhor em sua necessidade (1:9,10); 2) ela orou sabendo quem Deus é (1:11); 3) ela orou sabendo quem ela era (1:11); 4) ela sabia o que queria (1:11); 5) ela orou com confiança, porque sabia que seus motivos para orar eram certos (1:11); 6) ela fervorosamente abriu seu coração ao Senhor (1:15,16).[15] Matthew Henry sintetiza a oração de Ana assim: "A oração veio do coração dela, assim como as lágrimas vinham dos olhos dela".[16] Nas palavras de Tim Chester, "sua oração foi o pranto de uma alma angustiada e o choro da fé".[17]

Em quinto lugar, *um sonho mal compreendido pelo sacerdote* (1:12-16). A religião estava corrompida a partir do mau testemunho dos sacerdotes. Provavelmente, a embriaguez fosse uma prática recorrente na Casa do Senhor. O sacerdote Eli viu na demora da oração de Ana e nos movimentos de seus lábios um indício de embriaguez (1:12-14). Então, erroneamente concluiu que ela estava bêbada e repreendeu-a severamente, julgando estar ela numa espécie de estupor alcóolico, no que foi imediatamente corrigido (1:15,16). Nas palavras de Purkiser, "Ana não era uma filha de Belial, mas sim uma mulher em profundo sofrimento e que carregava um grande fardo, pelo que pediu a ajuda de Deus".[18] Tim Chester ainda destaca que Eli repreendeu Ana como uma filha da iniquidade, ainda que ela não o fosse, mas se recusava a repreender seus filhos como filhos da iniquidade, ainda que o fossem.[19]

Em sexto lugar, *um sonho apropriado pela promessa de Deus* (1:17,18). O mesmo sacerdote que faz um mau juízo de Ana, chamando-a de filha de Belial, agora abre a boca e é um profeta de Deus, dizendo-lhe para ir em paz para sua casa, desejando que o Deus de Israel lhe concedesse seu pedido. Concordo com Richard Phillips quando diz que isso era mais do que um bom desejo quando dito por um homem em seu ofício divinamente ordenado. O sacerdote Eli era o mediador ungido diante de Deus nesse tempo. Portanto, não era no caráter pessoal de Eli que Ana deveria confiar, mas na sua representação da mediação que Deus proveria na pessoa de seu próprio Filho.[20] A oração é o mais poderoso instrumento que Deus nos deu. A oração conecta a fraqueza humana à onipotência divina; o altar da terra com o trono do céu. A oração tanto nos transforma como também transforma as circunstâncias.

É digno de destaque que Ana não acolheu a palavra tola proferida por Eli, mas recebeu de bom grado a profecia de Eli, e essa palavra trouxe cura para ela. Em Siló, o Senhor curou sua alma; em Ramá, Deus curou o seu ventre. Em Siló, ela creu; em Ramá, o milagre aconteceu. Em Siló, ela se apropriou da promessa; em Ramá, ela engravidou e deu à luz Samuel.

Em sétimo lugar, *um sonho realizado por Deus* (1:19,20). Ana não apenas creu que Deus havia respondido sua oração, mas agiu com base em sua convicção. A tristeza foi embora do seu rosto. A alegria inundou a sua alma. Ela desceu com seu marido a Ramá e caminhou na direção da realização de seu sonho. Ela creu e coabitou com seu marido. Ela creu e o Senhor se lembrou dela. Ela creu e ficou grávida. Ela creu e Samuel nasceu, deixando a promessa da vinda de Jesus ao mundo mais próxima. Warren Wiersbe diz que o termo hebraico *sa-al* quer dizer "pedido" e *sama* significa "ouvido", enquanto *el* é um dos nomes de Deus, de modo que Samuel significa "ouvido por Deus" ou "pedido a Deus".[21] Joyce Baldwin tem razão em dizer que "Deus se lembrou" de Ana, do mesmo modo como havia se lembrado de Noé (Gn 8:1) e de sua aliança com Abraão, Isaque e Jacó (Êx 2:24), e isso não insinua que sua memória fosse falha, mas indica que Ele estava na iminência de operar seu propósito de revelação.[22] Tim Chester complementa: "Lembrar-se significa Deus atuando de acordo com as suas promessas da aliança, como ele fez no início da história do Êxodo (Êx 2:23-25)".[23]

Samuel, um presente de Deus, devolvido a Deus (1:21-28)

Destacamos aqui três verdades preciosas:

Em primeiro lugar, *um menino consagrado a Deus antes mesmo de nascer* (1:11). Samuel foi prometido ao Senhor e consagrado antes mesmo de ser concebido. Ele encerra o período turbulento dos juízes e inaugura a monarquia em Israel. Ele vai ser o último e o maior juiz e, também, vai ungir dois reis de Israel: Saul, o rei que fracassou em seu governo e Davi, o rei de cuja dinastia nasceu o Messias.

Em segundo lugar, *um menino devolvido a Deus depois de desmamado* (1:21-25). A consagração de Samuel ao Senhor foi uma decisão de Ana em comum acordo com Elcana. O menino ficou com seus pais até ser desmamado, e então foi levado a Siló, e deixado lá, sob os cuidados de Eli, desde a sua mais tenra idade. Samuel passou a servir ao Senhor diante de Eli desde sua infância. Mesmo crescendo num ambiente contaminado pelo mau testemunho dos filhos do sacerdote, Samuel servia ao Senhor com fidelidade.

Em terceiro lugar, *um menino oferecido a Deus como resposta de oração* (1:26-28). Ana fez questão de destacar para o sacerdote Eli que Samuel era o fruto de sua oração e o resultado do milagre divino. Agora, cumprindo o voto que fizera ao Senhor, estava cumprindo sua palavra, devolvendo-lhe o filho, por todos os dias de sua vida. Ana fizera um voto a Deus (1:11) e agora estava cumprindo o voto feito (1:27,28). Votos feitos devem ser votos cumpridos (Ec 5:4-6). Ao cumprir seu voto, trazendo Samuel à Casa do Senhor, para ser dedicado a Ele por toda a sua vida, Ana demonstra gratidão a Deus, fidelidade aos compromissos assumidos e destacada generosidade pelo modo como ofereceu seu filho.

Kevin Mellish diz que o voto de Ana indica que Samuel seria não somente um presente de Deus, mas o filho dela seria um presente para Deus [...]. Assim, Samuel essencialmente tornou-se um sacrifício vivo ao Senhor como resultado do voto de Ana. O tipo de sacrifício e a fidelidade demonstrada por parte de Ana se compara com os de Abraão, que também demonstrou a disposição de sacrificar o seu próprio filho (Gn 22).[24] As lágrimas de amargura foram trocadas pela efusiva alegria da adoração.

Notas

[1] PHILLIPS, Richard D. *1 Samuel*. Editora Cultura Cristã. São Paulo, SP. 2016, p. 14.
[2] PURKISER, W. T. *Os livros de 1 e 2 Samuel*. Em Comentário Bíblico Beacon. Vol. 2. CPAD. Rio de Janeiro, RJ. 2015, p. 179.
[3] PHILLIPS, Richard D. *1 Samuel*. 2016, p. 15.
[4] PHILLIPS, Richard D. *1 Samuel*. 2016, p. 69.
[5] BALWIN, Joyce G. *I e II Samuel: introdução e comentário*. 2006, p. 57.
[6] CHESTER, Tim. *1Samuel para você*. 2019, p. 15.
[7] MELLISH, Kevin J. *Novo comentário bíblico Beacon – 1 e 2Samuel*. Rio de Janeiro: Central Gospel, 2015, p. 53.
[8] _____. *Novo comentário bíblico Beacon – 1 e 2Samuel*. 2015, p. 55.
[9] DELANCEY, John. *Connecting the Dots*. Stone Tower Press. Middletown, RI. 2021, p. 86,87.
[10] PHILLIPS, Richard D. *1 Samuel*. 2016, p. 24,25.
[11] BALDWIN, Joyce G. *I e II Samuel: introdução e comentário*. 2006, p. 57.
[12] PHILLIPS, Richard D. *1Samuel*. 2016, p. 18.
[13] _____. *1Samuel*. 2016, p. 16.
[14] CHESTER, Tim. *1Samuel para você*. 2019, p. 15,16.
[15] PHILLIPS, Richard D. *1Samuel*. 2016, p. 25-28.

[16] HENRY, Matthew. *Commentary on the Whole Bible.* Peabody, MA: Hendrickson, 1992, p. 218.
[17] CHESTER, Tim. *1Samuel para você.* 2019, p. 17,18.
[18] PURKISER, W. T. *Os livros de 1 e 2Samuel. In* Comentário Bíblico Beacon. Vol. 2, 2015, p. 181.
[19] CHESTER, Tim. *1Samuel para você.* 2019, p. 32.
[20] PHILLIPS, Richard D. *1Samuel.* 2016, p. 30.
[21] WIERSBE, Warren W. *Comentário bíblico expositivo.* Vol. 2. Santo André: Geográfica, 2006, p. 203.
[22] BALDWIN, Joyce G. *I e II Samuel: introdução e comentário.* 2006, p. 59.
[23] CHESTER, Tim. *1Samuel para você.* 2019, p. 22.
[24] MELLISH, Kevin J. *Novo comentário bíblico Beacon – 1 e 2Samuel.* 2015, p. 58,62.

Capítulo 2

Um hino de exaltação ao Senhor

(1Samuel 2:1-11)

Não consta no texto que Ana entoou um cântico; está claro que ela orou. Porém sua oração se transforma em cântico e se une aos grandes cânticos sagrados registrados nas Escrituras, como o de Mirian (Êx 15), o de Moisés (Dt 32), o de Débora (Jz 5) e o de Maria (Lc 1:46-55).

Warren Wiersbe destaca que o cântico de Ana está relacionado com o sacrifício de entregar seu filho Samuel para servir na Casa do Senhor por todos os dias de sua vida. Certamente, o mundo não compreende como o povo de Deus consegue cantar enquanto se dirige para o sacrifício e sacrificar com cânticos. Jesus, o Filho de Deus, cantou antes de ir para a agonia do Jardim do Getsêmani (Mt 26:30). Paulo e Silas cantaram depois de terem sido açoitados em praça pública e colocados na prisão de segurança máxima de Filipos (At 16:20-26). Os apóstolos, depois de terem sido açoitados em Jerusalém, se retiraram do sinédrio regozijando-se por terem sido considerados dignos de sofrer afrontas pelo nome de Jesus (At 5:41).[1]

O cântico pode ser sintetizado em três lições principais: a graça imerecida do Senhor; a vitória de Deus sobre o inimigo; e a reviravolta nas coisas, a fim de realizar os propósitos divinos.

Destacaremos algumas características desse sublime cântico.

Uma oração de louvor exuberante (2:1)

Oração e cântico caminham de mãos dadas. Ana orava e se regozijava ao mesmo tempo. Antes de Samuel ser concebido, ela orava e chorava; agora, ora e canta. Antes sua alma estava amargurada; agora, seu coração exulta no Senhor. Antes, ela estava envergonhada e enfraquecida pela sua condição de mulher estéril; agora, sua força está exaltada no Senhor. Antes, Penina zombava dela; agora, ela ri de seus inimigos. Antes, ela estava coberta de tristeza; agora, está se alegrando na salvação de Deus.

Warren Wiersbe chama a atenção para o fato de que a palavra hebraica para salvação é *yeshua* — Josué — um dos nomes do Messias prometido. Jesus, o Filho de Davi, seria o *yeshua* de Deus para livrar o seu povo da escravidão do pecado e da morte.[2] Richard Phillips destaca que a fonte da alegria e da força de Ana é o próprio Deus da aliança. Ela afirma: "... me alegro na tua salvação" (2:1). Aos olhos de Ana, mais importante do que a dádiva é o Doador: o Senhor é o seu cântico e a sua salvação. O objeto do prazer de Ana não é ela mesma nem seu filho Samuel, mas o Senhor. A salvação é sempre do Senhor, e nosso louvor deve se concentrar no próprio Senhor, e não meramente nas bênçãos que Ele concede.[3]

Uma doxologia exultante (2:2,3)

Ana desabotoa sua alma numa exultante doxologia, elencando vários atributos de Deus. Vejamos:

Em primeiro lugar, *Ana enaltece a santidade de Deus* (2:2). Embora Ele compartilhe a sua santidade com suas criaturas morais, ninguém é santo como o Senhor. Só Ele é santo, santo, santo. A santidade é o adorno de seu caráter e a marca distintiva de seu trono.

Em segundo lugar, *Ana destaca a singularidade de Deus* (2:2). Mesmo vivendo cercada de povos politeístas, ela tinha plena consciência de que não há outro Deus além do Senhor. Só Ele é Deus autoexistente, eterno, infinito, imenso, imutável, onisciente, onipresente, onipotente, transcendente, soberano. Richard Phillips diz: "em sua categoria não existe mais ninguém. O Senhor de Israel é o único Deus verdadeiro; sozinho entre todos que são adorados como divinos".[4] Joyce Baldwin é enfática quando escreve: "O Deus de Israel está além de qualquer comparação".[5]

Em terceiro lugar, *Ana enfatiza a imutabilidade divina* (2:2). O Senhor é a Rocha incomparável. Essa metáfora é uma referência à força, à estabilidade e à constância imutável de Deus. Não há refúgio como o Senhor. Ele é inabalável como uma rocha. Deus é tanto refúgio como alicerce.

Em quarto lugar, *Ana acentua a sabedoria divina* (2:3). Ele é o Deus da sabedoria. Seu conhecimento é pleno, seus planos são perfeitos, seus propósitos são vitoriosos e sua vontade é soberana. Na presença de Deus, a arrogância humana é desmantelada, os ardis costurados nos porões da iniquidade são expostos ao vexame e as palavras besuntadas de soberba são ridicularizadas.

Em quinto lugar, *Ana enfatiza a onisciência divina* (2:3). Deus pesa todos os feitos dos homens em sua balança, como pesou o rei Belsazar e o achou em falta. O Senhor pesou as palavras desdenhosas de Penina contra Ana, como pesou a oração vinda do mais profundo do coração de sua serva. O Senhor tudo vê, a tudo conhece e a todos sonda. O Senhor pesa nossas motivações (Pv 16:2) e nosso coração (Pv 24:11,12).

Um testemunho impactante (2:4-10)

O cântico de Ana tem como paralelo no Novo Testamento o cântico de Maria (Lc 1:46-55). Ele está repleto de reversões. Ana faz alguns contrastes impactantes, mostrando como Deus muda o placar do jogo e vira tudo de cabeça para baixo. O Senhor é mencionado oito vezes no cântico como o verdadeiro protagonista da ação.

Em primeiro lugar, *o Senhor enfraquece o forte e fortalece o fraco* (2:4). O Senhor abate os soberbos e exalta os humildes. Guerreiros poderosos caem, enquanto fracos e cambaleantes vencem a batalha (Ec 9:11). No reino de Deus a pirâmide está invertida. Bem-aventurados são os humildes de espírito, os que choram, os mansos, os que têm fome e sede de justiça, os misericordiosos, os limpos de coração, os pacificadores e os perseguidos por causa da justiça (Mt 5:1-10).

Em segundo lugar, *o Senhor deixa faminto os fartos e alimenta os famintos* (2:5a). Os ricos, outrora fartos, buscam algo para comer e estão dispostos a trabalhar por sua comida, enquanto os pobres e famintos têm alimento em abundância. Não existe estratificação social imutável. O Senhor, não raro, vira o placar do jogo, altera o resultado e faz os que estavam no topo da pirâmide caírem para a base e os que estavam na base fazerem uma viagem rumo ao topo.

Em terceiro lugar, *o Senhor enfraquece a mulher fértil e faz fértil a mulher estéril* (2:5b). Ana está dando um testemunho pessoal. Deus fez com ela o mesmo milagre que já operara na vida de Sara, Rebeca, Raquel e na mãe de Sansão. O Senhor ainda hoje faz com que a mulher estéril viva em família e seja alegre mãe de filhos (Sl 113:9). A mulher estéril dá à luz sete filhos, enquanto a mulher com muitos filhos se vê exausta e enfraquecida e sequer consegue desfrutar de sua família. Concordo com Tim Chester, quando diz que repetidas vezes Deus escolhe mulheres estéreis para desempenhar um papel fundamental na linhagem do Salvador. Mas, quando se trata do próprio Salvador, Deus dá um passo além, pois o Salvador nasce de uma virgem. Essa é a demonstração suprema de que a salvação vem por meio do poder de Deus.[6]

Em quarto lugar, *o Senhor tira a vida e dá a vida* (2:6). Nos versículos 4 e 5 Ana reflete sobre o que Deus fez por ela, vendo um padrão geral na salvação divina. Nos versículos 6-8, ela louva a Deus pelas suas ações em relação aos piedosos e aos ímpios, respectivamente.[7] Concordo com Kevin Mellish, quando diz que os versículos 6-8 relembram que Deus é o poder por trás dessas reversões da sorte.[8]

O dom da vida é uma prerrogativa divina. Só Deus dá a vida e só Ele tem autoridade para tirá-la. Só Deus tem competência para, na morte, ordenar o homem a retornar ao pó e para, no dia da ressurreição, ordenar que se levante do pó. Nas palavras de Warren Wiersbe, "o Senhor controla a vida e a morte e tudo o que acontece entre o começo e o fim".[9]

Em quinto lugar, *o Senhor empobrece e enriquece* (2:7a). Deus faz o rico e o pobre. Na sua providência, Ele é poderoso para levar o pobre à riqueza e arrastar o rico à pobreza. Riquezas e glórias vêm de Deus. É Ele quem fortalece nossas mãos para adquirirmos riquezas. A bênção do Senhor enriquece, mas, se o rico se ensoberbece, Deus pode desbancá-lo de sua prepotência e torná-lo pobre.

Em sexto lugar, *o Senhor levanta o pobre do pó e do monturo e o faz assentar-se entre príncipes* (2:8). As posições sociais mais baixas podem ser revertidas pela mão da providência. Deus é especialista em levantar pessoas improváveis e honrar aqueles que nada são para envergonhar aqueles que pensam que são. Deus apanha aqueles que estão no vale mais profundo da humilhação para elevá-los ao pico dos montes da exaltação. Deus fez isso com o seu próprio Filho. Jesus esvaziou-se e assumiu a forma de servo. Humilhou-se até à morte e morte de cruz. Mas o Pai o exaltou sobremaneira e lhe deu o nome que está acima de todo nome, para que ao nome de Jesus se dobre todo joelho no céu, na terra e debaixo da terra, e toda língua confesse que Jesus Cristo é Senhor para a glória de Deus Pai (Fp 2:6-11).

Em sétimo lugar, *o Senhor protege os santos e deixa o perverso à sua própria sorte* (2:9). O Senhor protege os santos com guarda-costas poderosos, como a bondade e a misericórdia (Sl 23:6). Ele segura-os com sua mão direita, guia-os com o seu conselho eterno e os recebe na glória. Nenhuma de suas ovelhas ficará perdida. Nenhum de seus filhos será abandonado. Todos compareceremos perante o Senhor, em Sião, e entraremos na cidade santa pela porta. Porém os perversos ficarão emudecidos, nas trevas da morte. A força dos perversos é vencida pela dureza da sepultura.

Em oitavo lugar, *o Senhor quebra os orgulhosos que contendem com Ele* (2:10a). À primeira vista os perversos parecem ser bem-sucedidos, mas um dia a tempestade da ira de Deus irromperá contra eles em julgamento severo e universal. E nesse dia, aqueles que contenderam com Deus serão quebrados sem que haja cura. O terror tomará conta dos perversos naquele grande dia do seu justo juízo, do qual ninguém escapará (Ap 6:12-17).

Uma profecia expectante (2:10b)

Ana conclui o seu cântico, dizendo: "O Senhor dá força ao seu rei e exalta o poder do seu ungido" (2:10b).

Ela encerra sua oração com uma referência notável ao Rei e Messias prometido por Deus. Pelo conhecimento que tinha das Escrituras e por inspiração divina, Ana profetizou que Deus daria um rei a Israel.

Warren Wiersbe destaca que Ana conhecia a lei de Moisés, pois nela encontrou as promessas de um futuro rei. Deus disse a Abraão e a Sara que haveria reis entre seus descendentes (Gn 17:6,16), e repetiu essa promessa a Jacó (Gn 35:11), que profetizou que Judá seria a tribo real (Gn 49:10). Moisés deu instruções com referência ao futuro rei (Dt 17:14-20). O rei Davi cumpriu essa profecia, mas seu cumprimento absoluto encontra-se em Jesus Cristo, o Ungido de Deus, que se assentará no trono de Davi e governará sobre seu reino glorioso (Lc 1:32,33, 69-75).[10] Antônio Neves de Mesquita ressalta que pela primeira vez na história da revelação se dá a Cristo o título de UNGIDO, que significa Messias.[11]

Resta claro afirmar, portanto, que essa profecia de Ana foi muito além de apontar para o piedoso rei Davi, o homem segundo o coração de Deus. Essa profecia aponta para Jesus, o Filho de Davi. Richard Phillips interpreta corretamente quando escreve: "Até mesmo Davi, com toda a sua glória e poder, era apenas uma imagem do verdadeiro Rei, o verdadeiro Ungido, o Messias Jesus, que viria salvar o povo de Deus e governar para sempre em justiça e paz".[12]

É digno de nota que o cântico de Ana é a primeira referência direta do Antigo Testamento ao Messias prometido de Deus, cujo termo, no Novo Testamento, é traduzido por *Cristo*. Richard Phillips escreve: "Foi muito apropriado que essa promessa viesse dos lábios de Ana. Quem melhor que a mulher que voluntariamente entregou seu filho primogênito para servir ao Senhor e ministrar em nome de Deus para profetizar a entrega que Ele faria de seu Filho para ser o Salvador da humanidade pecadora?".[13] Na verdade, o filho de Ana dá lugar a um Filho mais nobre, o Ungido de Deus, o Messias, o pão da vida, a luz do mundo, a porta das ovelhas, o bom pastor, a ressurreição e a vida, o caminho, e a verdade, e a vida, a videira verdadeira.

Uma entrega confiante (2:11)

Elcana e Ana retornam de Siló para Ramá, deixando o menino Samuel com Eli. Samuel não ficou servindo a Eli, mas servindo ao Senhor, perante o sacerdote. Samuel seria o sucessor da família de Eli. Restauraria a dignidade do sacerdócio ao mesmo tempo que ungiria Saul e Davi, os dois próximos reis de Israel.

NOTAS

1. WIERSBE, Warren W. *Comentário bíblico expositivo*. Vol. 2. 2006, p. 204.
2. WIERSBE, Warren W. *Comentário bíblico expositivo*. Vol. 2. 2006, p. 205.
3. PHILLIPS, Richard D. *1Samuel*. 2016, p. 49.
4. PHILLIPS, Richard D. *1Samuel*. 2016, p. 51.
5. BALDWIN, Joyce G. *I e II Samuel: introdução e comentário*. 2006, p. 63
6. CHESTER, Tim. *1 Samuel para você*. 2019, p. 27.
7. PHILLIPS, Richard D. *1 Samuel*. 2016, p. 52.
8. MELLISH, Kevin J. *Novo comentário bíblico Beacon – 1 e 2 Samuel*. 2015, p. 66.
9. WIERSBE, Warren W. *Comentário bíblico expositivo*. Vol. 2. 2006, p. 205.
10. WIERSBE, Warren W. *Comentário bíblico expositivo*. Vol. 2. 2006, p. 206.
11. MESQUITA, Antônio Neves. *Estudo nos livros de Samuel*. Rio de Janeiro: JUERP, 1979, p. 24.
12. PHILLIPS, Richard D. *1Samuel*. 2016, p. 55.
13. Idem.

Capítulo 3

Eli e seus filhos, uma família que fracassou

(1Samuel 2:11-36)

ATÉ AQUI, A NARRATIVA concentrou-se em Elcana e em sua família (1:1—2:11), mas a partir desse ponto muda para Eli e para sua família (2:12—3:21). Depois de vermos um contraste entre a Ana humilde e a Penina arrogante, veremos ao longo desta seção um contraste entre Samuel e os filhos de Eli.

Estes desprezavam a oferta do Senhor (2:17), mas Samuel ministrava perante Ele (2:18). Os dois irmãos cometeram atos de perversidade no tabernáculo e suscitaram o julgamento de Deus, mas Samuel serviu no tabernáculo e cresceu no favor do Senhor (2:26). A linhagem sacerdotal terminaria na família de Eli, mas Samuel seria chamado por Deus para dar continuidade a um sacerdócio santo (2:34-3:1).[1]

Richard Phillips tem razão em dizer que Samuel é contrastado não apenas com os filhos ímpios de Eli, mas também com o próprio sumo sacerdote, pai destes. O versículo 21 nos diz que "o jovem Samuel crescia diante do Senhor" e imediatamente acrescenta: "Era, porém, Eli já muito velho" (2:22). Eli é visto como um homem bem-intencionado e pessoalmente piedoso, mas um líder espiritual ineficaz e um fracasso em governar seus filhos.[2]

A família de Eli tinha tudo para dar certo, mas fracassou. Ele era um grande homem, mas falhou como pai. Eli era juiz de Israel fora dos portões, mas um perdedor dentro de casa. Ele cuidava dos outros, mas esqueceu a sua própria família. Seus filhos eram homens imprestáveis, profanos, violentos e adúlteros.

O propósito desta passagem é contrastar a família de Eli com a família de Elcana; contrastar os filhos do sacerdote com Samuel. Enquanto os filhos de Eli eram filhos de Belial, profanos, violentos e adúlteros, Samuel, cujos pais eram piedosos (2:19-21), foi consagrado ao Senhor antes mesmo de ser concebido. Ele foi entregue ao Senhor, na Casa do Senhor, para servir ao Senhor, desde a sua infância (2:18). O destaque sobre o crescimento de Samuel no favor do Senhor e dos homens (2:26) serviu como descrição do desenvolvimento do menino Jesus (Lc 2:52).[3]

Eli, um homem que tinha tudo para ser um grande pai

Destacaremos alguns pontos importantes aqui:

Em primeiro lugar, *Eli tinha uma posição muito respeitada* (4:18). Ele ocupava uma função que exigia muito do seu tempo. Era sacerdote e, também, juiz de Israel. Ele manteve uma posição respeitável na nação por quarenta anos. Era um homem muito ocupado com os negócios do povo e com as coisas de Deus. Warren Wiersbe alerta: "É triste quando um pai — especialmente aquele que também é líder espiritual — perde a influência sobre a própria família, restando-lhe apenas esperar a vinda do julgamento de Deus".[4]

Em segundo lugar, *Eli era um homem crente* (2:11). Ele era um sacerdote. Ele representava o povo diante de Deus. Era um homem que instruía o povo na Palavra e intercedia por ele. Seu nome significa: "O Senhor é o meu Deus". Ele era um homem de fé; era boca de Deus. Ele disse a Ana: "Vai em paz para a tua casa e o Senhor lhe conceda a petição que lhe fizeste" (1:17), e Ana concebeu e deu à luz a Samuel (1:20).

Em terceiro lugar, *Eli era um homem espiritualmente sensível* (3:8,9). Quando Deus falou ao jovem Samuel, Eli sentiu que era o Senhor e disse-lhe o que fazer. Ele discerniu a presença de Deus naquela noite. Sabia o que significava contatar-se com Deus. Ele era um homem capaz de discernir a voz divina. Era um homem de poder espiritual.

Em quarto lugar, *Eli era um homem estável em seu trabalho* (4:18b). Ele não foi um homem inconstante. Eli ministrou em Siló por quarenta anos como sacerdote e como juiz julgou Israel durante todo esse tempo. Era um homem estável em seu trabalho, um líder entre o seu povo.

Hofni e Fineias, filhos que tinham tudo para ser uma bênção

Hofni e Fineias nasceram e cresceram num ambiente sagrado. Eles tinham um pai que liderava a nação e possuía grande experiência. Nasceram numa família sacerdotal e cresceram num ambiente sagrado. Eles mesmos eram sacerdotes do Senhor (1:3); porém jogaram todo esse legado fora e se corromperam moral e espiritualmente. Eles tinham um comportamento inapropriado no santuário, quebraram o código de conduta sacerdotal, violaram severamente os elementos sagrados deste protocolo. Vejamos:

Em primeiro lugar, *Hofni e Fineias eram sacerdotes, mas eram absolutamente profanos* (2:12). Eles eram incrédulos, rebeldes, blasfemos e filhos de Belial. Eram sacerdotes profissionais, mas não se importavam com o Senhor. Conviviam com o sagrado, mas não tinham respeito com Deus, com a lei de Deus, nem com o povo de Deus. Eles cresceram na Casa do Senhor, mas não o conheciam. Quanto mais perto da Casa do Senhor, mais longe dele andavam. Eles lideravam e ensinavam o povo, mas eram ímpios. Purkiser tem razão em dizer que nas Escrituras "conhecer" o Senhor normalmente se refere a um conhecimento pessoal de Deus em adoração e obediência. Os hebreus não consideravam o conhecimento primeiramente como algo intelectual, mas sim como algo completamente pessoal.[5]

Richard Phillips esclarece que o termo "filhos de Belial" aponta para o fato de que eram homens indignos e agentes de destruição. E, quando se diz que eles "não se importavam com o Senhor", quer dizer que, apesar de todo o acesso que tinham à religião divina e de todo o seu conhecimento de teologia e de rituais de adoração, aqueles homens não eram convertidos, mas sim espiritualmente ignorantes quanto à graça salvadora de Deus e não se importavam com as exigências de sua santidade.[6]

Em segundo lugar, *Hofni e Fineias eram sacerdotes, mas desprezavam o culto divino* (2:13,14). Eles não respeitavam a orientação da palavra de Deus quanto às ofertas trazidas à Casa do Senhor (Lv 7:30-34; 3:16; 7:23-25). Eles roubavam a comida que era oferecida para sacrifício. Exerciam o sacerdócio apenas para satisfazer seus apetites. Não davam honra ao nome do Senhor. Para eles, o ritual era apenas uma tarefa pública para lhes levar comida ao estômago. Eles estavam na Casa do Senhor, trabalhavam na Casa do Senhor, mas eles não conheciam ao Senhor. Desrespeitar as coisas de Deus era o costume deles. Eles profanavam o sagrado, não respeitavam as prescrições da Palavra de Deus e zombavam do povo que vinha ao santuário para sacrificar ao Senhor.

Em terceiro lugar, *Hofni e Fineias eram sacerdotes, mas agiam com violência* (2:15-17). Eles não apenas agiam mal, mas tinham subalternos que, sob suas ordens, agiam com violência. Eles exigiam dos adoradores o que era contrário à lei de Deus. Quando estes argumentavam em favor da Lei, os irreverentes asseclas dos sacerdotes apelavam para a violência. Agiam com desrespeito com as coisas e com as ofertas sagradas; e agiam com violência com os adoradores. Assim, os filhos de Eli cometiam grande pecado perante o Senhor.

Joyce Baldwin destaca que os adoradores sabiam que a gordura do sacrifício devia ser queimada como oferta ao Senhor (Lv 27:6; Nm 18:17). Certas partes do animal eram designadas para os sacerdotes a fim de lhes servir de alimento (Lv 7:28-36; Dt 18:3). Insatisfeitos com o que devia ser uma provisão adequada, aqueles homens intimidavam os adoradores a permitir que apanhassem, ao acaso, bons pedaços de carne, tivessem ou não direito a isso.⁷ Nas palavras de Kevin Mellish, "o animal sacrificial se tornava o alimento pessoal do sacerdote ao invés de ser um sacrifício reservado ao Senhor. Desta forma, esse comportamento não era só desprezível aos olhos do povo, mas negligenciava as práticas aceitáveis segundo a lei sacerdotal (Lv 7:23-25,31; 17:6)".⁸ Richard Phillips corrobora com esse pensamento, dizendo:

> Os israelitas piedosos que iam sacrificar diante do Senhor não apenas testemunhavam a atitude sacrílega dos sacerdotes com relação às ofertas, mas também eram roubados daquilo que o Senhor havia destinado a eles e suas famílias. O versículo 17 faz uma acusação desmoralizante: "Era, pois, mui grande o pecado destes moços perante o SENHOR, porquanto eles desprezavam a oferta do SENHOR".⁹

Em quarto lugar, *Hofni e Fineias eram sacerdotes, mas viviam escandalosamente na imoralidade* (2:22). Eles adquiriram má fama em toda a nação e nem trataram de ocultar suas imoralidades. Eles pecavam contra aquelas pessoas a quem deviam pastorear e proteger; deitavam-se com as mulheres e adulteravam dentro da própria Casa de Deus; não respeitavam a Deus, nem suas respectivas esposas, nem a palavra do Senhor, nem o sacerdócio, nem o povo. Eles profanavam tanto o casamento como o santuário do Senhor. Vale destacar que a presença de mulheres ligadas ao funcionamento do tabernáculo é expressa em Êxodo 38:8. Os filhos de Eli em vez de respeitá-las, prevaricavam a ponto de ter relações sexuais com elas, dentro da

Casa do Senhor, e isso, de forma rotineira. Antônio Neves de Mesquita é escancaradamente direto ao afirmar que os filhos de Eli fizeram do santuário de Deus um prostíbulo, expondo, assim, o culto divino ao ridículo.[10] Nas palavras de Tim Chester, "Hofni e Fineias transformaram o Tabernáculo em um bordel".[11]

Kevin Mellish é assaz oportuno em sua análise do texto em tela:

> A gramática do versículo 22 abre a possibilidade de algumas opções interpretativas. Primeiro, a linguagem pode indicar que os filhos de Eli forçavam as mulheres, como no caso de abuso sexual ou estupro. Se for este o significado, então isso enfatiza a perversidade dos filhos de Eli e sua inclinação para abusar de sua posição e de seu poder. Neste caso, as mulheres seriam vítimas, não só das intenções lascivas deles, mas da autoridade "eclesiástica" deles também. Segundo, também é possível que a mencionada atividade sexual estivesse associada com as práticas de fertilidade, e, então, as mulheres funcionavam mais como prostitutas cultuais dos templos pagãos. Se este for o significado intencionado, então, isso fornecia evidência de que a compleição religiosa de Siló adquirira uma aparência cananeia (1Rs 15:12; 2Rs 23:7).[12]

Em quinto lugar, *Hofni e Fineias eram sacerdotes, mas faziam o povo tropeçar* (2:23,24). Os pecados cometidos pelos filhos de Eli eram públicos e escandalosos. Havia um rumor procedente de todo o povo acerca dos desvarios cometidos por eles que chegava diariamente aos ouvidos de Eli. É digno de nota que os pecados do líder são mais graves, mais hipócritas e mais desastrosos do que os pecados do povo: mais graves, porque o líder peca contra um maior conhecimento; mais hipócritas, porque o líder combate aquilo que pratica, e mais danosos, porque os pecados do líder conduzem outros a pecar. Hofni e Fineias não eram neutros. Eram uma pedra de tropeço para a nação. Eles faziam o povo tropeçar.

Em sexto lugar, *Hofni e Fineias eram sacerdotes, mas não ouviam conselhos nem advertências* (2:25,26). Eles não honravam a Eli e nem a Deus. Quem desobedece aos pais, desobedece a Deus. O pecado da rebeldia é como o pecado da feitiçaria. Filhos rebeldes são a vergonha dos pais. Eli deixa claro para seus filhos que ao pecarem contra Deus não restava a eles esperança de perdão. Na verdade, eles selaram o próprio destino ao recusarem aceitar as advertências. Dale Ralph Davis diz que uma pessoa pode permanecer tão firme na sua rebelião que Deus a confirmará nela, de modo que permanecerá totalmente surda e insensível a quaisquer advertências de juízo ou rogos para que se arrependa.[13]

Purkiser lança luz sobre o assunto ao dizer que o pecado de um homem contra outro poderia ser julgado nas cortes da lei; mas o pecado religioso contra Deus seria punido pelo próprio Senhor.[14] Richard Phillips é mais claro ainda em sua interpretação: o que Eli quis dizer era que pecados contra outras pessoas podem ser perdoados pelo sangue expiatório dos sacrifícios do Senhor. Porém, o que pode ser feito pelos pecados que mostram desprezo pelos próprios sacrifícios? Seus pecados contra o modo de salvação de Deus — muito semelhantes aos das pessoas que desprezam o evangelho hoje — deixaram os filhos de Eli sem meios de perdão. Tão grande eram seus pecados contra os meios de graça de Deus que o Senhor os entregou à condição letal de um coração endurecido.[15]

Eli, um homem que fracassou como pai

Destacaremos cinco lições solenes aqui:

Em primeiro lugar, *Eli era líder da nação, mas fracassou na criação dos filhos* (4:18). Ele foi juiz de Israel por quarenta anos. Nesse tempo atendeu as grandes demandas da nação, mas negligenciou sua casa. Cuidou dos outros, mas falhou em criar os filhos no temor do Senhor. Legou a eles o privilégio do sacerdócio, mas não a estatura moral para exercerem-no. Hofni e Fineias moravam dentro da Casa do Senhor, mas cresceram sem conhecê-lo. Eli tinha tempo para exercer os cargos político (juiz) e eclesiástico (sacerdote), mas não tinha tempo para inculcar nos filhos a palavra de Deus. Ao perder a influência espiritual sobre eles, Eli perdeu seu ministério.

Em segundo lugar, *Eli foi um pai omisso, que não abriu os olhos para ver os sinais de perigo dentro do seu lar* (2:22-24; 2:29-34; 3:11,12,17,18). O erro de Eli é visto no fato de que, embora ouvisse sobre os pecados de seus filhos e o povo lhe falasse sobre o comportamento deles, nada fazia para refrear suas más ações. Eli não supervisionou o serviço sacerdotal deles. A repreensão aos filhos não desembocou numa punição imediata a eles. Richard Phillips interpreta corretamente, quando escreve:

> Ao lidar com seus filhos adultos, Eli tinha no mínimo a obrigação de tirá-los de seu ofício e empossar outros sacerdotes qualificados e piedosos. Nos dias originais do sacerdócio israelita, até mesmo os filhos de Arão, Nadabe e Abiú, haviam sido mortos por Deus por terem levado "fogo estranho" ao tabernáculo (Nm 3:4). Mesmo sabendo desses fatos, Eli não conseguia ser severo com seus filhos.[16]

Três foram as advertências que Deus deu a Eli. Vejamos:

A primeira advertência veio do público em geral (2:22-24). Era do conhecimento popular. O povo não ocultava de Eli os pecados de seus filhos. Toda a nação lhe dizia: "Os seus filhos são motivo de tropeço para o povo. Eles estão vivendo de forma escandalosa. O que eles fazem é mau. Você, Eli, fica com a imagem arranhada por causa deles. A obra de Deus é prejudicada por eles". Mas a advertência de Eli a seus filhos é frouxa. Ele os exorta, mas não os disciplina, nem os pune, nem os afasta do sacerdócio. Ele exortava com palavras, mas não com ação.

A segunda advertência veio por um profeta anônimo (2:27-34). Deus denuncia a ingratidão de Eli e de seus filhos. O Senhor os colocou no posto da mais alta honra, mas eles profanaram a Casa do Senhor, menosprezaram sua oferta e tornaram-se causa de tropeço para o povo. O profeta enviado por Deus lavra a sentença, dizendo que o ministério deles iria cessar, e aponta a autoridade do veredito: "Assim diz o Senhor". E mostra o princípio sobre o qual Deus exerce a autoridade: "Aqueles que me honram eu honrarei". No versículo 29 o profeta fala sobre a repreensão de Deus; no versículo 30, sobre a rejeição de Deus; e nos versos 31 a 34, sobre o castigo de Deus.

Warren Wiersbe diz que o profeta tratou primeiramente do passado (2:27,28), lembrando a Eli que seu cargo como sacerdote era dádiva recebida pela graça de Deus. Em seguida, o mensageiro voltou a atenção para o presente (2:29) e acusou Eli de colocar os filhos à frente do Senhor e de participar de seus pecados. Mas o tema principal da mensagem do profeta girava em torno do futuro (2:30-36). O Senhor só honra aqueles que o honram. Por isso, os filhos de Eli, bem como ele, morreriam no mesmo dia. Os descendentes de Eli seriam pedintes no santuário a troco de qualquer serviço por um pedaço de pão (2:33). O Senhor levantaria um sacerdote fiel, que agradaria o seu coração e faria a sua vontade. Essa profecia foi parcialmente cumprida em Samuel e em Zadoque (2Sm 8:17; 15:24), mas cumpriu-se plenamente em Cristo (Hb 7—8).[17]

Richard Phillips, fazendo uma aplicação do texto, destaca que um sacerdote era ordenado primeiro "para subir ao meu [do Senhor] altar" (2:28). Jesus é o Sacerdote que oferece o sangue expiatório eficaz — o sangue da sua cruz — para cobrir nossos pecados para sempre na presença de Deus. Os sacerdotes também eram chamados para "queimar incenso" (2:28), representando o ministério intercessório de Jesus (Hb 4:15; 7:25). Finalmente, o sumo sacerdote devia usar a estola sacerdotal, levando as pedras das doze tribos à presença de Deus. Do mesmo modo, Jesus é o verdadeiro e eterno Sacerdote que leva todos os redimidos no seu coração e assegura o lugar deles em glória, tendo gravado seus nomes nas palmas de suas mãos (Is 49:16).[18]

A terceira advertência veio do próprio Deus por meio de Samuel (3:11,12,17,18). Para os critérios de avaliação de Deus, a prova de fogo da liderança de um pai não reside no âmbito de suas habilidades sociais, de relações públicas, mas em casa (1Tm 3:1-5). Eli foi omisso em corrigir os seus filhos diante de tantas advertências. Ele foi débil e frouxo. Faltou-lhe autoridade. Faltou pulso. Faltou firmeza.

Em terceiro lugar, *Eli foi um pai bonachão* (2:29b). Eli honrou mais seus filhos do que Deus ao permitir que eles continuassem na prática de todos aqueles pecados no exercício do sacerdócio. Provérbios 19:18 diz: "Castiga a teu filho enquanto há esperança". Tim Chester destaca que a família de Eli zombou do sacrifício (2:29). O significado literal é "chutar os sacrifícios". Uma versão contemporânea poderia ser: "Fiz tudo isso para vocês e em troca vocês me cospem na cara".[19]

Em quarto lugar, *Eli foi um pai conivente* (2:29). Ele não apenas deixou de corrigir seus filhos, mas também tornou-se coparticipante dos pecados deles. A Bíblia diz que Eli morreu "pesado" (4:18). E por quê? "[...] Para tu e eles vos engordardes das melhores de todas as ofertas do meu povo Israel [...]" (2:29). Eli comeu também da carne que seus filhos tomavam inescrupulosamente do sacrifício. Ele aceitou o estilo de vida que eles levavam, tornou-se parceiro dos pecados de seus filhos.

Em quinto lugar, *Eli foi um pai passivo ao fatalismo* (3:18). Eli aceitou passivamente a decretação da derrota sobre a sua casa. Ele não reagiu, não clamou por misericórdia, não orou. Entregou os pontos, jogou a toalha. Eli não tinha mais forças para lutar pela salvação de sua família. Nas palavras de Antônio Neves de Mesquita, "é como se Eli já estivesse preparado para o pior".[20]

O texto em apreço, encerra várias lições práticas: 1) o perigo de cuidar dos outros e não cuidar da própria família; 2) o perigo de ser famoso fora dos portões e não ter autoridade dentro de casa; 3) o perigo de nos acostumarmos com as coisas sagradas e perdermos o temor do Senhor; 4) o perigo de nos conformarmos com os pecados dos nossos filhos, a ponto de estarmos mais preocupados em agradá-los do que honrar a Deus; 5) o perigo de aceitarmos passivamente a decretação da derrota em nossa família; 6) o perigo de não estarmos atentos para o fato de que o cálice da ira de Deus pode encher-se e então não haver mais esperança para a nossa casa.

A família de Eli acaba em tragédia porque pensou que podia fazer a obra de Deus sem santidade.

Notas

[1] WIERSBE, Warren W. *Comentário bíblico expositivo*. Vol. 2. 2006, p. 206.
[2] PHILLIPS, Richard D. *1Samuel*. 2016, p. 60.
[3] BALDWIN, Joyce G. *I e II Samuel: introdução e comentário*. 2006, p. 68.
[4] WIERSBE, Warren W. *Comentário bíblico expositivo*. Vol. 2. 2006, p. 207.
[5] PURKISER, W. T. *Os livros de 1 e 2Samuel. In* Comentário Bíblico Beacon. Vol. 2. 2015, p. 182.
[6] PHILLIPS, Richard D. *1Samuel*. 2016, p. 58.
[7] BALDWIN, Joyce G. *I e II Samuel: introdução e comentário*. 2006, p. 67.
[8] MELLISH, Kevin J. *Novo comentário bíblico Beacon – 1 e 2Samuel*. 2015, p. 71.
[9] PHILLIPS, Richard D. *1Samuel*. 2016, p. 59.
[10] MESQUITA, Antônio Neves. *Estudo nos livros de Samuel*. 1979, p. 25.
[11] CHESTER, Tim. *1Samuel para você*. 2019, p. 32.
[12] MELLISH, Kevin J. *Novo comentário bíblico Beacon – 1 e 2Samuel*. 2015, p. 72.
[13] DAVIS, Dale Ralph. *1Samuel: Looking on the Heart*. Fearn, Ross-shire, UK: Christian Focus, 2000, p. 27.
[14] PURKISER, W. T. *Os livros de 1 e 2Samuel. In* Comentário bíblico Beacon. Vol. 2. 2015, p. 183.
[15] PHILLIPS, Richard D. *1Samuel*. 2016, p. 62.
[16] PHILLIPS, Richard D. *1Samuel*. 2016, p. 61.
[17] WIERSBE, Warren W. *Comentário bíblico expositivo*. Vol. 2. 2006, p. 207,208.
[18] PHILLIPS, Richard D. *1Samuel*. 2016, p. 67.

[19] CHESTER, Tim. *1Samuel para você*. 2019, p. 33.
[20] MESQUITA, Antônio Neves. *Estudo nos livros de Samuel*. 1979, p. 28.

Capítulo 4

O chamado de Samuel e o juízo sobre a casa de Eli

(1Samuel 3:1-21)

O CONTRASTE ENTRE ELI e Samuel continua. Enquanto a família do sacerdote está sentenciada a encerrar abruptamente seu ministério sacerdotal, Samuel está sendo levantado como o novo líder da nação. É curioso que Samuel aprendeu a comunicar-se com Deus com a pessoa que ele iria substituir. Significativamente, seria por intermédio de Samuel, e não de Eli, que a palavra do Senhor retornaria ao povo de Israel (3:1).[1]

Três grandes lições são apresentadas na passagem em análise. Vejamos:

Uma visão do Senhor (3:1-10)

Destacaremos quatro verdades aqui:

Em primeiro lugar, *um jovem servindo ao Senhor* (3:1). Samuel já não é mais uma criança. É agora um jovem de uns doze anos. Ele não servia a Eli, mas ao Senhor perante Eli. Em virtude da decadência espiritual do sacerdote e de seus filhos, a palavra do Senhor era mui rara naqueles dias. As visões, de igual modo, não eram frequentes. O silêncio era a resposta de Deus a uma liderança corrompida. Nas palavras de Warren Wiersbe, "o silêncio de Deus era o julgamento divino".[2]

Kevin Mellish diz, acertadamente, que a noção de que a palavra do Senhor não estava sendo comunicada ou que as visões não ocorriam indica que embora todos os aparatos da adoração (isto é, sacerdotes, sacrifícios, santuário) existissem em Siló, a expressão visível da presença de Deus permanecia distante e esporádica.[3] É uma triste realidade quando o templo com seus rituais e os sacerdotes com seus sacrifícios e oferendas se tornam apenas um rito vazio, uma tradição morta, um culto sem vida, no qual Deus não fala mais. As pessoas iam ao santuário devido a uma tradição religiosa, mas saíam sem ouvir a voz de Deus.

Em segundo lugar, *um chamado não compreendido* (3:2-7). Certo dia, Deus rompe o silêncio para oficialmente chamar Samuel para o ministério profético. Homens como Moisés, Isaías e Saulo de Tarso foram chamados audivelmente para o ministério. Samuel ainda não conhecia o Senhor, pois a sua palavra ainda não tinha se manifestado a ele. Seus ouvidos ainda não estavam afinados pelo diapasão do céu. Deus o chamou três vezes pelo nome e Samuel pensou que era Eli quem o chamava. Purkiser chama a atenção para a palavra *"yadá"*, traduzida por "conhecer". Esse conhecimento significa mais que o conhecimento intelectual. Implica conhecimento pessoal.[4] Nas palavras de Joyce Baldwin, "Samuel ainda não tivera uma experiência pessoal mediante a qual poderia conhecer o chamado do Senhor".⁵

É digno de destaque, diz Kevin Mellish, que o local onde Eli e Samuel dormiam no momento da teofania também seja simbólico. Eli estava em seu próprio quarto, e separado da arca. Samuel estava deitado no santuário do Senhor, onde se encontrava a arca de Deus (3:3). Samuel permanecia perto da presença divina, que era simbolizada pela arca da aliança. Eli, o sacerdote prestes a ser deposto, dormia distante dela.⁶ Samuel estava prestes a substituir Eli e formalmente ser empossado por Deus no lugar dele. Richard Phillips lança luz sobre o tema, ao escrever:

> O cenário para o chamado de Samuel é declarado de modo provocativo: "antes que a lâmpada de Deus se apagasse" (3:3). Isso indica que foi nas horas antes da alvorada que Deus chamou Samuel, pois as lâmpadas eram mantidas acesas até o amanhecer. Mas isso também era simbolicamente verdadeiro: a lâmpada da presença de Deus em Israel estava fraca, mas não completamente apagada. Nesse tipo de cenário, a voz do Senhor foi ouvida mais uma vez dentro de sua casa: "O Senhor chamou o menino" (3:4). Há muita graça nessas palavras. Num tempo em que a palavra de Deus havia sido transgredida e pisada até mesmo pelos filhos do sumo sacerdote, quando a lei ofendida de Deus dava todas as razões para um juízo de eterno silêncio divino, não obstante a voz do Senhor foi ouvida chamando um filho da sua aliança.⁷

Em terceiro lugar, *um chamado esclarecido* (2:8,9). Na terceira vez que Samuel ouviu a voz lhe chamando pelo nome, pensando ser a voz de Eli, este compreendeu que era o Senhor quem o chamava. Então, Eli orienta Samuel a responder à voz divina, dizendo-lhe: "Fala, Senhor, porque o teu servo ouve".

Em quarto lugar, *um chamado respondido* (2:10). Pela quarta vez, o Senhor chamou Samuel pelo nome, e ele agora, orientado por Eli, respondeu: "Fala, Senhor, porque o teu servo ouve". Aqui se dá formalmente o chamado desse jovem para o tríplice ministério de profeta, sacerdote e juiz de Israel. Seu ministério vai se ampliando, enquanto o ministério de Eli e de seus filhos vai se eclipsando. Samuel não tinha idade, posição, nem experiência, mas Deus falou com ele e o levantou como profeta em sua geração. Ele não apenas ouviu a voz de Deus, mas também a obedeceu.

Um castigo do Senhor (3:11-18)

Quatro fatos solenes são aqui colocados em relevo:

Em primeiro lugar, *um juízo chocante* (3:11). A primeira mensagem de Deus revelada a Samuel foi sobre o juízo divino que estava para vir sobre a família de Eli. O que estava para acontecer à família do sacerdote não era ação do inimigo, mas juízo do próprio Deus. Não era coisa irrelevante, mas um juízo que traria perturbação a todos que tomassem conhecimento dele.

Em segundo lugar, *uma casa condenada* (3:12-14). Deus revela a Samuel seu juízo sobre a casa de Eli. Deus vai começar e concluir esse julgamento. Não será um julgamento pontual e momentâneo, mas permanente. O Senhor dá os motivos para o julgamento: Eli tornou-se um líder complacente e bonachão com os erros de seus filhos. Embora Hofni e Fineias tivessem se tornado execráveis, ele não os repreendeu. Com juramento, Deus selou a sentença irrevogável de condenação da família de Eli. Para os pecados de sua casa não haveria perdão. Purkiser diz que o problema da família de Eli tinha ultrapassado "o ponto sem retorno", isto é, já era irreversível. Tratava-se de um pecado para a morte, e para esse não há oração (1Jo 5:16).[8] Vale a pena destacar que, ao longo dos anos seguintes, os descendentes de Eli morrem prematuramente (22:9-23) e são finalmente removidos do sacerdócio por Salomão (1Rs 2:26,27). Isso aconteceu como cumprimento da palavra de Deus a Eli (1Rs 2:27).

Kevin Mellish destaca que diferentemente da mensagem do homem de Deus (2:27-36), o Senhor acusou Eli de modo específico e o responsabilizou pessoalmente pelo fracasso da sua casa em cumprir as responsabilidades sacerdotais. Deus declarou que Eli sabia que os seus filhos blasfemavam contra Ele, contudo não os repreendia (3:13). Por esta falha em reprovar Hofni e Fineias, sua casa seria punida para sempre. Nenhum sacrifício ou oferta seria capaz de expiar o pecado deles. A sorte deles seria selada, e as advertências de Eli aos seus filhos anteriormente (2:25) se tornaram proféticas.[9] Ele mostrou desprezo pelas ofertas sacrificiais, contudo não há outro modo de expiação. Rejeitar o sacrifício de Deus é rejeitar qualquer esperança de ter a própria culpa expiada. Os sacrifícios do Antigo Testamento apontam para o sacrifício de Jesus na cruz. Assim, do mesmo modo, tratar a cruz com desprezo é rejeitar qualquer esperança de nossa culpa ser expiada (Hb 10:26-31).[10]

Joyce Baldwin ainda esclarece:

> Fizeram-se provisões nos rituais para o sacrifício pelo pecado dos sacerdotes, mas tal sacrifício só cobria o pecado não intencional (Lv 4:2; 4:13,22,27). O pecado cometido com "abuso de poder", num desrespeito intencional diante da lei de Deus,

tal como o que os filhos de Eli cometeram, não podia ser resolvido por sacrifício algum.[11]

Richard Phillips é enfático ao afirmar que a razão para Deus proibir o perdão foi que os filhos de Eli haviam blasfemado contra os mesmos sacrifícios que Deus havia ordenado para a purificação do pecado. Como, então, seriam perdoados tendo desprezado os meios de graça providos por Deus? De igual forma é verdadeiro hoje para aqueles que negam a obra expiatória de Cristo ou desprezam a palavra de Deus, pois estão "crucificando para si mesmos o Filho de Deus e expondo-o à ignomínia" (Hb 6:6).[12]

Em terceiro lugar, *uma mensagem temida* (3:15). Depois de ouvir durante a noite a mensagem do juízo de Deus sobre a família de Eli, Samuel levanta-se no dia seguinte para cumprir com seus deveres de abrir as portas da Casa do Senhor, mas temeu entregar a mensagem ao sacerdote. Tratava-se de um veredito divino, uma sentença de morte à sua casa. Embora Samuel, certamente, tenha visto os filhos de Eli cometerem abominações e tenha ouvido o rumor de toda a nação sobre os escândalos desses sacerdotes e da omissão de Eli em discipliná-los, em momento algum se coloca contra eles para desbancá-los. Samuel teme entregar a mensagem de juízo a Eli em vez de sentir um prazer mórbido em fazê-lo. Isso revela sua humilde integridade e sua dependência de Deus.

Em quarto lugar, *uma mensagem transmitida* (3:16-18). Eli instou com Samuel para lhe contar tudo que Deus havia lhe falado, sem nada omitir, ameaçando-o imprecatoriamente, caso ocultasse dele alguma coisa. Samuel, então, transmitiu-lhe o que ouviu do Senhor. Ao ouvir acerca do juízo peremptório e final de Deus sobre sua casa, Eli não o questionou nem mesmo clamou por misericórdia. Apenas se rendeu passivamente, dizendo: "É o Senhor; faça o que bem lhe aprouver" (3:18). É digno de nota que Samuel não distorceu nem alterou a mensagem que recebeu de Deus. Ele entregou fielmente o julgamento do oráculo a Eli.

Concordo com o que disse Warren Wiersbe acerca de Eli: "Como todos nós, Eli tinha defeitos, mas devemos dar o devido valor à sua atitude positiva em relação ao jovem Samuel, seu sucessor como líder espiritual de Israel. Não é todo servo veterano que mostra cortesia na hora de descansar as ferramentas de trabalho e deixar que o aprendiz assuma seu lugar".[13]

Um profeta do Senhor (3:19-21)

Destacamos, aqui, três verdades acerca de Samuel:

Em primeiro lugar, *um profeta confirmado por Deus* (3:19). O Senhor, então, confirma Samuel como profeta. Ele continua crescendo e o Senhor era com ele em cada fase de sua vida. Nenhuma de suas palavras Deus deixou cair por terra. A partir desse momento, Samuel não é mais um profeta em treinamento. Ele assume a titularidade da profecia em Israel, como o primeiro de uma nova ordem ou linhagem de profetas.

Joyce Baldwin destaca que ele se coloca inequivocamente ao lado das exigências do Senhor sobre seu povo. O resultado deverá ser arrependimento ou, então, castigo certo. Samuel ainda unge Saul e Davi como reis de Israel, apontando, assim, não para si mesmo, mas para o ungido do Senhor, por meio de quem "o Senhor julgará as extremidades da terra" (2:10).[14]

Em segundo lugar, *um profeta reconhecido pelo povo* (3:20). Samuel não apenas é chamado e confirmado por Deus, mas é, também, reconhecido pelo povo de Israel. De Dã a Berseba, ou seja, do extremo norte ao extremo sul na nação, todos reconhecem Samuel como profeta de Deus. Passamos de uma nação sem palavra, à palavra alcançando toda a nação. Kevin Mellish destaca que enquanto todo o povo de Israel sabia dos atos perversos de Hofni e Fineias (2:22), todo o Israel, desde Dã até Berseba, isto é, o país inteiro, sabia que Samuel era o verdadeiro profeta do Senhor (3:20).[15] Tim Chester diz que a ascensão de Samuel é um sinal da queda da família de Eli.[16]

Em terceiro lugar, *um profeta instrumentalizado por Deus* (3:21). O Senhor continuou a aparecer em Siló, manifestando sua palavra a Samuel. Purkiser ressalta que a palavra de Deus tinha por trás de si a sua autoridade e o seu poder, e vinha como uma revelação da sua vontade e natureza.[17] Como profeta, Samuel transmitia ao povo a palavra do Senhor; como sacerdote, Samuel intercedia pelo povo; como juiz, Samuel liderava o povo.

Notas

[1] MELLISH, Kevin J. *Novo comentário bíblico Beacon – 1 e 2Samuel.* 2015, p. 77.

[2] WIERSBE, Warren W. *Comentário bíblico expositivo.* Vol. 2. 2006, p. 208.

[3] MELLISH, Kevin J. *Novo comentário bíblico Beacon – 1 e 2Samuel.* 2015, p. 77.

4 PURKISER, W. T. *Os Livros de 1 e 2Samuel*. *In* Comentário bíblico Beacon. Vol. 2. 2015, p. 185.
5 BALDWIN, Joyce G. *I e II Samuel: introdução e comentário*. 2006, p. 71.
6 MELLISH, Kevin J. *Novo comentário bíblico Beacon – 1 e 2Samuel*. 2015, p. 78.
7 PHILLIPS, Richard D. *1Samuel*. 2016, p. 70.
8 PURKISER, W. T. *Os Livros de 1 e 2Samuel*. *In* Comentário bíblico Beacon. Vol. 2. 2015, p. 185.
9 MELLISH, Kevin J. *Novo comentário bíblico Beacon – 1 e 2Samuel*. 2015, p. 79.
10 CHESTER, Tim. *1Samuel para você*. 2019, p. 43.
11 BALDWIN, Joyce G. *I e II Samuel: introdução e comentário*. 2006, p. 71.
12 PHILLIPS, Richard D. *1Samuel*. 2016, p. 75.
13 WIERSBE, Warren W. *Comentário bíblico expositivo*. Vol. 2. 2006, p. 210.
14 BALDWIN, Joyce G. *I e II Samuel: introdução e comentário*. 2006, p. 73.
15 MELLISH, Kevin J. *Novo comentário bíblico Beacon – 1 e 2Samuel*. 2015, p. 80.
16 CHESTER, Tim. *1Samuel para você*. 2019, p. 37.
17 PURKISER, W. T. *Os livros de 1 e 2Samuel*. *In* Comentário bíblico Beacon. Vol. 2. 2015, p. 186.

Capítulo 5

A banalização do sagrado

(1Samuel 4:1-22)

O TURBULENTO PERÍODO DOS juízes chega ao seu momento mais crítico, com o eclipse do ministério de Eli e de seus blasfemos filhos, Hofni e Fineias. Depois de quarenta anos julgando Israel, Eli e seus filhos precisam enfrentar o reincidente conflito com os arqui-inimigos filisteus. Nesse combate, os israelitas sofrem uma acachapante derrota.

Os filisteus eram um povo navegante, originário das ilhas do mar Egeu, especificamente de Caftor, local mais conhecido como a ilha de Creta (Am 9:7; Jr 47:4). O faraó Ramsés III denominou os filisteus de "povo do mar". Esses inimigos são mencionados nas Escrituras já nos tempos de Abraão (Gn 10:14; Gn 21:32). Descendo as encostas da

Palestina no século 12 a.C., os filisteus construíram cinco cidades-estados entre o mar e o interior montanhoso de Judá. Os antigos filisteus eram mais avançados que qualquer dos povos vizinhos — tecnológica, militar e administrativamente. Seu expansionismo incansável era, portanto, um desafio perene à integridade territorial e à soberania nacional do povo da aliança de Deus.[1]

Antônio Neves de Mesquita diz que este povo belicoso e guerreiro, que habitava na costa, junto ao mar Mediterrâneo, havia mais de trezentos e cinquenta anos, sempre dava trabalho a Israel. No livro de Juízes vimos por quantas vezes eles vieram perseguir, explorar e dominar os israelitas. A vida de Sansão foi gasta em questiúnculas com eles, e dali por diante, até o tempo de Salomão, ainda continuaram as suas lutas pelo domínio da Terra Prometida.[2]

Seis lições solenes são ensinadas no texto em tela. Vejamos:

A familiaridade com o sagrado pode gerar misticismo e não fé (4:1-3)

Destacamos aqui duas lições solenes:

Em primeiro lugar, *Deus entrega o povo de Israel nas mãos de seus inimigos* (4:1,2). Samuel convoca todo Israel para a peleja contra os filisteus, porém, travada a batalha, os israelitas saíram derrotados, e, em campo aberto, cerca de quatro mil homens foram mortos. Nas palavras de Richard Phillips, "os filisteus eram o açoite de Deus, levantados para castigar os apóstatas do povo do Senhor".[3] A agressão dos filisteus a Israel domina o contexto e os acontecimentos militares durante a época de Samuel e Saul. Por essa causa, quando os israelitas eram derrotados, viam na derrota a retirada do favor divino.

Em segundo lugar, *a arca por si mesma não poderia livrar o povo* (4:3). Em face da humilhante derrota, sofrendo uma baixa de quatro mil homens, os israelitas compreenderam que foram feridos pelo Senhor e não pelos filisteus. Nisso estavam certos. Então, recomendaram que a arca da aliança do Senhor fosse levada para o meio da batalha, julgando que ela os livraria das mãos de seus inimigos. Nisso estavam errados. Joyce Baldwin esclarece esse ponto assim:

> Os israelitas estavam certos em presumir que o Senhor era responsável por sua derrota, mas errados em pensar que um desfile com a arca da aliança compensaria sua negligência para com os requisitos éticos do Senhor. Pensar que a presença da arca entre eles iria reverter seu destino, sem haver qualquer mudança interior nos líderes de Israel, era algo que revelava a medida de sua insensibilidade das coisas espirituais.[4]

Em vez de o povo arrepender-se, mudar de vida, Israel propôs trazer a arca do Concerto para o meio do arraial como uma espécie de talismã para assegurar a vitória. Imaginavam que a simples presença da arca garantiria vitória. Ledo engano.

Purkiser tem razão em dizer que a presença física da arca não tinha poder uma vez que o Deus da arca era ignorado. Deus está mais interessado na lealdade íntima do que em símbolos.[5] Os israelitas levaram a arca para o centro do acampamento e perderam mais trinta mil homens. Na verdade, Israel acostumou-se tanto com o sagrado que acabou transformando a arca, símbolo da presença de Deus entre o povo, num amuleto.

O povo pensou que Deus estava comprometido em livrá-lo mesmo vivendo em pecado. A sugestão de levar a arca para o arraial era uma tentativa de manipular Deus. Queriam que Ele estivesse do lado deles a qualquer custo, em quaisquer condições. Queriam anular o seu caráter santo. Símbolos sagrados não podem nos proteger automaticamente. Assim como o Espírito de Deus ausentou-se de Sansão e os filisteus o prenderam, o Senhor ausentou-se de Israel, mesmo o povo tendo levado a arca da aliança para a zona do conflito.

Richard Phillips tem razão em dizer que infelizmente os anciãos de Israel não examinaram suficientemente essa questão. Eles não foram consultar Samuel, o profeta por meio do qual Deus estava falando. Em vez disso, rapidamente tentaram remediar a situação por meio de uma solução criada por eles mesmo, acreditando que o poder de Deus estava fisicamente ligado à arca.[6] Apesar de a arca ter sido carregada diante das tribos de Israel que marchavam no êxodo (Nm 10:35); de ter ido adiante do povo quando Israel atravessou o Jordão para entrar na Terra Prometida (Js 3:10,11); de os sacerdotes terem ido adiante da arca, tocando trombetas, quando os muros de Jericó caíram (Js 6:4-20), ela não era uma caixa de poder. A arca não tinha poder em si mesma. Ela representava a presença do Deus Todo-poderoso. Quem dava vitória ao povo não era a arca, mas o Deus de Israel.

Ativismo sem santidade não conduz à vitória (4:4)

A arca foi levada do santuário de Siló para o acampamento de guerra, conduzida pelos sacerdotes Hofni e Fineias. Mas quem eram esses moços? Eram filhos de Belial (2:12). Eles não se importavam com o Senhor (2:12). Desprezavam os sacrifícios de Deus (2:13,14). Eram gananciosos (2:15,16). Era muito grande o pecado deles contra o Senhor (2:17). Eles desprezavam a oferta do Senhor (2:17). Eram adúlteros (2:22). Profanavam a casa de Deus (2:22). Provocavam escândalos no meio do povo (2:23). Faziam transgredir o povo do Senhor (2:24). A conduta deles transgredia o próprio conceito da arca que apontava para a santidade de Deus. Concordo com Warren Wiersbe, quando diz que esse expediente de Hofni e Fineias levarem a arca ao campo de batalha foi apenas uma forma de "usar Deus" para cumprir propósitos humanos.[7]

Tim Chester diz que Israel perdeu a batalha porque tentou usar Deus; e Deus não pode ser usado. É possível que tratemos Deus como um garçom em um restaurante. Você se senta com seus amigos, desfruta de uma boa refeição, conversa e na maior parte do tempo ignora o garçom. Então, quando quer alguma coisa, você o chama. O garçom não se senta à mesa com você. Ele não faz parte da sua noite. Você somente o chama quando precisa dele. Podemos tratar Deus assim. Ele não faz parte da nossa vida. Mas, quando precisamos dele, nós o chamamos para nos ajudar. Não o levamos a sério.[8]

Triste realidade: em Israel a forma estava tomando o lugar da essência. O talento estava substituindo a piedade. O estrelismo estava ocupando o lugar do caráter. Não podemos fazer a obra de Deus com mãos sujas. Não podemos nos alistar no exército divino com vestes sujas (Zc 3:1-10). Sua obra é santa. Deus não usa vasos sujos. Nos dias de Josué, milhares de israelitas morreram por causa do pecado de Acã.

Dale Ralph Davis se refere a essa abordagem ao cristianismo como "teologia pé de coelho". Nosso interesse não é buscar a Deus, mas controlá-lo; não nos submetermos a Ele, mas usá-lo. Assim, preferimos a religião mágica à santidade espiritual; estamos interessados em sucesso, não em arrependimento.[9]

Nos dias do profeta Malaquias, Deus desprezou a vida, as ofertas e o trabalho dos sacerdotes que viviam desregradamente. Na verdade, Deus chegou a amaldiçoar suas bênçãos (Ml 2:2).

Entusiasmo sem santidade não reverte situações adversas (4:5-8)

Destacamos, aqui, dois pontos importantes:

Em primeiro lugar, *um entusiasmo exacerbado* (4:5). O povo de Israel recebeu a arca da aliança do Senhor no acampamento de guerra com um vívido e exacerbado entusiasmo. O povo rompeu em grandes brados a ponto de a terra ressoar, portando-se como vencedor. Tudo encenação. Para Deus aquele retumbante entusiasmo não passava de barulho vazio, sinal de um povo fracassado, prestes a experimentar uma fragorosa derrota. Nas palavras de Warren Wiersbe, "a autoconfiança carnal do povo de Israel serviu apenas de prelúdio para outra derrota".[10]

É digno de destaque que o sucesso aparente não revela aprovação de Deus. A igreja de Laodiceia estava aplaudindo a si mesma no mesmo momento em que Jesus estava para vomitá-la de sua boca. Animação sem piedade não nos leva à vitória contra os inimigos. Tomar posse da vitória sem acertar a vida com Deus é frustração segura

(4:10). Deus não é parceiro das nossas loucuras. Deus não tem compromisso de livrar um povo que não o leva a sério (4:10,11).

A confiança deles estava nesse símbolo sagrado. A alegria deles, porém, estava desprovida de fundamento. O pecado afasta a presença de Deus e o símbolo da presença de Deus entre o povo não era garantia de vitória em tais circunstâncias. Concordo com Kevin Mellish, quando escreve: "Em essência, os israelitas tornaram aquilo que Deus havia intencionado como símbolo, em um ídolo. Os israelitas colocaram sua confiança no objeto, em vez de pô-la em Deus".[11]

Em segundo lugar, *um temor aterrorizante* (4:6-8). A chegada da arca teve efeito não apenas sobre os israelitas, incitando-os à falsa confiança, mas, também, sobre o acampamento filisteu. Na mesma medida que o arraial de Israel prorrompeu em brados de alegria com a chegada da arca, o acampamento dos filisteus estremeceu de medo. Chegaram a pensar que os deuses haviam descido para derrotá-los. Os filisteus presumiram que a religião de Israel era politeísta como a deles. Sentiram o gosto da derrota e lançaram sobre si um "ai" cheio de dor. Richard Phillips tem razão em dizer que o medo que os filisteus sentiram não veio de Deus, mas foi o medo de uma inovação tática poderosa, de acordo com o pensamento supersticioso deles. Em vez de fugirem atemorizados, resolveram, ao contrário, empregar seus melhores esforços na batalha. O exercício dos israelitas na religião de poder só serviu para incitar a concentração dos filisteus no seu valor: "Portai-vos varonilmente e pelejai" (4:9).[12]

O povo de Deus é derrotado por seus pecados e não por fatores externos (4:9-11)

A princípio, os filisteus mostraram-se fracos e medrosos diante da vibração entusiástica dos israelitas. No entanto, recobraram ânimo, lutaram varonilmente e mataram trinta mil hebreus. Joyce Baldwin diz que o exército de Israel entrou em colapso e se desfez. Desapareceu, não devido a uma ordem, mas voluntariamente.[13] E por que essa derrota tão avassaladora? Devido à própria fraqueza do arraial de Israel. Richard Phillips diz que na derrota de Israel, o propósito de Deus foi estabelecido de acordo com a profecia dada a Samuel: "Foi tomada a arca de Deus, e mortos os dois filhos de Eli, Hofni e Fineias" (Sl 78:60-62). A captura da arca e a derrota do exército de Israel não significavam a derrota de Deus. Assim terminou o governo da casa de Eli. Também terminou a preeminência de Siló como o centro da religião pactual de Deus; em ardente perseguição, os filisteus devastaram e destruíram a capital religiosa de Israel.[14]

A derrota sempre virá em consequência das brechas no escudo da fé. Foi assim a derrota de Israel diante da pequena cidade de Ai (Js 7:1-26). Por mais organizados que formos, seremos sempre fracos, enquanto houver pecado no meio do nosso arraial. Deus não deixa o seu povo vencer se houver pecado em seu meio. Sem integridade diante de Deus, o inimigo sempre será forte. Enquanto houver brechas morais na Igreja, a sua força será nula. Os filisteus mataram Hofni e Fineias e levaram a arca (4:11). Mais tarde, Nabucodonosor destruiu o glorioso templo de Salomão e os romanos arrasaram o templo de Jerusalém. Ao longo da História Deus tem removido muitos candeeiros do seu lugar pelas mãos dos inimigos.

Três fatos são observados no texto em tela:

Em primeiro lugar, *uma convocação varonil* (4:9). Passado o medo, os filisteus foram convocados a entrar na peleja com redobrado ânimo. Deveriam lutar varonilmente, não aceitando a possibilidade da derrota. Porque esse medo não vinha de Deus, mas procedia de exultação carnal dos israelitas, em vez de fugir, os filisteus lutaram com mais afinco.

Em segundo lugar, *uma derrota avassaladora* (4:10). Os filisteus lutaram com bravura e os israelitas sofreram uma amarga derrota, sofrendo uma baixa de trinta homens de pé. A guerra não foi perdida no campo de batalha, mas no santuário. Os soldados tombaram no campo, porque os sacerdotes falharam no altar. Os israelitas não foram derrotados pelos filisteus, mas pelos próprios pecados.

Em terceiro lugar, *uma tragédia estonteante* (4:11). A tragédia anunciada por Deus sobre a casa de Eli se cumpre. Seus filhos Hofni e Fineias são mortos no campo de batalha e a arca de Deus foi tomada pelos filisteus. Porque confiaram numa coisa e não em Deus, essa coisa (mesmo sendo a arca) não pôde livrá-los.

Zelo parcial não é suficiente para alcançar a vitória (4:12-18)

Eli era zeloso pela arca de Deus (4:13), mas era um mau pai (2:29b) e um mau sacerdote (2:29a). Por não ter honrado a Deus (2:30), sua descendência foi rejeitada por Ele (2:31-36). Mesmo Eli tendo zelo pela arca, não foi totalmente íntegro aos olhos de Deus. Há muitos crentes zelosos da doutrina, da tradição, do nome da denominação, mas descuidam-se como pais; descuidam-se da santidade pessoal e descuidam-se do culto a Deus.

Três fatos devem ser aqui observados:

Em primeiro lugar, *uma notícia alvoroçadora* (4:12-14). Um benjamita, saído das fileiras da batalha, corre de Afeque até Siló, cerca de trinta e quatro quilômetros, para levar a triste notícia de que Israel estava sofrendo uma esmagadora derrota no conflito. Enquanto isso, o sacerdote Eli já velho, cego e acima do peso aguarda notícias. Quando o mensageiro chegou em Siló e deu a triste notícia da fragorosa derrota e da captura da arca, a cidade inteira prorrompeu em gritos. Isso aguçou ainda mais as angústias do velho sacerdote. Esse episódio tem alguma semelhança com o que ocorreu mais tarde na Grécia, no ano 490 a.C. Filípides correu quarenta e três quilômetros, de Maratona a Atenas com a notícia da vitória dos gregos sobre os persas. Chegando a Atenas, gritou: *"Nenikekamen!"* (que significa "nós vencemos"), e imediatamente caiu morto. O benjamita, saído das fileiras da batalha, correu trinta e dois quilômetros por um terreno irregular. A diferença é que ele não era um portador de boas-novas. Correu para comunicar a derrota de Israel. Ao entregar a notícia, o resultado não foi sua morte, mas a morte do sacerdote Eli.

Richard Phillips ressalta que a mensagem do maratonista hebreu foi terrível, mas não inesperada. Eli havia recebido uma profecia, de um profeta anônimo, de que seus dois filhos morreriam no mesmo dia (2:33,34), e outra profecia por meio de Samuel, de que Deus julgaria sua casa para sempre, pela iniquidade de seus filhos e pela sua omissão em discipliná-los (3:13). O coração de Eli estava estremecido pela culpa. E mais, ele sabia que a arca da aliança só podia ser transportada por ordem divina (Dt 12:5,11). O que havia sido feito estava fora dos preceitos da palavra de Deus.[15]

Em segundo lugar, *uma derrota amarga* (4:15-17). O veterano sacerdote de noventa e oito anos, já velho, cego, obeso, escuta o dramático relatório do soldado mensageiro. Israel fugiu dos filisteus. Houve grande morticínio. Trinta mil homens morreram. Hofni e Fineias também morreram e a arca de Deus foi tomada.

Em terceiro lugar, *um zelo tardio* (4:18). Ao saber da morte de trinta mil homens, da morte de seus dois filhos e que a arca da aliança tinha sido tomada pelos filisteus, o velho e obeso sacerdote de noventa e oito anos caiu da cadeira, quebrou o pescoço, e morreu. Seu legado foi fracasso total e derrota para toda a nação. Essa foi a última calamidade que encerrou a carreira e a vida do sacerdote Eli.

Richard Phillips diz, corretamente, que Eli estava pronto para aceitar a própria queda do ofício e até mesmo a morte dos seus filhos, afinal, eles mereciam e Deus havia predito isso (2:31-34), mas ele nunca havia imaginado que o juízo de Deus sobre seus pecados colocasse em perigo toda a nação. O choque da notícia literalmente o matou. O período dos juízes que começou com os filhos de Israel esquecendo-se do Senhor e buscando outros deuses (Jz 2:10-12) termina com a perda da própria presença de Deus, tendo sua glória se afastado do povo com a arca perdida da aliança. Esse foi o ponto mais baixo que qualquer outro desde o cativeiro no Egito.[16]

A Bíblia não nos informa acerca do processo de afastamento de Eli e de seus filhos dos preceitos divinos. Um passo, uma decisão, uma concessão e uma tragédia. Semearam e depois colheram. É conhecida a expressão: "Semeamos um pensamento e colhemos uma ação; semeamos uma ação e colhemos um hábito; semeamos um hábito e colhemos um estilo de vida; semeamos um estilo de vida e colhemos um caráter; semeamos um caráter e colhemos um destino".

Icabode, o reconhecimento tardio de que a glória de Deus se foi (4:19-22)

Depois de inúmeros revezes, a nora de Eli diz: "ICABODE". Tarde demais. Essa observação seria pertinente quando morreram os quatro mil hebreus no campo de batalha. Só com a família morta, a arca roubada e Israel derrotado é que ela chegou à essa conclusão de que a glória de Deus não estava mais sobre eles.

Quando o povo de Deus peca, a glória divina se retira de sobre o povo (Êx 32—33). Muitos só acordam para esta verdade depois da tragédia. Permitem que problemas se sucedam, que as desgraças se avolumem e só depois reconhecem a ausência da bênção de Deus. O Filho Pródigo só tomou consciência da sua realidade, quando foi parar na pocilga. Cada minuto passado em rebelião contra Deus adia a possibilidade de sua graça.

Destacamos três fatos aqui:

Em primeiro lugar, *um parto antecipado* (4:19). A mulher de Fineias, grávida, ao tomar conhecimento da tomada da arca pelos filisteus, da morte do sogro e de seu marido, entra em trabalho de parto. Ela encurvou-se e deu à luz.

Em segundo lugar, *uma morte prematura* (4:20). A mulher de Fineias deu à luz sem conseguir se alegrar com o nascimento do filho. Ela morre no parto, juntando-se aos demais mortos da família sacerdotal. Aquela mulher morreu em angústia repentina, deixando órfão o neto de Eli: sem pai, sem mãe, sem avô e até sem tio. Órfão e sem os benefícios do cuidado pactual de Deus.

Em terceiro lugar, *uma glória perdida* (4:21,22). Antes de expirar, sabendo das más notícias acerca da arca da aliança, da morte do sogro, do marido e do cunhado, ela pôs o nome de Icabode no filho, dizendo: "Foi-se a glória de Israel". Warren Wiersbe tem razão em dizer que a esposa de Fineias possuía percepção espiritual mais profunda do que seu sogro, seu marido e seu cunhado. Os dois irmãos usaram a arca como um amuleto. Eli estava interessado na segurança da arca, mas ela se preocupou com a glória de Deus.[17] Em hebraico, a palavra "glória" (*kabod*) tem a mesma raiz para a palavra "pesado" (*kobed*). A glória de Deus é o seu peso, a sua substância, a sua gravidade. A glória de Deus é a extensão do seu peso. Sua glória revela a seriedade com que precisamos interagir com Ele.[18]

Triste fim de uma família, que reconhece tardiamente que a glória do Senhor havia se apartado deles. Joyce Baldwin destaca que com a sobrevivência desse neto de Eli, sua família não foi totalmente eliminada nessa ocasião (2:31-33,36). Há outras referências a ela (14:3; 22:9; 2Sm 19:11; 1Rs 2:27). Conforme essas passagens mostram, a família deixou de prosperar.[19]

Purkiser diz que quando a glória de Deus se vai: 1) as pessoas dependem mais dos símbolos da sua fé (a arca) do que da própria realidade (4:19); 2) a derrota e a morte atingem a alma (4:19); 3) o medo substitui a fé (4:20); 4) os filhos são destituídos de sua verdadeira herança (4:21).[20]

Mais tarde a glória de Deus se apartou do templo de Jerusalém e o povo de Israel foi levado cativo para a Babilônia. Porém, no tempo da visão de Ezequiel, quando Deus entregou Jerusalém ao exército da Babilônia, Jeremias citou a idolatria do povo, que havia abandonado Deus e adotado os falsos deuses das nações: "Vós a contaminastes [a terra] e da minha herança fizestes abominação [...] meu povo trocou a sua Glória por aquilo que é de nenhum proveito" (Jr 2:7,11). Mais tarde o profeta Zacarias escreveu: "Tornai-vos para mim, diz o Senhor dos Exércitos, e eu me tornarei para vós outros" (Zc 1:3). Jeremias escreveu ao povo que tinha ido para o cativeiro, assegurando-lhes o retorno da graça de Deus se eles buscassem ao Senhor:

> Então, me invocareis, passareis a orar a mim, e eu vos ouvirei. Buscar-me-eis e me achareis quando me buscardes de todo o vosso coração. Serei achado de vós, diz o Senhor, e farei mudar a vossa sorte; congregar-vos-ei de todas as nações e de todos os lugares para onde vos lancei, diz o Senhor, e tornarei a trazer-vos ao lugar donde vos mandei para o exílio (Jr 29:12-14).

Concluo com as palavras de Richard Phillips: "Nosso pecado clama 'Icabode', 'a glória de Deus se foi', mas a graça de Deus responde: 'Emanuel', o nome dado ao nosso Salvador, que significa 'Deus conosco', na graça de Jesus Cristo.[21]

Notas

1. PHILLIPS, Richard D. *1Samuel.* 2016, p. 81.
2. MESQUISTA, Antônio Neves. *Estudo nos livros de Samuel.* 1979, p. 29.
3. PHILLIPS, Richard D. *1Samuel.* 2016, p. 81.
4. BALDWIN, Joyce G. *I e II Samuel: introdução e comentário.* 2006, p. 77.
5. PURKISER W. T. *Os livros de 1 e 2Samuel. In* Comentário bíblico Beacon. Vol. 2. 2015, p. 187.
6. PHILLIPS, Richard D. *1Samuel.* 2016, p. 83.
7. WIERSBE, Warren W. *Comentário bíblico expositivo.* Vol. 2. 2006, p. 211.
8. CHESTER, Tim. *1Samuel para você.* 2019.
9. DAVIS, Dale Ralph. *1Samuel: looking on the heart.* 2000, p. 43.
10. WIERSBE, Warren W. *Comentário bíblico expositivo.* Vol. 2. 2006, p. 211.
11. MELLISH, Kevin J. *Novo comentário bíblico Beacon – 1 e 2Samuel.* 2015, p. 84.
12. PHILLIPS, Richard D. *1Samuel.* 2016, p. 86,87.
13. BALDWIN, Joyce G. *I e II Samuel: introdução e comentário.* 2006, p. 79.
14. PHILLIPS, Richard D. *1 Samuel.* 2016, p. 87.
15. PHILLIPS, Richard D. *1Samuel.* 2016, p. 92.
16. Idem.
17. WIERSBE, Warren W. *Comentário bíblico expositivo.* Vol. 2. 2006, p. 212.
18. CHESTER, Tim. *1Samuel para você.* 2019, p. 48.
19. BALDWIN Joyce G. *I e II Samuel: introdução e comentário.* 2006, p. 80,81.
20. PURKISER, W. T. *Os livros de 1 e 2Samuel. In* Comentário bíblico Beacon. Vol. 2. 2015, p. 188.
21. PHILLIPS, Richard D. *1Samuel.* 2016, p. 99.

Capítulo 6

A arca da aliança entre os filisteus e o poder vingador de Deus

(1Samuel 5:1-12)

ANTES DE ENTRARMOS NA exposição do texto em tela, é importante trazer à baila uma breve história da arca da aliança. Esta era a principal representação da presença de Deus no meio do povo de Israel no Antigo Testamento. Era, também, chamada de arca do Testemunho ou arca do Concerto, por guardar os principais símbolos da aliança entre Deus e o povo de Israel no Sinai.

A arca da aliança era um baú retangular feito de madeira de acácia e revestido de ouro por dentro e por fora. Ela media 1,20m x 90cm x 90cm. Em cada uma de suas extremidades inferiores havia uma argola de ouro em que varas inseridas serviam de instrumento para transportá-la.

A tampa da arca da aliança, feita de ouro puro, era chamada de Propiciatório (Êx 25:17). Nessa tampa ficavam as figuras de dois querubins, colocados um de frente para o outro, com suas asas estendidas, feitos também de ouro batido. Em virtude de o sumo sacerdote derramar uma vez por ano o sangue de animais para propiciar a ira de Deus, é que a tampa foi chamada de "propiciatório".

A arca da aliança foi construída por Bezalel no Sinai, segundo o modelo dado por Deus a Moisés (Êx 25:8; 31:2-7; 37:1-9). Ela recebeu vários nomes como arca do Concerto ou arca do Testemunho (Êx 25:22), arca do Senhor (1Sm 4:6), arca de Deus (1Sm 4:18) e arca da aliança (Js 3:6). Dentro da arca ficavam as duas tábuas da Lei, o vaso com maná e a vara seca de Arão que floresceu. A arca da aliança teve grande importância na história da redenção como símbolo de Cristo. Ela representava o trono de Deus (1Sm 4:4; 2Sm 6:2) e servia como um guia para o povo de Israel no deserto (Nm 10:33-36). Desempenhou papel assaz relevante na travessia do rio Jordão (Js 3:4) e na conquista de Jericó (Js 6:1-27).

No tempo dos juízes, a arca da aliança foi levada para Siló, tendo já passado por Gilgal e Betel (Jz 2:1; 20:27; 1Sm 1:3; 3:3). Permaneceu em Siló até ser capturada pelos filisteus, na batalha em Afeca e Ebenézer (1Sm 4:1-11). Nessa batalha inglória, Israel sofreu a baixa de trinta e quatro mil homens. Morreram também Hofni e Fineias, filhos de Eli. Quando o sacerdote Eli tomou conhecimento dessa matança e da captura da arca da aliança, caiu da cadeira e quebrou o pescoço. Sua nora, mulher de Fineias, que estava para dar à luz, com todas essas informações alarmantes entrou em trabalho de parto e concebeu seu filho, a quem pôs o nome de Icabode, dizendo: "foi-se a glória de Israel". Após dar nome ao filho, morreu no próprio parto. Israel foi derrotado pelo seu pecado, mas a captura da arca da aliança pelos filisteus causou-lhes grandes tragédias (5:1-12). Após sete meses de pragas, os filisteus devolveram a arca da aliança para Quiriate-Jearim, onde ficou por cerca de vinte anos (2Sm 5; 7:2).

Quando Davi subiu ao trono, levou a arca da aliança para Jerusalém, onde ficou instalada numa tenda (2Sm 6). Posteriormente, quando o rei Salomão construiu o Templo, a arca ficou instalada no Santo dos Santos (1Rs 6:19; 8:1-9). Mais tarde, a arca da aliança foi recolocada no santuário durante as reformas do rei Josias (2Cr 35:3). O profeta Jeremias profetizou sobre um tempo em que a arca da aliança não seria mais utilizada, pois Jerusalém deveria ser chamada de "o trono de Deus" (Jr 3:16,17). Após essas referências, os livros históricos do Antigo Testamento raramente se referem à arca.

Seu paradeiro hoje é matéria de muito debate. Provavelmente ela foi capturada e levada para Babilônia como um despojo de guerra. Depois de cumprir o seu papel como símbolo visível da presença de Deus habitando com seu povo, efetivando a profecia de Jeremias, agora precisamos olhar para sua concretização. A arca da aliança apontava para Cristo. Ela era apenas sombra, Cristo é a realidade. A epístola aos Hebreus é eloquente em nos mostrar esse cumprimento (Hb 9:1-28). Se a arca da aliança no Antigo Testamento era o símbolo máximo da presença divina e da propiciação, agora, em Cristo, temos a revelação real de Deus (Jo 1:14; Cl 1:15) e a propiciação mediante a fé, pelo seu sangue (Rm 3:25). Não precisamos mais do propiciatório da arca, pois Cristo é a propiciação perfeita pelos nossos pecados. Agora que Cristo veio, a função dos símbolos e rituais do Antigo Testamento foi encerrada (Gl 3:23-27).

Vamos, agora, à exposição do texto!

A arca da aliança em Asdode (5:1-7)

Seguindo a orientação do apóstolo Paulo, de que os acontecimentos do Antigo Testamento "sobrevieram como exemplos e foram escritos para advertência nossa" (1Co 10:11), podemos concluir que existem filisteus modernos, que aproveitando-se do enfraquecimento da Igreja contemporânea, a ataca com rigor desmesurado. Richard Phillips destaca, por exemplo, a filosofia secular, a teoria da evolução, o comunismo, o nazismo, o racionalismo, o hedonismo, a ideologia de gênero, a desconstrução dos valores morais, o ataque frontal à instituição do casamento, o pragmatismo, o relativismo, o sensualismo, a prática criminosa do aborto e o incentivo à homoafetividade etc.[1]

É curioso que os filisteus não destruíram a arca, mas colocaram-na no templo de Dagom, na prateleira de seus outros deuses. Semelhantemente, o mundo filisteu hoje não quer erradicar Deus, apenas domesticá-lo. Nas palavras de Richard Phillips, "Deus poderia permanecer, se ficasse sentado atrás do deus filisteu e ficasse calado".[2] Dagom era considerado o deus das colheitas, visto como o padroeiro da prosperidade e a fonte de toda riqueza na agricultura. Sua origem recua ao terceiro milênio antes de Cristo, na Mesopotâmia.[3]

A arca da aliança foi capturada pelos filisteus, não porque estes fossem mais fortes que os israelitas nem porque Dagom prevalecera sobre Javé. Purkiser diz que Dagom era o deus nacional da Filístia, considerado o pai de Baal. O ídolo tinha a cabeça, os braços e o tronco com forma humana e a parte inferior se afilava em um rabo de peixe.[4]

Foi o Senhor quem entregou os israelitas nas mãos dos filisteus e foi o Senhor quem permitiu que a Arca fosse capturada e levada ao templo de Dagom. A Arca foi tomada, mas o Deus de Israel não foi vencido. Deus julgou Israel, seu povo, permitindo sua derrota para os filisteus e Ele julgaria os filisteus, mostrando sua supremacia sobre seus deuses e seu juízo sobre seu povo. Vejamos:

Em primeiro lugar, *a captura da arca como troféu de vitória na guerra* (5:1). Depois da humilhante derrota imposta aos israelitas em Ebenézer, os filisteus tomaram a arca de Deus, como troféu de vitória e homenagem à superioridade de Dagom e a levaram a Asdode, uma de suas cidades-estados, cerca de trinta quilômetros ao sul. Mas, de manhã, Dagom está caído perante Deus. A derrota de Deus, isto é, a derrota dos hebreus, redunda em vitória divina sobre os filisteus. O mesmo acontece na cruz. O corpo morto de Jesus era o troféu de vitória de Satanás. Mas, por meio da morte de Cristo, o poder de Satanás foi destruído. Seu triunfo tornou-se sua derrota suprema. Jesus saiu vitorioso da tumba e nós saímos junto com Ele.[5]

Em segundo lugar, *a arca da aliança introduzida no templo de Dagom* (5:2). Os filisteus colocaram-na no templo do deus, em Asdode, supondo que Dagom era mais forte e mais poderoso que Javé. Warren Wiersbe diz que, na mitologia filisteia, Dagom era o deus principal e pai de Baal, deus da tempestade, cuja adoração causou tantos transtornos a Israel.⁶ Sua imagem dominava o santuário de Asdode. Joyce Baldwin diz que o nome *Dagom* é de origem cananeia, e, provavelmente, esse deus era o principal do panteão filisteu, que incluía Baal-Zebube, o deus de Ecrom (2Rs 1:2,3), e Astarote (1Sm 31:20), junto com outros ídolos (31:9).⁷ Na mente dos filisteus, a disputa não era entre Israel e Filístia, mas entre o Deus de Israel e os seus deuses. Os filisteus, porém, equivocaram-se. A captura da Arca não era uma fraqueza do Deus de Israel, mas uma disciplina divina à nação e um juízo divino aos próprios filisteus.

Em terceiro lugar, *o juízo do Deus vivo a Dagom, deus filisteu* (5:3-5). Dagom não era páreo para o Senhor. Os ídolos dos povos são uma nulidade. Eles não podem ser uma ameaça para o Deus vivo. Javé não precisa de proteção. Ele é o Deus Todo-poderoso. Quando os asdoditas se levantaram de madrugada no dia seguinte, encontraram Dagom caído, com o rosto em terra, diante da arca do Senhor, como se o deus deles estivesse honrando ao Senhor, Deus de Israel, reconhecendo a superioridade do poder do Senhor sobre o seu.⁸ Colocaram Dagom novamente no seu lugar, mas na madrugada seguinte, ele estava caído de bruços diante da arca do Senhor, com a cabeça decepada e as mãos cortadas. Deus humilhou o deus dos filisteus e mostrou sua superioridade indisputável. Nas palavras de Richard Phillips, "isso é o que acontece sempre que os ídolos são exaltados contra Deus: ele humilha os falsos deuses perante os olhos do mundo".⁹ Tim Chester corrobora: "Diante de Deus todos os outros deuses precisam cair. Somente o Senhor, o Deus de Israel, tem peso. Somente Deus tem substância. Todos os outros deuses precisam de ajuda para ser colocados de pé. O peso da glória de Deus esmagou Dagom, os filisteus e, também, seu próprio povo".[10]

O século vinte começou com a humanidade demonstrando uma confiança arrogante. Tratava-se da era de ouro do antropocentrismo idolátrico. Em 1912, o Titanic, a maior realização naval do mundo, um navio que, segundo o seu construtor, de acordo com certas fontes, nem Deus poderia afundá-lo, naufragou nas águas geladas do Atlântico Norte. Em 1914, explode a Primeira Guerra mundial e mais de trinta milhões de pessoas foram mortas. Em 1917, o comunismo ateu, com truculência abocanhou um terço da terra. Em 1939 começa a Segunda Guerra mundial, e, numa carnificina desumana, mais de sessenta milhões de pessoas foram mortas. Guerras étnicas, tribais e religiosas têm mostrado desde então sua monstruosidade. Concordo com Richard Phillips, segundo o qual todas essas atrocidades históricas é uma forma de Deus humilhar os ídolos da modernidade.[11] Deus feriu Dagom por duas vezes e por duas vezes os filisteus colocaram-no de volta no templo. Quando o povo não se arrepende diante das intervenções soberanas de Deus na História, Ele humilha seus ídolos e pesa a mão sobre o povo.

Em quarto lugar, *o juízo de Deus sobre os habitantes de Asdode* (5:6,7). Deus não apenas humilhou o deus dos filisteus, mas, também, castigou duramente os habitantes de Asdode, que adoravam Dagom, assolando-os e ferindo-os com tumores. Enquanto as mãos de Dagom foram cortadas, a mão do Senhor pesou sobre o povo que adorava o deus. Atordoados por essa acachapante derrota, e conscientes de que era a mão pesada de Deus sobre eles, envidaram esforços para remover a arca da aliança de Asdode. É muito provável que os habitantes de Asdode foram infectados por uma peste terrível, a peste bubônica, provocada por ratos (6:4). A epidemia de peste bubônica causava inchaço nos gânglios linfáticos, especialmente na região da virilha. Joyce Baldwin corrobora, dizendo: "Sabe-se que os ratos transmitem a peste bubônica, a qual provoca doloroso intumescimento dos gânglios linfáticos, ou ínguas, nas axilas e na virilha. Quando não tratada, a doença é fatal em mais da metade dos casos naqueles que a contraem".[12]

A arca da aliança em Gate (5:8,9)

Dois fatos merecem atenção aqui:

Em primeiro lugar, *a arca enviada a Gate* (5:8). Os cinco príncipes dos filisteus, chefes de suas cidades-estados, no propósito de preservar a glória de sua vitória contra Israel, resolveram enviar a arca até Gate e, dali, para outras cidades. Isso provaria a eles que o ocorrido em Asdode não passava de uma coincidência. Porém, o castigo divino atingiu também os gaditas. Concordo com Joyce Baldwin, quando diz que existem dimensões espirituais de causa e efeito além dos diagnósticos clínicos de doenças e suas causas (Nm 11:33; 1Co 11:29,30).[13]

Em segundo lugar, *o juízo de Deus sobre os habitantes de Gate* (5:9). Logo que a arca foi levada a Gate, a mão do Senhor foi contra aquela cidade, com grande terror. Deus feriu todos os homens da cidade, desde os pequenos até aos grandes. Em todos eles nasceram tumores. A epidemia que assolou a cidade de Asdode assolou também a cidade de Gate.

A arca da aliança em Ecrom (5:10-12)

Destacamos três pontos importantes:

Em primeiro lugar, *a arca enviada a Ecrom* (5:10a). A arca da aliança entre os filisteus já não era um símbolo da superioridade de Dagom sobre Javé. O povo filisteu estava debaixo do juízo divino e sofrendo amargas consequências pela profanação da arca.

Em segundo lugar, *o temor dos habitantes de Ecrom* (5:10b). Eles, apavorados com o que estava acontecendo nas outras cidades, não viram a chegada da arca na cidade como um trinfo, mas como uma sentença de morte a todo povo.

Em terceiro lugar, *o juízo de Deus sobre Ecrom* (5:11,12). Em face das reiteradas derrotas impostas por Javé ao povo filisteu, os príncipes foram novamente convocados, com o propósito de devolverem a arca do Deus de Israel ao seu devido lugar. Ecrom foi, à semelhança de Asdode e de Gate, duramente castigada. O terror de morte assombrou a cidade. A pesada mão de Deus castigou duramente os habitantes de Ecrom. Os que não sucumbiram à morte, foram atingidos com os tumores, a ponto de o clamor da cidade subir ao céu. Kevin Mellish diz acertadamente: "Os filisteus podem ter capturado a arca, mas eles não capturaram o Senhor. O Senhor demonstrou seu domínio sobre o deus filisteu".[14]

Por que os cristãos são derrotados? A queda de Dagom diante da arca do Senhor mostra que sofremos derrotas não porque nosso inimigo é forte, muito menos porque o deus filisteu é mais forte que o nosso Deus. Em vez disso, a causa da nossa fraqueza e derrota é nosso relacionamento distante com o Senhor.[15]

Concluímos este capítulo afirmando que diante dos ídolos mortos das nações o nosso Deus é o único Deus vivo. Diante dos falsos ídolos dos povos, o nosso Deus é o único Deus verdadeiro. Diante dos deuses impotentes dos povos, o nosso Deus é único Deus Todo-poderoso. Diante dos deuses que não podem proteger sequer a si mesmos, o nosso Deus é o único Deus salvador.

A arca da aliança foi tomada pelos inimigos, mas Deus triunfou sobre eles. A arca aponta para Jesus. Deus Pai enviou seu Filho unigênito ao mundo e Ele foi tomado pelos inimigos, preso, acusado, julgado, condenado e crucificado, mas ressuscitou, venceu a morte, desbaratou os principados e potestades, erguendo-se vitorioso como o único nome dado entre os homens pelo qual importa que sejamos salvos.

Notas

[1] PHILLIPS, Richard D. *1Samuel*. 2016, p. 101,102.
[2] _____. p. 102.
[3] DELANCEY, John. *Connecting the Dots*. 2021, p. 99.
[4] PURKISER, W. T. Os livros de 1 e 2Samuel. *In* Comentário bíblico Beacon. Vol. 2. 2015, p. 188.
[5] CHESTER, Tim. *1Samuel para você*. 2019, p. 60.
[6] WIERSBE, Warren W. *Comentário bíblico expositivo*. Vol. 2. 2006, p. 213.
[7] BALDWIN, Joyce G. *I e II Samuel: introdução e comentário*. 2006, p. 82.
[8] MELLISH, Kevin J. *Novo comentário bíblico Beacon – 1 e 2Samuel*. 2015, p. 88.
[9] PHILLIPS, Richard D. *1Samuel*. 2016, p. 103.
[10] CHESTER, Tim. *1Samuel para você*. 2019, p. 53,56.
[11] PHILLIPS, Richard D. *1Samuel*. 2016, p. 103.
[12] BALDWIN, Joyce G. *I e II Samuel: introdução e comentário*. 2006, p. 83.
[13] BALDWIN, Joyce G. *I e II Samuel: introdução e comentário*. 2006, p. 84.
[14] MELLISH, Kevin J. *Novo comentário bíblico Beacon – 1 e 2Samuel*. 2015, p. 89.
[15] PHILLIPS, Richard D. *1Samuel*. 2016, p. 106.

Capítulo 7

A arca da aliança de volta a Israel

(1Samuel 6:1-21; 7:1,2)

Os filisteus pensaram que a captura da arca tinha sido uma retumbante vitória de Dagom, mas a realidade foi bem outra. Seu deus está decapitado, mutilado e de cócoras diante da arca de Deus e o seu povo está sob o terror da mão pesada de Javé, atingido por tumores mortais. John Delancey, registrando as palavras de Lehman Strauss, escreve: "Deus é o criador e o controlador do universo e de tudo o que há nele. Ele não é convocado por ninguém para dar explicação de coisa alguma acerca do que Ele faz ou fala. Ele é o superpoder acima de todos os poderes em toda a vasta área de sua criação".[1]

Os sete meses que a arca ficou no território filisteu foi para eles um severo castigo da pesada mão divina. Então, chegaram à conclusão de que a arca precisava ser devolvida. Kevin Mellish diz que o número sete é significativo porque implica que o sofrimento dos filisteus havia alcançado o limite máximo.[2] Richard Phillips diz que em vez de Deus ter caído nas mãos dos filisteus, aqueles que possuíam o receptáculo santo de Deus descobriram o que o autor de Hebreus nos adverte: "Horrível coisa é cair nas mãos do Deus vivo" (Hb 10:31).[3]

Destacaremos algumas lições.

Uma consulta (6:1,2)

Os sacerdotes e adivinhos foram chamados pelo povo filisteu, a fim de saber o que faria com a arca e como a devolveria ao seu devido lugar, em Israel. Os filisteus ainda não estavam certos se os reveses que estavam sofrendo estavam, de fato, ligados à captura da arca ou se a tempestade que estava caindo sobre eles era apenas fato casual.

A arca não era mais um troféu de guerra para os filisteus, mas um grande problema. Eles perceberam que haviam ofendido o Deus santo. Agora queriam se livrar dela. Mas como? Kenneth Chafin escreve: "O que aconteceu a Dagom, o deus deles, a eles mesmos e à terra deles havia criado certo medo de tornar as coisas piores caso o protocolo correto não fosse observado".[4] Richard Phillips diz que as ações dos filisteus nos ajudam a entender três verdades sobre Deus e sobre sua ira santa: 1) a ira de Deus vem sobre nós por causa do nosso pecado. Ela arde contra todo pecado não perdoado. É seu antagonismo permanente, incansável, incessante e inflexível ao mal em todas as suas formas e manifestações; 2) o Deus santo reage ao pecado com ira e juízo; 3) precisamos de um sacrifício adequado para satisfazer a justa ira de Deus contra o pecado.[5]

Uma proposta (6:3-5)

Os sacerdotes e adivinhos propuseram que a arca fosse devolvida, mas não sem uma oferta pela culpa. Desta forma, eles seriam curados dos tumores mortais.

Como havia cinco príncipes filisteus, representantes de suas cinco cidades-estados, deveriam oferecer, respectivamente, cinco tumores e cinco ratos de ouro. A praga que atingira os príncipes, o povo e as cidades tinham a mesma procedência e a mesma natureza. Esses tumores e esses ratos de ouro deveriam ser uma espécie de representação dos tumores e ratos que estavam devastando as cidades e o povo. Joyce Baldwin diz que a valiosa oferta representaria suas pragas e ao mesmo tempo solicitaria a remoção delas.[6]

Além de oferecem essas ofertas pela culpa, os filisteus deveriam, também, dar glória ao Deus de Israel, pois só ele poderia aliviar sua mão de cima deles, de suas cidades e de seu deus.

As ofertas filisteias para expiar a culpa, porém, estavam em oposição às exigências divinas. Os ratos estão entre os animais sacrificialmente detestáveis (Lv 11:29) e as imagens de tumores eram, de igual modo, impuras perante o Senhor. Se tivessem consultado um sacerdote de Israel, teriam aprendido: "Trará ao Senhor, por oferta, do rebanho, um carneiro sem defeito" (Lv 5:15). O profeta Isaías proclamou que esses sacrifícios de animais prefiguravam a vinda do Salvador: "Ele foi traspassado pelas nossas transgressões e moído pelas nossas iniquidades; o castigo que nos traz a paz estava sobre ele, e pelas suas pisaduras fomos sarados. Todos nós andávamos desgarrados como ovelhas; cada um se desviava pelo caminho, mas o SENHOR fez cair sobre ele a iniquidade de nós todos" (Is 53:5,6). João Batista aponta para Jesus e declara: "Eis o Cordeiro de Deus, que tira o pecado do mundo" (Jo 1:29). O apóstolo Paulo é categórico: "Todos pecaram e carecem da glória de Deus, sendo justificados gratuitamente, por sua graça, mediante a redenção que há em Cristo Jesus, a quem Deus propôs no seu sangue, como propiciação, mediante a fé" (Rm 3:23-25).

Um alerta (6:6)

Os sacerdotes e adivinhos eram conhecedores da história do êxodo. Sabiam como faraó endurecera seu coração e como Deus julgara os deuses do Egito, desbancando essas divindades (Êx 9:35—10:2). Faraó não conseguiu deter o povo de Israel no Egito apesar da dureza de seu coração. O Egito ficou devastado, mas o povo de Israel saiu incólume. Segundo o conselho dos sábios filisteus, se o próprio faraó teve de ceder, os filisteus agiriam sabiamente se não demorassem em devolver a arca.

Resta claro afirmar que aquele que não aprende com o passado repete seus erros. O passado deve ser nosso pedagogo e não nosso coveiro. Os filisteus são aconselhados a não endurecer o coração.

Uma estratégia (6:7-9)

A estratégia para a devolução da arca seria fazer um carro novo, usar duas vacas ainda não adestradas, com bezerros novos, para transportá-lo. A arca e as ofertas pela culpa deveriam ser colocadas dentro do carro e o carro, atado às vacas. Warren Wiersbe diz que essa seria mais uma forma de testar Deus. Se as vacas não se movessem ou se fossem para junto de seus bezerros, seria "prova" de que o Deus de Israel não estava no controle e de que os filisteus não tinham o que temer. Se as vacas vagassem de um lado para o outro sem destino certo, os príncipes poderiam chegar à mesma conclusão. O mais provável era que as vacas, seguindo seu instinto, voltassem para seus bezerros, uma vez que estavam cheias de leite do qual iriam querer se livrar e do qual os bezerros precisavam.[7]

Vale ressaltar que os filisteus, com esse expediente, acrescentaram um truque. Sabe-se que vacas e seus bezerros são praticamente inseparáveis. Assim, se as vacas não rumassem diretamente para o território de Israel (o que seria provável), os filisteus poderiam pegar de volta o ouro. Se as vacas atravessassem a fronteira com Israel, o Senhor seria apaziguado e não enviaria mais pragas para a Filístia. Esse plano permitiria que o Senhor recebesse a glória sem que os príncipes filisteus fossem envergonhados. Obviamente, levando em conta que as vacas estavam amamentando seus bezerros e mugindo por eles e que nunca haviam puxado um carro antes, era muito improvável que tomassem a estrada de Ecrom para Bete-Semes. Os cinco príncipes e seus sábios haviam pensado em tudo.[8]

Uma ação (6:10-12)

O plano foi colocado em ação. As vacas apartadas de seus bezerros novos foram atadas ao carro com a arca e o cofre com os ratos e tumores de ouro. As vacas, contra todas as probabilidades, foram diretamente para Bete-Semes, sem desviarem para a direita ou para a esquerda, andando e mugindo pelo caminho. Nas palavras de Kevin Mellish, "até as vacas de cria estavam sob o controle da mão do Senhor".[9]

Os príncipes dos filisteus foram atrás das vacas até o território de Bete-Semes, no vale de Soreque, a sudeste de Ecrom, dentro da fronteira de Israel (Js 21:16). Eles, os sábios e o povo filisteu podiam não conhecer o Senhor, mas as vacas conheciam-no (Is 1:3). Elas atravessaram a fronteira e chegaram à cidade levítica de Bete-Semes (Js 21:13-16). Concordo com Warren Wiersbe, quando diz que Deus fez o que Dagom jamais seria capaz de fazer: guiou as vacas, manteve sua atenção presa à estrada certa, superou o desejo delas de ir para junto de seus bezerros e levou-as para a cidade levítica de Bete-Semes.[10]

Uma alegria (6:13)

Quando os habitantes de Bete-Semes, que trabalhavam na sega do trigo, viram a comitiva filisteia chegando, com a arca da aliança, se alegraram com intenso júbilo e logo os levitas tiraram-na do carro e colocaram-na sobre uma grande pedra no campo. Concordo com Kevin Mellish, quando escreve: "O retorno da arca indicava que a presença do Senhor residia em Israel novamente, revertendo, assim, a observação da nora de Eli, quando a arca fora levada sob custódia dos filisteus (4:21)".[11]

Um holocausto (6:14-18)

A arca chegou ao campo de Josué, um bete-semita, e ali parou, onde havia uma grande pedra. Os levitas, expressando sua gratidão, usaram a madeira do carro para o altar e as vacas para oferecer ao Senhor um holocausto. Os levitas desceram a arca do Senhor e, também, o cofre em que estavam as ofertas pela culpa, as obras de ouro e puseram-nos sobre a grande pedra. Nesse mesmo dia, os homens de Bete-Semes ofereceram holocaustos e imolaram sacrifícios ao Senhor.

Os príncipes filisteus viram esse ritual em Bete-Semes e voltaram para Ecrom no mesmo dia. Essa grande pedra, no campo de Josué, tornou-se o primeiro abrigo da arca em seu retorno para Israel.

A ira de Deus (6:19-21)

Os bete-semitas não trataram a arca com a devida reverência. Primeiramente, em sua alegria irrefletida, não atentaram para o fato que, de acordo com a Lei, somente animais machos poderiam ser sacrificados (Lv 1:3). Em segundo lugar, eles olharam para dentro da arca com curiosidade frívola. Os levitas haviam permitido que a santa arca de Deus se tornasse uma atração turística. Aquela grande caixa de ouro, adornada com lindos querubins finamente fabricados por artesãos empregados por Deus, especialmente ungidos pelo Espírito Santo (Êx 35:30-35), foi aberta à visitação pública, apesar de somente os sacerdotes poderem ver o exterior da arca, e de nem mesmo os coatitas poderem olhar para dentro dela. De acordo com Números 4:20, ninguém devia, "nem por um instante, ver as coisas santas, para que não morram". Essa regra expressava a total santidade de Deus, representada pela arca.[12]

Warren Wiersbe interpreta corretamente, quando escreve:

> Os homens de Bete-Semes deveriam ter coberto a arca, que não deveria ser vista por pessoa alguma, exceto o sumo sacerdote. Esse erro lhes custou caro. Alguns ficaram curiosos, olharam dentro da arca e foram mortos. Se os filisteus pagãos foram julgados pela maneira de tratar a arca, o povo israelita, que conhecia a lei e que vivia numa cidade levítica, deveria ser ainda mais responsável.[13]

Então, o Senhor feriu de morte setenta homens e o povo chorou por causa daquele grande morticínio (1Sm 6:19; Lv 16:13; Nm 1:50,51; 4:5,16-20). A irreverência com as coisas sagradas não isenta os culpados de severo castigo. Joyce Baldwin, citando Flávio Josefo, diz que o castigo sobreveio aos bete-semitas porque aqueles que tocaram a arca não eram sacerdotes, portanto, não tinha direito a isso.[14]

Diante dessa calamidade, enviaram mensageiros aos habitantes de Quiriate-Jearim, cidade que ficava a vinte e quatro quilômetros a nordeste de Bete-Semes, perto das fronteiras de Judá, Dã e Benjamim (Js 15:9,10,60; 18:14,15), informando-os que os filisteus haviam devolvido a arca do Senhor, ao mesmo tempo que rogaram a eles para descerem e fazerem subir a arca até eles.

A graça de Deus (7:1,2)

Os homens de Quiriate-Jearim vieram a Bete-Semes e levaram a arca do Senhor à casa de Abinadabe, no outeiro, e consagraram Eleazar, seu filho, para que a guardasse. A arca ali permaneceu por vinte anos e toda a casa de Israel dirigia suas lamentações ao Senhor. Richard Phillips chama a atenção para o fato de que Quiriate-Jearim era uma cidade gibeonita (Js 9:17). Os gibeonitas não eram israelitas. Eles haviam enganado Josué. Foram incumbidos de cortar madeira e levar água para o tabernáculo (Js 9:21,22,27). Mas eles agiram com fé. Assim, Deus mostra que seu verdadeiro povo é formado daqueles que respondem a Ele em fé. Embora não tenham nascido na aliança, esses gibeonitas confiavam na palavra do Senhor; agindo de acordo com a Escritura, abrigaram a santa arca de Deus por uma geração, até que surgiu o rei Davi, cerca de um século depois, e levou a arca para Jerusalém (1Cr 15).[15] A Arca era o símbolo da presença de Deus com o seu povo e de sua soberania sobre Israel.

Notas

[1] DELANCEY, John. *Connecting de the Dots.* 2021, p. 95,96.
[2] MELLISH, Kevin J. *Novo comentário bíblico Beacon – 1 e 2Samuel.* 2015, p. 89.
[3] PHILLIPS, Richard D. *1Samuel.* 2016, p. 100.
[4] CHAFIN, Kenneth L. *1 & 2 Samuel.* Preacher's Commentary. Vol. 8. Nashville, TN: Thomas Nelson, 1989, p. 57.
[5] PHILLIPS, Richard D. *1Samuel.* 2016, p. 113,114.
[6] BALDWIN, Joyce G. *I e II Samuel: introdução e comentário.* 2006, p. 85.
[7] WIERSBE, Warren W. *Comentário bíblico expositivo.* Vol. 2. 2006, p. 214.
[8] WIERSBE, Warren W. *Comentário bíblico expositivo.* Vol. 2. 2006, p. 214.
[9] MELLISH, Kevin J. *Novo comentário bíblico Beacon – 1 e 2Samuel.* 2015, p. 91.

[10] WIERSBE, Warren W. *Comentário bíblico expositivo.* Vol. 2. 2006, p. 214,215.
[11] MELLISH, Kevin J. *Novo comentário bíblico Beacon – 1 e 2Samuel.* 2015, p. 92.
[12] PHILLIPS, Richard D. *1Samuel.* 2016, p. 118.
[13] WIERSBE, Warren W. *Comentário bíblico expositivo.* Vol. 2. 2006, p. 215.
[14] BALDWIN, Joyce G. *I e II Samuel: introdução e comentário.* 2006, p. 86.
[15] PHILLIPS, Richard D. *1Samuel.* 2016, p. 119.

Capítulo 8

Ebenézer, o Deus ajudador

(1Samuel 7:3-17)

JÁ HAVIA SE PASSADO vinte anos desde que a arca da aliança estava de volta ao território de Israel. Ela havia regressado a Israel, mas a nação ainda não havia regressado para o Senhor. O povo de Deus ainda vivia sob o domínio dos filisteus e subjugado aos seus deuses estranhos, reduzido a uma humilhante escravidão, a ponto de não poderem ter ferreiros, porque os filisteus os proibira de exercer seu ofício: "Para que os hebreus não façam espada, nem lança. Pelo que todo o Israel tinha de descer aos filisteus para amolar a relha do seu arado, e a sua enxada, e o seu machado, e a sua foice" (13:19,20).

Afastados de Deus, os israelitas ainda flertaram com os deuses dos povos que os oprimiam. Sempre que Israel virava as costas ao Senhor envolvia-se com deuses estranhos e amargava humilhantes derrotas. Vinte anos de opressão fez com que a nação sentisse falta do cuidado divino e passasse a lamentar a ausência do Senhor. Agora era tempo de voltar-se para Ele. Samuel havia sido reconhecido como profeta do Senhor há muito tempo. Agora, porém, ele assume o seu lugar na história sagrada como o último dos juízes e lidera o povo nessa volta para Deus.

Tim Chester destaca que Samuel é o último dos juízes a julgar Israel (7:5,15-17). A história dos juízes é contada como uma série de ciclos repetidos; o pecado é seguido de juízo, o juízo é seguido pelo arrependimento, o arrependimento é seguido pelo livramento e o livramento é seguido por um período de paz. Porém, quando o juiz morre, o povo volta ao seu pecado. E assim o ciclo começa novamente. O livro de Juízes esboça esse padrão e a história de 1Samuel 4—7 tem o mesmo padrão do livro. O pecado leva ao juízo nos capítulos 4—6. Então o povo se arrepende e Deus levanta Samuel como juiz (7:6,13-15).[1]

Uma volta sincera para o Senhor (7:3,4)

Destacamos três pontos importantes aqui:

Em primeiro lugar, *uma condição estabelecida* (7:3a). Samuel reúne o povo em Mispá, treze quilômetros ao norte de Jerusalém, e próximo a Ramá, sua terra natal e domicílio. Ali diz ao povo que, se de fato eles estavam se voltando para o Senhor de todo o coração, deveriam como prova desse sincero arrependimento tirar do meio deles os deuses estranhos e os astarotes, preparando o coração para servir somente ao Senhor. Nas palavras de Richard Phillips, "em vez de ficar satisfeito com um remorso passageiro, Samuel procurou conduzir Israel ao verdadeiro arrependimento para restaurar o povo do Senhor".[2]

Joyce Baldwin diz que os *deuses estranhos* e os *astarotes* foram adotados por Israel, sendo provenientes da população ao redor. Astarote era adorada numa ampla região como a deusa da fertilidade, do amor e da guerra, sendo numerosas na Palestina as placas com desenhos de mulheres nuas, remontando aos períodos do bronze e do ferro. Astarote era uma variante de Vênus, deusa grega da fertilidade e da beleza, a deusa do sexo e da carne. Os baalins eram as divindades masculinas correspondentes. Essa religião depravada havia se difundido amplamente na época, levando Israel a quebrar os primeiros mandamentos da lei de Deus, resultando numa abominável indulgência sexual. Por esta causa, Samuel conclama o povo ao arrependimento, exigindo que todos deitassem fora os deuses estranhos e os astarotes. Assim, Samuel retoma seu ministério profético a Israel como o porta-voz do Senhor e na qualidade de intercessor a favor do povo.[3]

A idolatria era um pecado recorrente na história de Israel. A família de Jacó havia carregado falsos deuses consigo (Gn 35:2). Os israelitas libertos no êxodo adoraram deuses do Egito durante a jornada no deserto (At 7:42,43). Aqui Samuel citou especificamente os baalins e os astarotes (7:3,4). Na verdade, "eles haviam abandonado o verdadeiro Deus em favor dos ídolos, cometendo pecados grosseiros, e, em consequência, haviam caído em escravidão e sofrimento".[4] Warren Wiersbe tem razão em dizer que deixar os falsos deuses era apenas o começo do processo de volta para o Senhor. Além disso, os israelitas deveriam preparar o coração para o Senhor e se consagrar somente a Ele.[5]

Em segundo lugar, *uma promessa garantida* (7:3b). Como resultado dessa consagração e renovação da aliança, Israel seria poupado das mãos dos filisteus. A causa da derrota do povo de Deus é o pecado. A derrota não é resultado direto da presença do inimigo, mas da ausência de Deus. Kevin Mellish tem razão em dizer que o arrependimento e a vitória militar estavam de mãos dadas.[6]

Em terceiro lugar, *uma obediência demonstrada* (7:4). A conclamação de Samuel foi plenamente atendida pelo povo, que além de abandonar os falsos deuses passou a servir somente ao Senhor. O resultado foi que o Senhor se tornou favorável a eles. Concordo com Richard Phillips, quando diz que Deus sempre recebe pecadores de volta quando eles buscam graça com humildade, pois Deus diz: "Tornai-vos para mim [...] e eu me tornarei para vós outros" (Zc 1:3).[7] Com essa volta dos hebreus para o Senhor, uma longa era de idolatria pecaminosa terminava, e um novo dia de bênção estava nascendo para Israel.

De igual forma, hoje, não existe verdadeiro avivamento para a Igreja sem genuíno arrependimento e sem busca de santidade. Onde o amor pelo pecado ainda é cultivado, as chuvas do avivamento são retidas.

Uma convocação solene para buscar ao Senhor (7:5,6)

Samuel fez uma santa convocação a todo o povo de Israel para reunir-se em Mispá. O nome *Mispá* significa "torre de sentinela" — era uma posição privilegiada para objetivos militares, sendo ela própria visível à distância.[8] Uma vez que o povo dera demonstração de seu arrependimento, Samuel colocou-se na brecha em favor dele, não só falando ao povo, mas, também, intercedendo por ele. Joyce Baldwin diz, corretamente, que o dia da confissão e do jejum em Mispá foi a consumação do programa de reforma de Samuel.⁹

Vejamos:

Em primeiro lugar, *uma oração em favor do povo* (7:5). Samuel é conhecido nas Escrituras como um homem de oração (1Sm 12:23; Sl 99:6; Jr 15:1). Ele falara ao povo como profeta. Agora, como sacerdote, oraria pelo povo ao Senhor. O povo não confiaria mais nos símbolos sagrados, mas no Senhor. A vida do povo estaria fundamentada no Senhor e não mais em rituais sagrados divorciados de uma vida santa. A vitória de Israel é decorrente de seu relacionamento com Deus.

Em segundo lugar, *uma oferta de libação ao Senhor* (7:6a). Esta convocação ocorre no período da Festa dos Tabernáculos. Isso fica evidente pela oferta de libação. A cerimônia de tirar água e derramá-la perante o Senhor passou a fazer parte da esperança da salvação messiânica (Is 12:3), cumprida em Cristo Jesus (Jo 7:37-39).

Em terceiro lugar, *um jejum de preparação* (7:6b). O jejum era uma prática requerida apenas no dia anual da expiação, que antecedia a Festa dos Tabernáculos. Nessa festa, o povo olhava para frente, e celebrava a era messiânica (Is 12:3), que se cumpriu em Cristo Jesus (Jo 7:37-39). O jejum público tinha como propósito expressar humilhação e dor pelo pecado (2Sm 12:21; 1Rs 21:27; Dn 10:2,3).

Em quarto lugar, *uma confissão de arrependimento* (7:6c). O povo de Israel não apenas reconhece seu pecado, mas o confessa, e o faz não apenas individualmente, mas, também, como nação. Não apenas o confessa, mas o abandona.

Concordo com Richard Phillips, quando diz que há pecados nacionais e eclesiásticos dos quais a nação e a Igreja devem se arrepender.[10]

Antônio Neves de Mesquita sugere que os impostos extorsivos para pagar tributos aos filisteus, desordens e idolatria foram o conjunto de fatores que levaram o povo a arrepender-se de ter abandonado o seu Senhor e Deus.[11] Estribados na promessa da aliança divina em perdoar os pecados confessados (Lv 26:40-45), o povo se volta para Deus em sincera confissão de pecado.

Um ataque do inimigo ao povo de Deus (7:7)

Assim como a chegada da arca da aliança em Ebenézer provocou temor nos filisteus (4:6), a reunião do povo de Israel em Mispá (7:7) também despertou suspeita na liderança filisteia de que a nação estava planejando um ataque. Vejamos:

Em primeiro lugar, *uma suposição equivocada* (7:7a). O povo de Israel não estava reunido para planejar um ataque aos filisteus; estava reunido agora não para traçar um plano de guerra, mas para buscar o Senhor. Na verdade, os israelitas não estavam mais colocando sua confiança num objeto sagrado, mas no Deus Todo-poderoso. Nas palavras do rei Davi: "Uns confiam em carros, outros em cavalos; nós, porém, nos gloriaremos em o nome do SENHOR, nosso Deus" (Sl 20:7).

Em segundo lugar, *uma ação coordenada* (7:7b). Os príncipes dos filisteus, líderes das cinco cidades-estados, subiram contra Israel. Militarmente os filisteus eram mais poderosos. Porém, agora, o Senhor dos Exércitos estava lutando as guerras do seu povo.

Em terceiro lugar, *um temor infundado* (7:7c). Quando os filhos de Israel, traumatizados pela amarga derrota sofrida havia vinte anos, ouviram que os filisteus marchavam contra eles, temeram. Mas esse medo, agora, era infundado. A derrota anterior não tinha a ver com a superioridade militar dos adversários, mas com a fraqueza espiritual de Israel. Eles não apelaram para o misticismo para enfrentar a batalha, mas pediram a Samuel para orar por eles, para Deus livrá-los das mãos dos filisteus. Concordo com Richard Phillips, quando diz que vemos aqui a diferença entre a verdadeira e a falsa religião. A falsa religião é sempre uma tentativa impessoal e ímpia de manipular o poder de Deus para nosso próprio benefício. A verdadeira religião é um relacionamento pessoal com o Deus santo, que nos reconcilia consigo por meio do Mediador que Ele enviou, o qual nos purifica pelo sacrifício que realiza e nos salva por sua graça poderosa.[12]

Um chamado à oração pela ajuda de Deus (7:8,9)

Os filhos de Israel não apelaram mais para expedientes místicos, mas rogaram a Samuel para orar por eles. Vejamos:

Em primeiro lugar, *uma atitude adequada do povo* (7:8). Os filhos de Israel recorrem ao profeta-sacerdote para orar por eles. Não confiam em si mesmos nem mesmo em seus símbolos sagrados. A confiança deles está no Senhor, e por isso sabem que o braço dele é que dá a vitória. Nessa mesma linha de pensamento Joyce Baldwin diz: "Em lugar de uma confiança impetuosa, indevidamente depositada em símbolos exteriores (4:3), havia uma fé genuína, ainda que tímida, no poder de seu Deus para salvá-los dos inimigos". Isso fica implícito no pedido a Samuel: "Não cesses de clamar ao Senhor, nosso Deus, por nós, para que nos livre da mão dos filisteus" (7:8).[13]

Em segundo lugar, *um holocausto ao Senhor* (7:9a). Samuel, além de orar pelo povo, também, oferece um holocausto ao Senhor, reconhecendo a necessidade de expiação pelo pecado. Joyce Baldwin diz que o holocausto foi oferecido em espírito de arrependimento e como dádiva para obter o favor do Senhor (Lv 1:13).[14] Não foi meramente quem Samuel era que produziu reconciliação com Deus, mas, também, o que Samuel fez. Ele ofereceu um cordeiro em holocausto ao Senhor. Ofereceu um sacrifício para expiar os pecados do povo, pois não há remissão de pecados sem derramamento de sangue (Hb 9:22). Proclamamos a mesma verdade ainda hoje: só há perdão por meio do sangue expiatório de Jesus, o Cristo. Ele foi apresentado por João Batista como o Cordeiro de Deus que tira o pecado do mundo (Jo 1:29). Esta é a mensagem central do evangelho (Ef 1:7; Hb 7:25; 1Pe 1:18,19; 1Jo 1:7).

Em terceiro lugar, *uma oração respondida pelo Senhor* (7:9b). Deus ouviu a oração de Samuel, aceitou o holocausto e lhe respondeu. O Senhor não rejeita o coração quebrantado. Quando nos voltamos para Deus, Ele se volta para nós (Ml 3:7). Há um contraste gritante aqui com o cenário de vinte anos atrás. Foi por falta de sacerdotes piedosos, uma vez que os filhos de Eli foram rejeitados pela impiedade deles, que Israel foi abandonado por Deus. Agora havia um sacerdote verdadeiro. Clamou Samuel ao Senhor por Israel, e Ele lhe respondeu.

Uma vitória retumbante por intervenção do Senhor (7:10-14)

A vitória de Deus é certa e rápida. Vejamos:

Em primeiro lugar, *a vitória vem da ação do Senhor* (7:10,11). Os filisteus vieram contra os hebreus, mas Ele trovejou com grande estampido sobre eles e os aterrou de tal modo que foram derrotados diante dos filhos de Israel. A vitória foi completa e esmagadora. Joyce Baldwin registra:

> Intimidados com a tempestade de relâmpagos que destroçou seu dispositivo de combate, os filisteus fugiram colina abaixo na direção de seu próprio território, enquanto os israelitas tinham a dupla vantagem de estar numa posição mais elevada, de onde podiam atirar seus projéteis sobre o inimigo que se encontrava embaixo, e de terem uma confiança cada vez maior em sua provável vitória.[15]

Kevin Mellish destaca que diferentemente do capítulo 4 onde o Senhor permaneceu silencioso na batalha contra os filisteus, a súplica de Samuel recebeu uma resposta imediata. O Senhor trovejou contra os inimigos. O trovão servia como uma arma de guerra santa (1Sm 2:10; 2Sm 22:14), assim como outros elementos da natureza, como o relâmpago (2Sm 22:15; Sl 18:14; 77:18,19), a saraiva (Js 10:11,14), as trevas (Js 24:7), os corpos celestes (Jz 5:20), a até as enfermidades (1Sm 5:6).[16]

Em segundo lugar, *a vitória é comemorada pelo povo do Senhor* (7:12). Não se poderia permitir que um livramento tão notável caísse no esquecimento. Assim, Samuel, seguindo a tradição do povo de Israel, levantou um monumento ao Senhor, não para relembrar um soldado morto em combate, mas para celebrar o Senhor vivo, vitorioso na batalha (Gn 28:20-22; 35:14; Js 4:9,19-21; 7:24-26; 24:26-28). Nas palavras de Kevin Mellish, "a pedra simbolizava e comemorava a assistência que o Senhor providenciou aos israelitas na derrota dos filisteus naquela ocasião".[17]

Se Israel há vinte anos havia sido derrotado em Ebenézer, agora triunfa sobre o mesmo inimigo, em Ebenézer. Tudo que foi perdido pelo pecado na primeira batalha, no mesmo lugar, foi restaurado pelo arrependimento na segunda peleja. A palavra Ebenézer significa, literalmente, "pedra de ajuda". Daí a expressão "até aqui nos ajudou o Senhor". O monumento era uma lembrança aos israelitas de que Deus os havia ajudado até ali e de que continuaria a ajudá-los se confiassem nele e guardassem sua aliança. Nas palavras de Richard Phillips, "Deus estava ali para os ajudar no passado, por isso somos encorajados a confiar nele hoje e amanhã [...]. Os cristãos não vivem *no* passado, mas vivemos *do* passado: nós nos lembramos de como Deus provou sua fidelidade e amor e, assim, esperamos mais uma vez chegar em casa em segurança.".[18]

Warren Wiersbe registra a experiência de Hudson Taylor, o fundador da Missão para o Interior da China. Ele costumava pendurar em todas as casas onde morava uma placa que dizia: "Ebenézer – Jeová Jiré". Juntas, essas palavras em hebraico significam: "Até aqui nos ajudou o Senhor e nos ajudará daqui em diante".[19] Concordo com Joyce Baldwin, quando escreve: "A lembrança da oração respondida no passado deve incentivar a fé em Deus para termos ainda mais bênçãos no futuro".[20]

Em terceiro lugar, *a vitória foi permanente* (7:13). Os filisteus foram abatidos e subjugados de tal forma, que nunca mais vieram ao território de Israel. Isso porque a mão do Senhor foi contra eles durante todos os dias de Samuel. Os filisteus já não representavam uma ameaça, embora o seu poder tenha ressurgido mais tarde (1Sm 9:16; 10:5; 13:9-23; 31:1-7). Kevin Mellish registra: "A mão do Senhor estivera contra os filisteus enquanto a arca esteve em território filisteu, agora o poder do Senhor sobre os filisteus foi mediado por Samuel".[21]

Em quarto lugar, *a vitória foi abrangente* (7:14). Além do triunfo no campo de batalha, mais dois resultados foram colhidos como consequência dessa vitória retumbante. O primeiro deles é que as cidades fronteiriças desde Ecrom até Gate, que os filisteus haviam tomado de Israel, foram restituídas. O segundo resultado é que houve paz não só entre Israel e os filisteus, mas também entre Israel e os amorreus.

Um líder honrado (7:15-17)

É provável que esse reavivamento em Mispá tenha marcado definitivamente o início público do ministério de Samuel em Israel. Toda a nação sabia que ele era um líder escolhido por Deus (3:20—4:1), e, quando ele morreu, Israel inteiro o pranteou (28:3). Como juiz, Samuel julgou Israel todos os dias de sua vida. Morando em Ramá, uma vez que Siló, provavelmente, fora destruída nos vinte anos de controle filisteu, Samuel fazia suas rondas anuais, passando por Betel, Gilgal e Mispá e sempre retornando ao seu domicílio em Ramá, onde edificara um altar ao Senhor. Richard Phillips tem razão em dizer que ao viajar pelas diferentes regiões, sua liderança serviu para unir as tribos de Israel, e, desse modo, preparou o cenário para o reinado que veio posteriormente.[22]

Notas

1. CHESTER, Tim. *1Samuel para você*. 2019, p. 63.
2. PHILLIPS, Richard D. *1 Samuel*. 2016, p. 123.
3. BALDWIN, Joyce G. *I e II Samuel: introdução e comentário*. 2006, p. 88.
4. PHILLIPS, Richard D. *1Samuel*. 2016, p. 123.
5. WIERSBE, Warren W. *Comentário bíblico expositivo*. Vol. 2. 2006, p. 217.
6. MELLISH, Kevin J. *Novo comentário bíblico Beacon – 1 e 2Samuel*. 2015, p. 97.
7. PHILLIPS, Richard D. *1Samuel*. 2016, p. 123.
8. BALDWIN, Joyce G. *I e II Samuel: introdução e comentário*. 2006, p. 89.
9. BALDWIN, Joyce G. *I e II Samuel: introdução e comentário*. 2006, p. 88.
10. PHILLIPS, Richard D. *1Samuel*. 2016, p. 126.
11. MESQUITA, Antônio Neves. *Estudo nos livros de 1 e 2Samuel*. 1979, p. 34.
12. PHILLIPS, Richard D. *1Samuel*. 2016, p. 129.
13. BALDWIN, Joyce G. *I e II Samuel: introdução e comentário*. 2006, p. 89.
14. BALDWIN, Joyce G. *I e II Samuel: introdução e comentário*. 2006, p. 89.
15. _____. 2006, p. 89,90.
16. MELLISH, Kevin J. *Novo comentário bíblico Beacon – 1 e 2Samuel*. 2015, p. 98.
17. MELLISH, Kevin J. *Novo comentário bíblico Beacon – 1 e 2Samuel*. 2015, p. 99.
18. PHILLIPS, Richard D. *1Samuel*. 2016, p. 131.
19. WIERSBE, Warren W. *Comentário bíblico expositivo*. Vol. 2. 2006, p. 219.
20. BALDWIN, Joyce G. *I e II Samuel: introdução e comentário*. 2006, p. 90.
21. MELLISH, Kevin J. *Novo comentário bíblico Beacon – 1 e 2Samuel*. 2015, p. 99.
22. PHILLIPS, Richard D. *1Samuel*. 2016, p. 132.

Capítulo 9

Um rei que nos governe

(1Samuel 8:1-22)

O CAPÍTULO 8 DE 1Samuel trata da transição da teocracia, o governo de Deus por intermédio dos juízes, para a monarquia, o governo de um rei humano. A nação de Israel era uma confederação informal de tribos soberanas, e esperava-se que cada tribo buscasse ao Senhor e a sua vontade.[1] O período de mais de três séculos coberto pelo livro de Juízes e 1Samuel aponta para uma profunda crise de liderança. O autor sagrado registra: "Naqueles dias, não havia rei em Israel; cada um fazia o que achava mais reto" (Jz 17:6; 21:25).

Inobstante Deus ter governado seu povo com mão forte e poderosa, trazendo-lhe libertação da escravidão do Egito, conduzindo-o milagrosamente quarenta anos pelo deserto, introduzindo-o na Terra Prometida, e libertando-o das mãos dos opressores pela liderança dos juízes, por mais de três séculos, Israel rejeitou o Senhor, reivindicando para si um rei, como as nações vizinhas. Purkiser acrescenta, dizendo: "O capítulo 8 é uma transição entre o período dos juízes e a era da monarquia. Em termos teológicos, ele representa o fim da teocracia, ou o reino de Deus por meio de juízes ou líderes indicados diretamente".[2]

Destacaremos algumas lições do texto.

Os filhos de Samuel (8:1-3)

Samuel julgou Israel todos os dias de sua vida (7:15). As palavras "tendo Samuel envelhecido" (8:1) sugerem que uma quantidade indeterminada de tempo havia se passado desde o encerramento do capítulo 7. Concordo com Tim Chester quando diz que os acontecimentos do capítulo 8 ocorrem muitos anos depois dos acontecimentos dos capítulos 4 a 7, tempo suficiente para Samuel ter ficado velho e ter dois filhos adultos.[3]

Ele julgou Israel todos os dias de sua vida (7:15), porém envelheceu sem ter um sucessor à altura para lhe substituir. Seus filhos, Joel e Abias, não apresentavam condições satisfatórias para o juizado, pois não tinham a mesma envergadura moral e espiritual do pai. Samuel era um homem impoluto, que jamais se rendeu à corrupção. Porém seus filhos seguiram caminho oposto, entregando-se à avareza e ao suborno, pervertendo, assim, a justiça.

Destacamos, aqui, dois pontos importantes:

Em primeiro lugar, *constituídos juízes pelo pai e não por Deus* (8:1,2). Kevin Mellish diz que não sabemos com que autoridade Samuel constituiu seus filhos juízes sobre Israel.[4] Normalmente, os juízes eram líderes escolhidos e capacitados por Deus, e não integrantes de um ministério de sucessão familiar. É mui provável que Samuel constitui seus filhos juízes sobre Israel sem o aval divino para fazê-lo. Torna-se um nepotista. Age por si mesmo e não é feliz nessa decisão. Tim Chester diz que Samuel introduz o sistema de liderança hereditária.[5] Nesta linha de raciocínio, podemos afirmar que a monarquia nasceu dentro de sua casa. Assim como no passado toda a nação conhecia os pecados dos filhos de Eli, agora, também, toda a nação conhece o mau testemunho dos filhos de Samuel. Eles receberam nomes que indicavam a piedade do pai. Joel significa "O Senhor é Deus" e Abias significa "O Senhor é pai". Infelizmente, eles não corresponderam à esperança que seus nomes expressavam. Kevin Mellish destaca que o mesmo fenômeno se prova verdadeiro no período da monarquia: os bons reis produziram filhos maus, e vice-versa (1Rs 15:1-5; 2Rs 21:19-26).[6] Concordo com Richard Phillips, quando diz que é Deus quem fornece líderes ao seu povo, e a prática de nepotismo é contrária à ideia de chamado especial de Deus em sua Igreja.[7]

Em segundo lugar, *não eram do mesmo estofo moral do pai* (8:3). O ponto forte do testemunho de Samuel diante de todo o povo, no final de seu ministério, foi sua reconhecida integridade administrativa. Samuel era um líder probo, de vida ilibada, de caráter impoluto e testemunho irrepreensível. Ele foi profeta, sacerdote e juiz durante toda a sua vida, mas jamais se dobrou à avareza. Nunca aceitou propina. Nunca vendeu sua consciência para auferir vantagens.

Porém seus filhos falharam exatamente no ponto em que o pai era exemplo. Não tinham a mesma estatura espiritual dele. Não eram do mesmo estofo moral. Eles não andaram pelos caminhos do pai; antes, se inclinaram à avareza, e aceitaram subornos, o que era claramente proibido em Deuteronômio 16:18,19. Eles perverteram o direito. Nas palavras de Joyce Baldwin, "os filhos de Samuel estavam mais interessados em encher os próprios bolsos do que em manter a justiça".[8]

Antônio Neves Mesquita esclarece a problemática dos filhos de Samuel assim:

> No exercício das funções judicatórias recebiam propinas (presentes), e com isso enfraqueciam a justiça. No dia em que um juiz recebe presentes, de quem quer que seja, já está liquidada a confiança na justiça, porque nem todos têm meios para dar presentes, e, em tal caso, só os ricos podem esperar justiça. A legislação mosaica do Deuteronômio é franca contra o suborno. Era o que os filhos de Samuel praticavam lá no deserto do sul, longe das vistas do pai e dos chefes da nação. A notícia, entretanto, veio ao conhecimento dos anciãos e eles viram que o futuro estava mal condicionado com líderes daquela qualidade.[9]

Diferentemente do caso de Eli, denunciado pelo próprio Deus como conivente com os pecados dos filhos, Purkiser chama a atenção para o fato de que o autor sagrado não sugere a culpa de Samuel em nenhum ponto.[10]

O pedido dos anciãos (8:4,5)

Em virtude da velhice do profeta Samuel, do mau testemunho de seus filhos Joel e Abdias, constituídos juízes monocraticamente por Samuel, e do temor de invasões militares dos inimigos, os anciãos todos se reúnem e rumam para Ramá, a fim de fazerem suas reivindicações a Samuel. Eles não gostam do que está acontecendo e precisam expor ao profeta suas preocupações. Vejamos:

Em primeiro lugar, *os anciãos vêm a Samuel* (8:4). Eles, de comum acordo, se reuniram e foram a Ramá conversar com Samuel. Não foram ouvi-lo, mas ditar seus planos a ele. A despeito do grande conceito que Samuel desfrutava em toda a nação como homem de Deus, havia um descontentamento demonstrado pelos anciãos. Eles estavam convencidos da precariedade do sistema judicatório, em que tinham vivido por mais de três séculos. Morria um juiz e não havia sucessor direto, porque os juízes apareciam ocasionalmente, segundo as circunstâncias, enquanto as nações vizinhas tinham seus reis hereditários, de modo que o governo não ficava exposto aos sobressaltos das interinidades.[11]

Em segundo lugar, *os anciãos acusam os filhos de Samuel* (8:5a). Os líderes levam consigo uma constatação — a velhice de Samuel — e uma queixa: o mau testemunho dos filhos do profeta, juízes em Berseba. Samuel não tinha mais força nem vitalidade para liderar o povo. Seus filhos não gozavam de boa reputação e o vácuo de liderança depois da morte de Samuel podia colocar em risco a nação. É digno de destaque que quatro dos juízes de Israel foram sucedidos por seus filhos (Gideão, Jair, Eli e Samuel) e o resultado foi negativo em três deles.

Em terceiro lugar, *os anciãos reivindicam um rei a Samuel* (8:5b). Eles querem um rei que os governe. Com essa decisão, rejeitam ambos: Samuel e o Senhor. Estão mais interessados em imitar as nações ao redor do que se sujeitarem ao governo divino. Gideão, por exemplo, rejeitou ser nomeado como rei e advertiu que pedir um monarca equivalia a rejeitar a liderança do Senhor (Jz 8:22,23). Bill Arnold descreve o pedido dos anciãos como pecaminoso em seus motivos, pois representava uma rebelião contra o governo de Deus; egoísta em sua inoportunidade, pois exigia provisão da parte de Deus no tempo escolhido pelos anciãos; e covardia em seu espírito, pois eles buscavam um sistema que eliminasse a necessidade de que tivessem fé no Senhor.[12]

Por outro lado, há inúmeras evidências, especialmente no Pentateuco, de que, um dia, Israel teria um rei. Deus prometeu a Abraão, Sara e Jacó que haveria reis em sua descendência (Gn 17:6,17; 35:11), e Jacó havia chamado Judá de tribo real (Gn 49:10). Moisés preparou a nação para um rei, quando falou à nova geração, no portal da Terra Prometida (Dt 17:14-20). Os anciãos foram precipitados, querendo um rei no seu tempo e do seu modo.

A reação de Samuel (8:6)

Destacamos, aqui, dois pontos:

Em primeiro lugar, *o desagrado de Samuel* (8:6a). Ele sentiu-se rejeitado com as reivindicações dos anciãos de Israel. Servira à nação com fidelidade durante toda a sua vida. Agora, na velhice, o descontentamento da liderança com o modelo de juizado o atingira em cheio.

Em segundo lugar, *a oração de Samuel* (8:6b). Ele corretamente expôs seu descontentamento ao Senhor. Em vez de ficar remoendo sua dor, orou. Levou sua causa a Deus em oração. Concordo com Warren Wiersbe, quando escreve:

Samuel era um homem de profunda percepção espiritual e sabia que essa reivindicação de um rei era sinal de decadência espiritual entre os líderes. Não estavam rejeitando a Samuel, mas sim a Deus, e era isso que pesava no coração de Samuel quando orou ao Senhor. Não era a primeira vez que o povo rejeitava ao Senhor. No Sinai, seu pedido foi: "Faze-nos deuses" (Êx 32:1), e depois de seu fracasso humilhante em Cades-Barneia, disseram: "Levantemos um capitão e voltemos para o Egito" (Nm 14:4).[13]

A resposta do Senhor (8:7-9)

A oração é o melhor remédio para nossas dores, o melhor lenitivo para nossas angústias, a melhor resposta para as nossas perguntas. Richard Phillips diz que a resposta do Senhor foi surpreendente, especialmente, porque Ele não pareceu tão indignado quanto seu profeta. Deus deu três respostas: 1) ministrou ao seu servo, garantindo-lhe que o erro não estava nele; 2) atendeu o pedido deles. A concordância de Deus, porém, não era um sinal de sua bênção, mas do seu castigo; 3) deu uma ordem a Samuel para advertir ao povo sobre o preço de se ter um rei.[14]

Vejamos:

Em primeiro lugar, *o Senhor defere o pedido do povo* (8:7a). Para surpresa de Samuel, o Senhor ordenou-o atender à voz do povo em tudo. Há momentos em que o "sim" de Deus pode ser o nosso maior problema e o seu "não", o nosso maior benefício. Não há coisa mais perigosa para nós do que Ele atender os desejos do nosso coração quando esses desejos estão na contramão de sua vontade.

Em segundo lugar, *o Senhor se queixa do povo* (8:7b,8). Samuel queixou-se a Deus do pedido feito pelos anciãos. Era um desprezo ao seu serviço e à sua lealdade, ao povo e a Deus. O Senhor conforta Samuel dizendo-lhe que o povo não o está rejeitando, mas rejeitando ao próprio Senhor. É o reinado de Deus que o povo está rejeitando e não propriamente a liderança de Samuel. O Senhor se queixa dessa rejeição, relembrando todas as obras que fizera por Israel desde o êxodo até o momento. Depois de tanta expressão de amor, Israel deixa o Senhor para servir a outros deuses e agora quer um rei como as demais nações. Concordo, entretanto, com Antônio Neves de Mesquita, quando diz que, segundo os moldes teocráticos, Deus era o rei da nação e dessa posição nunca abdicou. A eleição de um rei de modo algum destruía o princípio teocrático, isto é, de que Deus era o rei da nação, pois o novo rei seria apenas um representante visível do verdadeiro rei, invisível. O sistema político criado por Moisés estava calcado em três princípios: o reinado, o sacerdócio e a profecia. Eram os três pilares da teocracia.[15] Deus havia prometido um rei. Moisés havia previsto um rei. O autor de Juízes percebe a necessidade de um rei. Mas eles imaginaram um rei muito diferente como os das nações que o povo pedia. O rei idealizado por Deus haveria de governar debaixo da regência divina.[16]

Tim Chester destaca que tanto Deus como Samuel receberam com desaprovação o pedido por um rei (1Sm 8:6,8; 10:17-19; 12:17). E por quê? Porque o povo está pedindo pelo rei errado, pelos motivos errados. Quer resolver o problema do fracasso da liderança hereditária instalando a liderança monárquica hereditária. O povo não está pedindo pelo rei que Deus prometeu, por um rei à semelhança das outras nações. Quer ser como todas as outras nações (8:20). Mas, por que eles querem um rei como o têm as outras nações? Porque eles querem que Israel seja uma nação "como todas as outras nações". Em essência, eles não querem ser Israel. Israel foi chamado para ser um povo santo, diferente. Israel foi chamado para ser luz para as outras nações. Israel tinha uma identidade missional. Mas, agora, quer ser apenas como as outras nações.[17]

Em terceiro lugar, *o Senhor adverte o povo* (8:9). Ele orienta Samuel a atender o povo no seu pleito e ao mesmo adverti-lo solenemente, explicando-lhe os direitos que o rei passará a ter sobre eles. Joyce Baldwin diz que todos esses desdobramentos ocorreram já no início do reinado de Davi (2Sm 6:1; 8:15-18), embora tenha sido sob Salomão que o sistema se tornou massacrante e opressivo (1Rs 12:14), conduzindo à rejeição do sucessor de Salomão pelas tribos do norte.[18] Nas palavras de Kevin Mellish, "em essência, o reinado seria uma instituição invasiva e constituiria uma carga pesada sobre o povo [...]. Mesmo assim, Deus permitiu que eles nomeassem um rei, a própria instituição que iria mais tarde levá-los à sua queda".[19]

O preço de um rei (8:10-18)

Joyce Baldwin diz que embora o Senhor tenha sancionado a monarquia, advertiu antecipadamente acerca do preço que Israel iria pagar por essa inovação. O recrutamento para o serviço militar e agrícola restringiria a liberdade em Israel. Nem mesmo as mulheres da família escapariam.[20] Purkiser resume os abusos da monarquia assim: 1) alistamento militar obrigatório (1Sm 8:11,12); 2) trabalho forçado (8:12,13,16,17); 3) apropriação das propriedades (8:14); 4) pesada carga tributária (8:15,17).[21] Essa amarga realidade instaurou-se no reinado de Salomão (1Rs 4:7-28). O povo clamou pedindo alívio do jugo pesado que o rei havia posto sobre os israelitas para manter a glória do seu reino (1Rs 12:1-4; Jr 22:13-17).

Destacaremos alguns pontos:

Em primeiro lugar, *o rei tomará os filhos* (8:10-12). Samuel cumpre à risca a ordem divina e transmite fielmente ao povo os direitos que o rei passaria a ter sobre eles. Até àquele momento eles desfrutavam de liberdade, mas a partir do instante que um rei fosse constituído, seus filhos seriam tomados para o serviço militar, para lavrarem os campos, para ceifarem as lavouras e para fabricarem as armas de guerra. O rei não faria pedido às famílias, mas tomaria seus filhos. Isso era o fim da plena liberdade.

Em segundo lugar, *o rei tomará as filhas* (8:13). Suas filhas serão tomadas para a fabricação de perfumes, para trabalharem nas cozinhas reais e para assarem os pães que servirão à demanda do palácio. As filhas tomadas de suas famílias não podiam mais lutar pelos seus próprios sonhos. Tinham que atender à convocação soberana do rei, sendo servas dele e de sua família.

Em terceiro lugar, *o rei tomará o melhor das lavouras* (8:14,15). O rei tomará o melhor das lavouras, das vinhas e dos olivais para atender a demanda dos servidores públicos. Os lavradores não seriam mais os donos de suas colheitas. Trabalhariam para pagar pesados tributos ao rei. Seus frutos mais excelentes eram destinados à mesa real e ao aparato de seu governo.

Em quarto lugar, *o rei tomará os servos, as servas e os jumentos* (8:16). Ele tomará os servos, as servas, os melhores jovens e os jumentos para empregá-los no seu trabalho. O braço humano e a força dos animais deveriam servir ao rei.

Em quinto lugar, *o rei dizimará os rebanhos* (8:17). O povo terá que pagar as dízimas de seus rebanhos ao rei, tornando-se seus súditos. As primícias dos rebanhos eram para o rei. O povo trabalharia pesado para sustentar o luxo da corte.

Em sexto lugar, *um dia clamariam ao Senhor, mas seria tarde demais* (8:18). No dia que a ficha cair e o povo acordar para o alto preço de manter uma corte com todo luxo sob as expensas dos trabalhadores, o povo clamará ao Senhor, mas Ele náos os ouvirá. Terão que colher o que semearam e sofrer as consequências de sua escolha insensata. Kevin Mellish é oportuno quando escreve:

> A própria coisa que eles pediram os levariam a clamar, assim como fizeram debaixo da escravidão no Egito e dos opressores estrangeiros na época dos juízes. Finalmente, seria a monarquia a responsável pela queda do reino. Esta narrativa nos lembra que às vezes os indivíduos e as comunidades da fé querem o seu próprio caminho ao invés de buscarem a vontade de Deus sobre uma questão ou assunto específico.[22]

Tim Chester destaca que o Rei supremo de Deus, quando vier, dirá: "Pois nem mesmo o Filho do homem veio para ser servido, mas para servir e dar a sua vida em resgate de muitos" (Mc 10:45). O verdadeiro Rei não veio para ser servido, mas para servir. Ele não é um rei das outras nações.[23]

A decisão dos anciãos (8:19,20)

Três lições podem ser observadas aqui:

Em primeiro lugar, *um rei a qualquer preço* (8:19). Mesmo o povo sendo alertado acerca de todo esse alto custo para se ter um rei, todos estavam obstinados e queriam um rei a qualquer preço.

Em segundo lugar, *uma imitação a qualquer custo* (8:20a). A primeira razão que elencaram foi o desejo de imitarem as nações vizinhas: "Para que sejamos também como todas as nações...". Purkiser destaca que este desejo de se adequar aos outros, rebelando-se contra as características divinas, foi uma fonte de problemas para o povo de Deus em todas as épocas.[24]

Em terceiro lugar, *uma motivação exposta* (8:20b). Sem refletir suficientemente sobre as advertências divinas, o povo disse: "... o nosso rei poderá governar-nos" e imediatamente engatam a segunda motivação para pedirem um rei: "... sair adiante de nós e fazer as nossas guerras".

Três considerações, portanto, tinham peso para o povo: 1) queriam ser como todas as nações, ter influência e posição social destacada; 2) desejavam "que o nosso rei nos julgue", ou governe, retirando desse modo a responsabilidade dos líderes locais e proporcionando um chefe nominal; 3) queriam alguém para "sair adiante de nós, e fazer as nossas guerras".[25]

A decisão de Samuel (8:21)

Samuel exercendo o papel de Mediador ouviu todas as palavras do povo e as repetiu perante o Senhor. Ele governava o povo pela autoridade do Senhor. Suas decisões eram tomadas em sujeição plena a Ele. Como profeta ele falava ao povo da parte do Senhor. Como sacerdote, ele falava ao Senhor da parte do povo. Como juiz, ele governava o povo pela autoridade do Senhor.

A decisão do Senhor (8:22)

O Senhor reiterou sua palavra, dando ordens a Samuel a atender a voz do povo e estabelecer-lhe um rei. O profeta despede o povo e ordena cada um a voltar para sua cidade, até o momento oportuno para a escolha do monarca. O profeta Oseias escreve: "Dei-te um rei na minha ira e to tirei no meu furor" (Os 13:11). Concordo com Warren Wiersbe, quando diz: "O maior julgamento que Deus pode enviar sobre nós é deixar que façamos as coisas a nosso modo".[26]

Concluo este capítulo com as advertências de Richard Phillips, acerca dos padrões bíblicos para a liderança cristã, à luz dos preceitos estabelecidos por Moisés para a realeza: 1) os líderes do povo de Deus devem ser escolhidos e chamados por Ele (Dt 17:15; At 1:26; 1Tm 2:11,12; Tt 1:6); 2) Deus ordenou que os reis de Israel viessem do povo da aliança (Dt 17:15); 3) "os reis não deveriam multiplicar para si cavalos [...] tampouco para si multiplicará mulheres, para que o seu coração não se desvie; nem multiplicará para si muita prata e ouro" (Dt 17:16,17; 1Tm 5:18; 1Co 9:11; 1Pe 5:2,3); 4) um líder que honra a Deus estará sob a autoridade da Palavra de Deus em todas as coisas (Dt 17:18,19; Sl 119:16). O verdadeiro plano de Deus para reinar sobre o seu povo envolvia um homem que reinaria como Rei para sempre. Deus prometeu a Davi: "Farei levantar depois de ti o teu descendente, que procederá de ti, e estabelecerei o seu reino para sempre" (2Sm 7:12,16; Is 9:6; Mq 5:2; Lc 1:32,35; Ap 1:5; Jo 18:36).[27]

Notas

1. WIERSBE, Warren W. *Comentário bíblico expositivo.* Vol. 2. 2006, p. 219.
2. PURKISER, W. T. *Os livros de 1 e 2 Samuel. In* Comentário bíblico Beacon. Vol. 2. 2015, p. 192.
3. CHESTER, Tim. *1Samuel para você.* 2019, p. 68.
4. MELLISH, Kevin J. *Novo comentário bíblico Beacon – 1 e 2Samuel.* 2015, p. 103.
5. CHESTER, Tim. *1Samuel para você.* 2019, p. 64.
6. MELLISH, Kevin J. *Novo comentário bíblico Beacon – 1 e 2Samuel.* 2015, p. 103.
7. PHILLIPS, Richard D. *1Samuel.* 2016, p. 136.
8. BALDWIN, Joyce G. *I e II Samuel: introdução e comentário.* 2006, p. 94.
9. MESQUITA, Antônio Neves. *Estudo nos livros de Samuel.* 1979, p. 41,42.
10. PURKISER, W. T. *Os livros de 1 e 2Samuel. In* Comentário bíblico Beacon. Vol. 2. 2015, p. 193.
11. MESQUITA, Antônio Neves. *Estudo nos livros de Samuel.* 1979, p. 40.
12. ARNOLD, Bill T. *1 & 2Samuel, NIV Application Commentary.* Grand Rapids, MI: Zondervan. 2003, p. 153,154.
13. WIERSBE, Warren W. *Comentário bíblico expositivo.* Vol. 2. 2006, p. 220.
14. PHILLIPS, Richard D. *1Samuel.* 2016, p. 138.
15. MESQUITA, Antônio Neves. *O estudo nos livros de Samuel.* 1979, p. 41.
16. CHESTER, Tim. *1Samuel para você.* 2019, p. 72.
17. CHESTER, Tim. *1Samuel para você.* 2019, p. 64-66.
18. BALDWIN, Joyce G. *I e II Samuel: introdução e comentário.* 2006, p. 96.
19. MELLISH, Kevin J. *Novo comentário bíblico Beacon – 1 e 2Samuel.* 2015, p. 105.
20. BALDWIN, Joyce G. *I e II Samuel: introdução e comentário.* 2006, p. 95.
21. PURKISER, W. T. *Os livros de Samuel. In* Comentário bíblico Beacon. Vol. 2. 2015, p. 193.
22. MELLISH, Kevin J. *Novo comentário bíblico Beacon – 1 e 2Samuel.* 2015, p. 106.
23. CHESTER, Tim. *1Samuel para você.* 2019, p. 72.
24. PURKISER, W. T. *OS livros de Samuel: introdução e comentário.* 2015, p. 193.
25. BALDWIN, Joyce G. *I e II Samuel: introdução e comentário.* 2006, p. 97.
26. WIERSBE, Warren W. *Comentário bíblico expositivo.* Vol. 2. 2006, p. 220.
27. PHILLIPS, Richard D. *1Samuel.* 2016, p. 143-145.

Capítulo 10

Saul, o primeiro rei de Israel

(1Samuel 9:1—10:27)

1Samuel 9 e 10 descreve a escolha, a unção particular e a aclamação pública de Saul como o primeiro rei de Israel. Ele se torna rei em quatro etapas: 1) uma unção secreta realizada por Samuel (9:1—10:1); 2) uma confirmação pessoal por meio de sinais (10:2-16); 3) uma seleção pública por sorteio (10:17-27); 4) uma proclamação vitoriosa pelo povo (11:1-15).[1]

O pedido do povo foi atendido e a monarquia foi estabelecida, com um reinado hereditário. Israel, porém, chegaria à conclusão que foi uma insensatez querer imitar "todas as nações".

A escolha de Saul como rei (9:1-27)

A história da monarquia em Israel começa como começou o livro de

1Samuel (1:1), com os antecedentes de um homem (9:1). Tanto Elcana como Quis são apresentados. Este, como o pai do primeiro rei; aquele, como o pai do último juiz. Vejamos:

Em primeiro lugar, *a linhagem de Saul* (9:1,2). Saul procede de uma família benjamita com bastantes recursos financeiros. "Sua longa genealogia confirma que ele era de uma família importante em Benjamim", diz Joyce Baldwin.[2] Sua tribo, porém, era a menor de Israel e o seu ancestral, o último filho de Jacó. Saul, filho de Quis, era o mais belo e o mais alto rapaz de Israel. Seus predicados físicos eram notórios. Ganharia qualquer concurso de beleza. Seria capa de revista. Desfilaria na passarela da fama. O nome "Saul" significa "pedido" ou "consagrado". Seu nome e seu porte físico causava boa impressão.

Em segundo lugar, *a circunstância casual* (9:3,4). Saul não era um jovem citadino. Era um camponês. Seu pai era dono de animais de trabalho e as jumentas de Quis se extraviaram. Seu pai lhe ordenou tomar um dos moços, trabalhadores do sítio, e procurar as jumentas. Atravessaram as regiões montanhosas de Efraim e passaram à terra de Benjamim, mas não encontraram as jumentas.

Em terceiro lugar, *a sugestão do moço de Saul* (9:5-9). Já estavam em Ramá, na terra de Zufe, onde Samuel morava, quando Saul tomou a decisão de voltar a seu pai, pois julgou que este já estava ansioso devido a sua demora. Com isso, ele demonstra respeito e interesse por seu pai, virtude que merece destaque. Foi então que o moço que o acompanhava sugeriu que eles fossem consultar Samuel, o homem de Deus, fazendo-lhe honroso elogio: "Nesta cidade há um homem de Deus, e é muito estimado; tudo quanto ele diz sucede; vamo-nos, agora, lá; mostrar-nos-á, porventura, o caminho que devemos seguir" (9:6). Saul se dispõe a ir, mas insistiu que não poderiam comparecer perante o servo do Senhor sem um presente adequado. A cortesia exigia que se levasse um presente. Com isso, Saul demonstra respeito ao homem de Deus. Saul está desprovido de recursos, mas o seu moço tem em mãos um quarto de siclo de prata para presentear o profeta. Richard Phillips destaca que o fato de Saul e seu servo terem ido consultar o profeta de Deus o separa dos outros líderes de Israel, como aqueles que negligentemente levaram a arca da aliança para o campo de batalha (4:3,4) e os anciãos que exigiram um rei terreno (8:5). Saul e seu servo lembram-nos que não há questões tão triviais pelas quais Deus não nos convide a buscar seu conselho.[3]

Três aspectos negativos sobre Saul são identificados nessa narrativa. O primeiro deles é que ele não foi capaz de rastrear os animais perdidos, e o segundo é que mesmo Samuel sendo um homem velho e tendo sido juiz, profeta e sacerdote de toda a nação, por muitos anos (1Sm 3:20; 4:1; 9:18), Saul ainda não o conhecia. O terceiro é que mesmo Saul estando no comando do rastreamento dos animais extraviados, era seu servo que liderava, enquanto ele apenas o seguia. Como diz Richard Phillips, "foi o servo, não Saul, quem insistiu para que procurassem o profeta de Deus. Mais tarde, quando se tornou rei, Saul seria frequentemente influenciado pelo conselho de terceiros".[4]

Em quarto lugar, *a decisão de Saul de ir a Samuel* (9:10-14). Saul decide ir à cidade de Ramá, encontrar-se com o homem de Deus. No caminho, encontraram umas moças que saíam para tirar água e perguntaram a elas se o vidente estava ali. Elas informaram que Samuel estava na cidade, pois era o dia do sacrifício na parte alta do local e que deveriam se apressar antes de ele sair para a refeição. Eles subiram à cidade à procura do vidente e Samuel saiu ao encontro deles. Vemos nesse episódio o controle providencial de Deus sobre questões menos importantes da nossa vida, de acordo com sua vontade soberana. Saul procura as jumentas extraviadas de seu pai, sem saber que estava caminhando na direção do trono de Israel. Nas palavras de Richard Phillips, "Deus havia ordenado cada detalhe dessa viagem".[5]

Em quinto lugar, *a recepção de Samuel a Saul* (9:15-27). Saul buscava a Samuel e Samuel buscava a Saul. Seis fatos são destacados aqui:

Primeiro, a revelação do Senhor a Samuel (9:15-17). O Senhor, um dia antes de Saul chegar a Ramá, revelou a Samuel que enviaria um homem benjamita, o qual o profeta deveria ungir por príncipe sobre o povo de Israel, e que ele livraria seu povo das mãos dos filisteus. No momento que Samuel viu Saul, o Senhor lhe disse: "Eis o homem de quem eu já te falara. Este dominará sobre o meu povo" (9:17). Concordo com Richard Phillips, quando diz: "Por causa do plano de Deus, esse encontro casual foi uma ocasião significativa na história de Israel".[6] É digno de nota que mesmo sendo Saul um rei requerido pelo povo, era o próprio Deus quem o levantava, como acontecia também com os juízes. Em resposta ao clamor do povo, Deus levantou Saul com um propósito claro: livrar seu povo das mãos dos filisteus (9:16). A despeito do pecado de Israel e da rebeldia de seus líderes, a nação ainda era o povo de Deus (9:16) e a sua herança (10:1).

Segundo, Samuel se apresenta a Saul (9:18,19). Saul pede a Samuel para lhe mostrar a casa do vidente sem saber que estava falando com o próprio. Samuel respondeu: "Eu sou o vidente", e então o convida para subir adiante dele como hóspede de honra até o dia seguinte e promete ainda declarar tudo quanto estava em seu coração.

Terceiro, a comunicação de Samuel a Saul (9:20). Samuel acalma o coração de Saul com respeito às jumentas que procurava, dizendo que elas já haviam sido encontradas e dá os primeiros sinais de que mais do que jumentas, estava destinado a ele e à casa de seu pai tudo o que era precioso em Israel.

Quarto, a reação de Saul (9:21). Sua reação foi a mesma de Gideão, no passado. Em vez de ficar ensoberbecido com a alta honra, acentuou que era benjamita, da menor das tribos de Israel, e a sua família, a menor de todas as famílias da tribo de Benjamim.

Quinto, as honras da sala de banquete (9:22-24). Samuel tomou Saul e seu moço e levou-os para a sala do banquete, onde estavam reunidos trinta comensais, dando-lhes lugar de honra e os melhores cortes de carne, afirmando que tudo havia sido preparado para aquela ocasião especial.

Sexto, as preliminares da unção privada de Saul (9:25-27). Encerrados os protocolos do jantar, descendo do alto para a cidade, Samuel falou com Saul sobre o eirado. De madrugada, o profeta chamou o futuro rei ao eirado, dizendo-lhe para levantar-se, pois iria caminhar com ele. Quando ambos saíram, o homem de Deus orientou Saul para falar ao seu moço para passar adiante deles, pois precisava lhe comunicar a palavra de Deus.

A unção particular de Saul como rei (10:1-16)

Cumpridos todos os protocolos preliminares, chegara a hora de Saul ser ungido pelo profeta como o primeiro rei de Israel. É o que vamos ver.

Em primeiro lugar, *a unção secreta de Saul* (10:1). Ficando Samuel sozinho com ele, tomou um vazo de azeite e o derramou sobre a sua cabeça, e, beijando-o, disse-lhe que o Senhor o ungia como príncipe sobre a sua herança, o povo de Israel. Concordo com Richard Phillips quando diz que essa unção significava a autoridade de Deus sobre Saul, empossando-o primeiro como seu servo e só depois como rei de Israel. A unção também simbolizava a capacitação do Espírito Santo a servos de Deus especialmente escolhidos.[7]

Em segundo lugar, *os sinais de Deus a Saul* (10:2-8). Samuel dá a Saul três sinais que confirmavam a sua unção.

O primeiro sinal é que Saul encontraria dois homens junto ao sepulcro de Raquel, trazendo-lhe a informação de que as jumentas de seu pai haviam sido encontradas e que seu pai estava preocupado com sua demora (10:2).

O segundo sinal forçaria Saul a reconhecer sua condição de ungido, pois envolveria três homens, no carvalho de Tabor, que estavam indo adorar em Betel, "um levando três cabritos; outro, três bolos de pão, e o outro, um odre de vinho" (10:3). Cumprimentando Saul, os homens lhe dariam essas ofertas que eram destinadas a Deus, e; ao aceitá-las, Saul reconheceria sua nova condição de ungido do Senhor (10:4).[8]

O terceiro sinal é que Saul deveria seguir até Gibeá-Eloim, onde estava a guarnição dos filisteus, e nessa cidade encontraria um grupo de profetas, com instrumentos musicais, profetizando. Saul é informado que o Espírito do Senhor se apossaria dele e profetizaria com eles, sendo mudado em outro homem (10:5-8).

Samuel alerta Saul para atentar para os sinais, porque quando esses sinais ocorressem, ele deveria fazer o que era de direito fazê-lo, porque indicariam que Deus estava com ele. Nessa ocasião, Saul deveria descer a Gilgal antes de Samuel e esperá-lo ali por sete dias. O profeta desceria a Saul para sacrificar holocausto e para apresentar ofertas pacíficas. Só então Samuel lhe declararia o que ele haveria de fazer

Em terceiro lugar, *Saul profetiza entre os profetas* (10:9-13). No mesmo dia que Samuel proferiu essas palavras a Saul, na hora da despedida, Deus mudou o seu coração e todos os sinais aconteceram naquele mesmo dia. Nas palavras de Warren Wiersbe, "esse jovem agricultor passaria a pensar e a agir como um líder, o rei de sua nação, um estadista e guerreiro cuja responsabilidade era ouvir Deus e obedecer à sua vontade. O Espírito Santo o capacitaria ainda mais para servir a Deus, desde que ele andasse em obediência à vontade do Senhor".[9] Quando Saul chegou a Gibeá, um grupo de profetas lhe saiu ao encontro. Nesse momento, o Espírito do Senhor se apossou de Saul e ele profetizou no meio deles. Isso causou admiração em todos que conheciam Saul, a ponto de perguntarem: "Que é isso que sucedeu ao filho de Quis? Está também Saul entre os profetas?" (10:11). Terminado Saul de profetizar, deixando a cidade de Gibeá, seguiu para o alto.

Alguns estudiosos veem nesta passagem a regeneração de Saul. Mas isso será verdade? A verdadeira regeneração desemboca na santificação. São as obras que provam a fé. A obediência é a evidência da salvação (Ez 36:26,27). A vida de Saul demonstra que ele não tinha zelo para servir a Deus nem disposição para obedecer sua Palavra. O Espírito veio sobre Saul para capacitá-lo para aquela obra específica, como veio sobre Bazalel (Êx 31:2-4) e sobre Sansão (Jz 14:6). Mas Saul não demonstrou os sinais de uma verdadeira regeneração, conforme o próprio Senhor Jesus enfatiza (Mt 7:21-23). Kevin Mellish diz que, paradoxalmente, o Espírito de Deus que se apossara de Saul de maneira tão poderosa iria também se apartar dele mais tarde em um instante (16:14,23) e ser substituído por um espírito maligno (1Sm 16:15,16,23; 18:10; 19:9).[10]

Em quarto lugar, *a pergunta do tio de Saul* (10:14-16). Ele perguntou a ele e a seu moço aonde tinham ido. Saul respondeu que foram procurar as jumentas e, não as encontrando, foram até Samuel. O tio insistiu, querendo saber o que Samuel havia lhes dito. Saul respondeu apenas que Samuel lhe comunicara que as jumentas haviam sido encontradas, mas nada revelou a respeito do reino.

A aclamação pública de Saul como rei (10:17-27)

Cumpridas todas as formalidades para a posse de Saul, Samuel prepara a cerimônia de investidura. Vejamos:

Em primeiro lugar, *a convocação popular* (10:17). Samuel convocou o povo do Senhor a Mispá, a mesma cidade, que fora o cenário da renovação da aliança com o Senhor (7:5). Os anciãos de Israel haviam pedido um rei terreno, para serem como todas as nações, e Deus enviou Saul como sua resposta literal.

Em segundo lugar, *o discurso de posse* (10:18,19). No início da assembleia, Samuel prefaciou o processo seletivo entregando uma palavra profética do Senhor.[11] Samuel fez o discurso de posse, relembrando a nação acerca da história da redenção, de como o Senhor os livrara das mãos dos egípcios e das mãos de todos os reinos que os oprimiram. Relembra-os que estavam rejeitando o seu Deus ao pedirem um rei. Concordo com Richard Phillips, quando disse: "A coroação de Saul marcou uma mudança sinistra na história de Israel e forneceu uma afirmação notável da soberania de Deus como Senhor de todos".[12] O mesmo autor interpreta corretamente o discurso de Samuel:

> O povo não estava pedindo um novo Deus para adorar, mas apenas um sistema político que o tornasse como "todas as nações" (8:20). No entanto, Samuel insistiu que pedir este implicaria aquele. Ele clamou: "Vós rejeitastes, hoje, a vosso Deus, que vos livrou de todos os vossos males e trabalhos, e lhe dissestes: Não! Mas constitui um rei sobre nós" (10:19) [...]. Apesar de todas as suas alegações formais de fidelidade ao Senhor, os israelitas estavam cometendo apostasia, substituindo o governo de Deus pelo de um simples homem.[13]

Kevin Mellish destaca que Israel rejeitou Deus ao pedir um rei; mais tarde, porém, Deus rejeitaria o rei que eles pediram (16:1).[14]

Em terceiro lugar, *a indicação por sortes* (10:20,21a). Joyce Baldwin diz que o ato de lançar sortes era uma prática comum em todo o mundo antigo. A terra de Canaã foi distribuída por sorteio (Js 18:10); o sorteio também decidiria o destino dos dois bodes no dia da expiação (Lv 16:8-10); e o responsável pela derrota em Ai foi descoberto pelo mesmo método (Js 7:16-18). As decisões tomadas assim eram consideradas definitivas (Pv 18:18), pois o Senhor estava controlando o resultado (Pv 16:33). O último emprego de sorteio registrado na Bíblia está em Atos 1:26.[15] Embora a escolha já estivesse definida e o rei já estava ungido em particular, Samuel busca referendar o ato, lançando sortes de forma pública, seguindo a ordem das tribos e das famílias. O resultado foi que a sorte caiu sobre a tribo de Benjamim e a família indicada foi a de Matri; e dela foi indicado Saul, filho de Quis.

Em quarto lugar, *o rei se esconde na hora da posse* (10:21b-23a). Quando procuraram na magna assembleia o rei sorteado, Saul não foi encontrado. Perguntaram ao Senhor se Saul viera à convocação de Samuel, e o Senhor respondeu que ele estava escondido entre as bagagens. Imediatamente, correram e o tomaram do esconderijo. Por que Saul estava escondido entre as bagagens? Alguns entendem que isso era um gesto de humildade elogiável; outros, entendem que era um sinal de covardia e fraqueza. Saul estava tímido e relutante em assumir esse posto de comando. Richard Phillips diz que a sua vida sugere que a negligência do dever prenuncia um padrão que será repetido durante seu reinado.[16] Kevin Mellish complementa: "O homem que possuía refinadas qualidades físicas tinha falta de coragem interior".[17] Concordo com Warren Wiersbe, quando escreve: "Evitar a aclamação nacional é uma coisa, mas evitar a responsabilidade recebida de Deus, é outra bem diferente".[18]

Em quinto lugar, *a aclamação do rei* (10:23b,24). Estando Saul no meio do povo, era o mais alto e sobressaía dentre todos do ombro para cima. Ele parecia exatamente o tipo de rei que eles estavam esperando: alto, bonito, exteriormente impressionante. Então, Samuel proclama: "Vedes a quem o Senhor escolheu? Pois em todo o povo não há nenhum semelhante a ele" (10:24). Então, todo o povo rompeu em gritos, exclamando: "Viva o rei!" (10:24). Estava cumprido o desejo da nação!

Em sexto lugar, *a constituição do reino* (10:25). Samuel escreveu a constituição do reino, estribada em Deuteronômio 17:14-20. Ele estava colocando a nova instituição sob a autoridade da palavra de Deus; ele não enfatizou a autoridade do rei sobre a lei, mas a autoridade da lei sobre o rei.[19] Com base na passagem em tela, John Robbins chegou a afirmar que 1Samuel é o mais antigo livro sobre liberdade política, enfatizando que, ao colocar a sociedade humana sob a lei de Deus, a Bíblia nos fornece os princípios de que precisamos para defender uma sociedade livre.[20] Purkiser diz que esta é a primeira menção à escrita desde o tempo de Moisés, e a primeira referência à escrita entre os profetas.[21]

Encerrada a cerimônia de posse, Samuel despediu todo o povo, cada um para sua casa.

Em sétimo lugar, *o rei Saul tem aliados e opositores* (10:26,27). Tim Chester diz que o reino de Saul começa em marcha lenta. Ele volta para casa em Gibeá (10:26).[22] Seguiu-o uma tropa de homens cujo coração Deus tocara. Esses eram seus aliados e soldados leais. Porém, um grupo surgiu, os filhos de Belial, fazendo oposição ao rei. Esses estavam insatisfeitos com a escolha de Saul e duvidaram de sua capacidade de salvá-los e passaram a desprezá-lo. Saul, porém, não deu ouvidos aos seus insultos.

NOTAS

[1] CHESTER, Tim. *1Samuel para você*. 2019, p. 73.

2. BALDWIN, Joyce G. *I e II Samuel: introdução e comentário*. 2006, p. 98.
3. PHILLIPS, Richard D. *1Samuel*. 2016, p. 148.
4. Idem, p. 149.
5. Idem, p. 149.
6. Idem, p. 150.
7. PHILLIPS, Richard D. *1Samuel*. 2016, p. 153.
8. PHILLIPS, Richard D. *1Samuel*. 2016, p. 153.
9. WIERSBE, Warren W. *Comentário bíblico expositivo*. Vol. 2. 2006, p. 223.
10. MELLISH, Kevin J. *Novo comentário bíblico Beacon – 1 e 2Samuel*. 2015, p. 111.
11. Idem, 2015, p. 112.
12. PHILLIPS, Richard D. *1Samuel*. 2016, p. 158.
13. Idem, 2016, p. 160.
14. MELLISH, Kevin J. *Novo comentário bíblico Beacon – 1 e 2Samuel*. 2015, p. 113.
15. BALDWIN, Joyce G. *I e II Samuel: introdução e comentário*. 2006, p. 104,105.
16. PHILLIPS, Richard D. *1Samuel*. 2016, p. 162.
17. MELLISH, Kevin J. *Novo comentário bíblico Beacon – 1 e 2 Samuel*. 2015, p. 113.
18. WIERSBE, Warren W. *Comentário bíblico expositivo*. Vol. 2. 2006, p. 224.
19. PHILLIPS, Richard D. *1Samuel*. 2016, p. 163.
20. ROBBINS, John W. *Freedom and Capitalism: Essays on Christian politics and economics*. Unicoi, TN: Trinity Foundation. 2006, p. 30,46.
21. PURKISER, W. T. *Os livros de 1 e 2Samuel*. *In* Comentário bíblico Beacon. Vol. 2. 2015, p. 198.
22. CHESTER, Tim. *1Samuel para você*. 2019, p. 83.

Capítulo 11

Deus salva o seu povo

(1Samuel 11:1-15)

O POVO DE ISRAEL pediu um rei para guerrear suas guerras e para libertá-lo dos povos invasores. Saul foi escolhido, diplomado, empossado para este mister e agora surge uma crise e ao mesmo tempo uma oportunidade para Saul demonstrar sua missão exitosa diante dos olhos da nação. Além dos inimigos externos, ferozes e bem armados, que sempre eram uma ameaça a Israel — os filisteus a oeste e os amonitas a leste —, Saul lidava, também, com as tribos que estavam moral e espiritualmente divididas. Como se isso não bastasse, ele ainda tinha um grupo de oposição ao seu governo. Unir as tribos e lançar ofensivas contra os inimigos eram dois grandes desafios para o rei.

É com esse pano de fundo que os amonitas atacam a cidade de Jabes-Gileade, colocando à prova a capacidade do rei de defender seu povo. A passagem em tela oferece-nos alguns pontos importantes de reflexão.

O cerco do inimigo (11:1-3)

Quatro fatos são destacados no texto em tela.

Em primeiro lugar, *a invasão dos amonitas* (11:1a). Um dos propósitos do povo ao pedir um rei que os governasse era para que este pudesse ir adiante deles e fazer suas guerras (8:20). Saul acabara de ser empossado e um problema acontece. Naás, o rei amonita, vindo do leste do Jordão, sitiou a cidade transjordânica de Jabes-Gileade. Os amonitas eram oriundos da relação incestuosa de Ló com uma de suas filhas. Eram aparentados de Israel, mas sempre se opuseram ao povo de Deus. Naás, com toda a sua força militar, cercou a cidade de Jabes-Gileade para tomá-la à força.

Em segundo lugar, *a proposta de aliança* (11:1b). Vendo todos os homens da cidade assaltada pelos vizinhos e não tendo qualquer possibilidade de resistir ao cerco, pediram arrego e propuseram uma aliança, para servirem a Naás.

Em terceiro lugar, *a crueldade do invasor* (11:2). Naás, com crueldade desumana, concorda em fazer aliança, sob condição humilhante: vazar os olhos direitos dos homens. Kevin Mellish diz que arrancar os olhos era uma prática conhecida dos assírios e babilônicos (2Rs 25:7).[1] Nas palavras de Antônio Neves de Mesquita, "as condições de rendição eram as mais selvagens que alguém poderia imaginar".[2] O propósito era trazer vergonha para todo o Israel. A mutilação de um olho só imposta àquela comunidade seria motivo de desprezo e símbolo de humilhação para todo o Israel. Nessa mesma linha de pensamento, Richard Phillips, citando Flávio Josefo, diz que naquela época os guerreiros lutavam em formação com escudos entrelaçados, de modo que o olho esquerdo ficava coberto pelo escudo. Vazando-lhes o olho direito, Naás os tornaria inúteis para a batalha, embora ainda fossem úteis para o trabalho escravo.[3] Nas palavras de Warren Wiersbe, "sem precisar matar um só israelita, Naás (cujo nome significa serpente) poderia subjugar a cidade, tomar suas riquezas e escravizar o povo".[4]

Richard Phillips destaca que o rei inimigo tinha um rancor contra os israelitas, querendo, assim, trazer vergonha para todo o Israel. Os amonitas eram primos de Israel, sendo descendentes da união incestuosa e ilícita entre Ló e uma de suas filhas, depois de sua fuga da destruição de Sodoma (Gn 19:38). Durante a passagem de Israel pelo deserto, no êxodo, os amonitas tinham se recusado a lhes oferecer as provisões necessárias (Dt 23:4), e estavam listados entre os inimigos tradicionais da nação (Is 11:14; Jr 9:25,26; Ez 25:1-7). Finalmente, durante o período em que Jefté, o gileadita, foi juiz, os amonitas fizeram guerra nessas mesmas regiões. Jefté derrotou os amonitas e capturou vinte de suas cidades (Jz 11:33). A antipatia entre Israel e Amom vinha de longa data.[5] Ralph Davis afirma que o prazer de Naás em fazer os israelitas de Jabes-Gileade tremer de medo e sofrer aponta para o ódio do mundo pelo povo de Deus em cada geração. Ele escreve: "Essa arrogância, esse ódio, nunca cessa. Naás pode se tornar relíquia histórica, mas a mente amonita, isto é, mutilar, destruir e estrangular o povo de Deus, está sempre conosco".[6] Jesus alertou-nos sobre essa realidade (Jo 15:19).

Em quarto lugar, *a estratégia dos anciãos* (11:3). Os anciãos, tirando proveito da soberba de Naás, fizeram uma contraproposta, pedindo um prazo de sete dias para enviarem mensageiros por todos os limites de Israel pedindo socorro. Caso o pedido de ajuda não lograsse êxito, então se submeteriam ao suplício. Naás, autoconfiante e desprezando a capacidade de reação dos israelitas, acedeu ao pedido.

A ação do rei (11:4-7)

Cinco fatos são destacados aqui:

Em primeiro lugar, *o choro do povo* (11:4,5). Os mensageiros de Jabes-Gileade chegaram a Gibeá, residência oficial do rei Saul, relatando este caso dramático ao povo. O resultado foi um choro convulsivo de toda a cidade. Nesse ínterim, Saul, que trabalhava com uma junta de bois no campo, chega a Gibeá exatamente na hora do choro coletivo. Ao saber do que se tratava, reage com a postura de um líder que está pronto a desafiar o povo para a guerra. Richard Phillips destaca que por trás desse choro dolorido dos moradores de Gibeá estava um vínculo especial entre Gibeá e Jabes-Gileade. Na guerra contra Benjamim, Jabes-Gileade havia se recusado a participar. Como resultado, todas as mulheres solteiras de Jabes-Gileade haviam sido dadas como esposas aos homens de Gibeá (Jz 21:12-14), de modo que muitas pessoas na cidade de Saul eram filhos e filhas de mulheres de Jabes-Gileade.[7]

Em segundo lugar, *a capacitação do Espírito Santo* (11:6a). Será que Saul mostraria capacidade de liderar o povo na guerra? Seus opositores haviam perguntado: "Como poderá este homem salvar-nos?" (10:27). Este era um momento decisivo para a credibilidade do rei e para a estabilidade de seu reino. O Senhor entra em cena e a primeira coisa que aconteceu foi que o seu Espírito se apossou de Saul. Ele recebeu uma capacitação sobrenatural. O Espírito do Senhor o revestiu de coragem e de força. O Espírito Santo se apossou dele como no passado se apossara dos juízes Sansão, Otoniel, Gideão e Jefté. Warren Wiersbe chega a dizer que em sua graça, Deus deu a Saul uma oportunidade de mostrar seu caráter e de consolidar sua autoridade.[8]

Em terceiro lugar, *a ira do rei* (11:6b). Saul foi tomado de ira santa. Um senso de justiça ardeu em seu coração. Não podia conformar-se com a humilhação de seus súditos. Não podia aceitar passivamente essa vergonha coletiva da cidade de Jabes-Gileade. Sua ira, produzida pelo próprio Espírito de Deus, deu-lhe combustível para prosseguir num plano de convocação das tribos para o combate. Richard Phillips destaca que essa firme determinação de Saul de sair em defesa do povo de Deus se opõe à ideia de pacifismo cristão.[9] Nessa mesma linha de pensamento, John Woodhouse escreve: "Essa ira justa reflete a ira do próprio Deus contra o mal, motivo pelo qual o Senhor deu a espada às autoridades civis (Rm 13:1-4)".[10]

Em quarto lugar, *a convocação do rei* (11:7a). Saul pegou a junta de bois, imolou os animais, cortou-os em pedaços e os enviou a todos os territórios de Israel por intermédio de mensageiros, dizendo: "Assim se fará aos bois de todo aquele que não seguir a Saul e a Samuel". Saul não ameaçou de morte os homens, mas os animais. A hora era de emergência. A convocação era urgente. Não era tempo de discussão, mas de ação. Concordo, porém, com Antônio Neves de Mesquita quando diz que a mensagem de Saul foi acolhida porque o Espírito do Senhor estava no meio do negócio.[11]

Em quinto lugar, *o temor do Senhor sobre o povo* (11:7b). A convocação foi completamente exitosa. O temor do Senhor caiu sobre o povo e todos saíram como um só homem. O mesmo Espírito que se apossou de Saul, também agiu naquelas pessoas. O despertamento do rei e dos súditos era obra de Deus. Não foi um convencimento humano, mas uma ação divina.

A resposta do povo (11:8,9)

Destacamos três pontos importantes:

Em primeiro lugar, *o espírito de unidade do povo* (11:7c). O povo atendeu a convocação de forma imediata e unânime. Todos se prontificaram. Todos se levantaram como um só homem. Havia coesão e concordância. Havia unidade e companheirismo. Um só coração pulsava no peito de todos os soldados. O mesmo sangue corria em suas veias.

Em segundo lugar, *a força militar voluntária* (11:8). A contagem dos homens foi feita em Bezeque e o número foi muito expressivo. Saul tinha um exército de trezentos e trinta mil soldados, sendo trezentos mil dos filhos de Israel e trinta mil dos homens de Judá.

Em terceiro lugar, *a promessa de socorro enviada* (11:9). Os mensageiros que trouxeram as más novas do sítio de Jabes-Gileade levaram da parte de Saul boas-novas de volta aos homens da cidade cercada pelos amonitas. A mensagem era que o socorro estava a caminho e chegaria no dia seguinte, logo pela manhã. A mensagem trouxe alegria para os homens da cidade.

A estratégia da batalha (11:10,11)

Destacamos, aqui, três pontos:

Em primeiro lugar, *alimentaram a autoconfiança do inimigo* (11:10). Os homens de Jabes-Gileade, alimentando a autoconfiança de Naás, disseram ao amonita que se entregariam a ele no dia seguinte, submetendo-se à sua crueldade. Deixaram a entender que o socorro esperado havia malogrado e estavam completamente desprovidos de qualquer capacidade de resistência. Richard Phillips diz que o aparente efeito dessa mensagem foi embalar as forças de Naás numa confiança excessiva e desatenta.[12]

Em segundo lugar, *as três linhas de batalha* (11:1a). Saul, pela primeira vez, torna-se o comandante e chefe do exército de Israel, um estrategista de guerra, e dispõe a grande hoste de trezentos e trinta mil homens em três companhias de batalha, pegando o inimigo de surpresa e impondo-lhe uma derrota avassaladora. Joyce Baldwin destaca que Saul adotou táticas já provadas quando dividiu seu exército em três partes, de modo a cercar o inimigo. Gideão e Abimeleque haviam feito o mesmo (Jz 7:16; 9:36,37). Saul também empregou a surpresa de um ataque ao amanhecer, e até a metade do dia havia dispersado completamente o inimigo.[13] Quando as forças de Saul chegaram, bem-organizadas em três linhas de batalha, "vieram para o meio do arraial e feriram Amom, até que se fez sentir o calor do dia. Os sobreviventes se espalharam, e não ficaram dois deles juntos" (11:11). Os homens de Saul apanharam os inimigos desprevenidos. A mortandade foi tal que ao meio-dia estavam arrasados e os sobreviventes dispersos.

Em terceiro lugar, *a vitória retumbante* (11:11b). Os amonitas foram feridos e espalhados. É digno de nota que o poder do Espírito e a ação humana caminharam de mãos dadas. Foi o Espírito de Deus quem preparou a liderança e estimulou o povo, mas foi o povo que foi à peleja. A glória da vitória não é do homem, mas do Espírito do Senhor. O profeta Zacarias escreve da parte de Deus: "Não por força nem por poder, mas pelo meu Espírito, diz o Senhor dos Exército" (Zc 4:6). Ralph Davis está correto ao afirmar que a salvação não veio porque Israel tinha um rei, mas porque o rei tinha o Espírito do Senhor; não é a instituição do reinado, mas o poder do Espírito que traz libertação.[14]

O reinado renovado (11:12-15)

A vitória de Saul em Jabes-Gileade estabeleceu seu reinado entre as tribos de Israel. Destacamos aqui três fatos:

Em primeiro lugar, *a proposta para matar os opositores do rei* (11:12). Diante da eloquente vitória de Israel sobre os amonitas, sob a liderança de Saul e Samuel, o povo reivindicou a morte dos filhos de Belial, que se opuseram à coroação de Saul (10:27). Não fica claro se o propósito era vingança, ou eliminar focos de resistência ao rei recém-empossado, ou dissidência interna na nação.

Em segundo lugar, *a decisão do rei de celebrar o livramento do Senhor* (11:13). Saul tem uma atitude nobre, moderada e misericordiosa, recusando-se a matar os opositores. Ressalta que o momento devia ser comemorado como o dia que o Senhor salvou a Israel. Saul não reivindicou para si a glória da vitória. Tributou-a ao Senhor. Com isso, Saul referenda que o Senhor era o rei supremo que governava o povo através dele. Concordo com as palavras de Richard Phillips: "Saul lembrou que não havia sido ele, mas o Senhor que havia trazido salvação ao povo, de modo que o povo deveria honrar o Senhor com piedade, em vez de honrar Saul com violência contra os críticos".[15]

Em terceiro lugar, *a decisão de Samuel de confirmar o reinado de Saul* (11:14,15). Samuel aproveita o clima para convocar o povo a Gilgal com o propósito de renovar ali o reinado. A aclamação pública do rei já tinha ocorrido em Mispá, mas, agora, uma nova cerimônia é realizada em Gilgal. Warren Wiersbe diz que na assembleia em Mispá aceitaram o rei que Deus tinha lhes dado, mas em Gilgal confirmaram Saul como seu rei diante do Senhor, numa espécie de coroação.[16] Em Gilgal o povo proclama Saul seu rei, perante o Senhor, a cuja presença trouxeram ofertas pacíficas. Purkiser diz, corretamente, que a menção aos sacrifícios indica a natureza essencialmente religiosa desse encontro em Gilgal.[17] Joyce Baldwin diz que a teocracia não havia, afinal, sido rejeitada, e a festa que se seguiu ao sacrifício de ofertas pacíficas foi marcada por grande alegria.[18] Compreensivelmente aquele foi um dia de vitória para o povo e de muita alegria para Saul com todos os homens de Israel.

A confirmação do reinado de Saul em Gilgal era estratégica. Esta foi a cidade para onde Josué havia levado Israel depois de atravessar o rio Jordão, levantando ali um memorial com pedras para lembrar a fidelidade de Deus e renovando a aliança da nação com o Senhor (Js 4:20-24). O propósito de Samuel era ligar essa nova vitória à antiga fidelidade de Deus, lembrando ao povo que a vitória e a bênção só vêm pela fé no Senhor (12:14).[19]

Notas

1. MELLISH, Kevin G. *Novo comentário bíblico Beacon – 1 e 2Samuel.* 2015, p. 116.
2. MESQUITA, Antônio Neves. *Estudo nos livros de 1 e 2Samuel.* 1979, p. 56.
3. PHILLIPS, Richard D. *1Samuel.* 2016, p. 170.
4. WIERSBE, Warren W. *Comentário bíblico expositivo.* Vol. 2. 2006, p. 225.
5. PHILLIPS, Richard D. *1Samuel.* 2016, p. 170.
6. DAVIS, Dale Ralph. *1Samuel: Looking on the Heart.* Fearn, Ross-shire, UK: Christian Focus. 2000, p. 93.
7. PHILLIPS, Richard D. *1Samuel.* 2016, p. 171.
8. WIERSBE, Warren W. *Comentário bíblico expositivo.* Vol. 2. 2006, p. 225.
9. PHILLIPS, Richard D. *1Samuel.* 2016, p. 172.
10. WOODHOUSE, John. *1Samuel: Looking for a leader.* Wheaton, IL: Crossway. 2008, p. 197,198.
11. MESQUITA, Antônio Neves. *Estudo nos livros de 1 e 2Samuel.* 1979, p. 57.
12. PHILLIPS, Richard D. *1Samuel.* 2016, p. 173.
13. BALDWIN, Joyce G. *I e II Samuel: introdução e comentário.* 2006, p. 110.
14. DAVIS, Dale Ralph. *1Samuel: looking on the Heart.* 2000, p. 95.
15. PHILLIPS, Richard D. *1Samuel.* 2016, p. 175.
16. WIERSBE, Warren W. *Comentário bíblico expositivo.* Vol. 2. 2006, p. 226.
17. PURKISER, W. T. *Os livros de 1 e 2Samuel.* In Comentário bíblico Beacon. Vol. 2. 2015, p. 200.
18. BALDWIN, Joyce G. *I e II Samuel: introdução e comentário.* 2006, p. 110.
19. PHILLIPS, Richard D. *1Samuel.* 2016, p. 175.

Capítulo 12

A mensagem de despedida

(1Samuel 12:1-25)

SAMUEL ESTÁ FAZENDO A transição de sua administração pública, passando o bastão para as mãos de Saul. O texto em apreço traz a mensagem de despedida, por ocasião da transferência de poder. Ao mesmo tempo que presta contas de sua administração, faz uma retrospectiva da história, mostrando como foi insensato o pedido de um rei em substituição ao Rei supremo. A despeito de sua firme discordância da mudança de regime da teocracia para a monarquia, Samuel orienta o povo a temer a Deus e a andar dentro dos preceitos da aliança. A mensagem de despedida de Samuel termina com um solene alerta, tanto ao povo quanto ao rei — se eles perseverassem em fazer o que era mal, pereceriam.

Richard Phillips chama a atenção para o fato de que grandes líderes do povo de Deus encerraram a carreira com um discurso de despedida: Moisés (o livro de Deuteronômio); Josué (Js 24:15); Paulo (At 20:17-38); Jesus (Mt 26:26-28; Jo 13—16).[1]

Warren Wiersbe sintetiza este sermão de despedida de Samuel assim: 1) ele defendeu o próprio ministério (12:1-5); 2) recapitulou as misericórdias de Deus para com Israel (12:6-11); 3) admoestou o povo a temer ao Senhor e a obedecer à aliança (12:12-25).[2]

Uma prestação de contas (12:1-5)

Samuel foi profeta, sacerdote e juiz de Israel durante toda sua vida. Antes de sair de cena, como líder teocrático, fez uma prestação de contas à nação. Vejamos:

Em primeiro lugar, *um pedido atendido* (12:1). A contragosto, mas em obediência ao Senhor, Samuel atendeu integralmente o pedido do povo, de constituir um rei sobre eles. Por revelação divina, sabe que o povo estava rejeitando ao Senhor nessa escolha.

Em segundo lugar, *uma integridade irretocável* (12:2). Samuel abre o livro de sua vida diante da nação, desde sua mocidade até àquele momento, quando já está coberto de cabelos brancos. Não há nenhuma mancha em sua administração. Nenhum escândalo em seu governo. Sua vida é apresentada como avalista de suas palavras. Seu tríplice ministério de profeta, sacerdote e juiz foi exercido com plena lisura. Ele foi um homem de vida ilibada, caráter impoluto e testemunho irrepreensível. Nas palavras de Antônio Neves de Mesquita, "Samuel era um homem raro para uma situação rara".[3]

Em terceiro lugar, *um interrogatório corajoso* (12:3). Joyce Baldwin diz que Samuel está buscando o reconhecimento não só de sua própria integridade, mas também do estilo de governo que representou.⁴ Ele desafia o povo e o rei recém-empossado a trazerem à baila qualquer desmando em sua administração. Com uma série de perguntas ao povo, na presença do Senhor e de Saul, seu ungido, abre os cofres de sua administração, revelando sua integridade no trato da coisa pública: "De quem tomei o boi? De quem tomei o jumento? A quem defraudei? A quem oprimi? E das mãos de quem aceitei suborno para encobrir com ele os meus olhos? E vo-lo restituirei". Samuel não tinha nada a esconder. Em seu longo governo como juiz de Israel jamais transigiu com sua consciência, jamais se apropriou indevidamente de bens alheios, jamais recebeu suborno para favorecer os poderosos.

Em quarto lugar, *um testemunho unânime* (12:4,5). O testemunho unânime da nação diante do Senhor e do rei Saul é que a prestação de contas de Samuel estava absolutamente certa. Ele, de fato, era um líder honesto, probo e confiável. Não havia nada debaixo do tapete. Nenhuma sujeira a esconder. Passou pela vida pública e religiosa sem deixar qualquer mancha de corrupção. Nas palavras de Purkiser, "o povo concordou que tanto Deus como Saul eram testemunhas da integridade do velho profeta".⁵ Kevin Mellish diz que essa resposta do povo não só vindicava Samuel como o líder segundo Deus, mas também os tornou completamente responsáveis por rejeitarem Samuel. Em essência, demonstra que eles não tinham desculpas para pedirem um rei e teriam apenas a si mesmos como culpados quando sofressem sob sua liderança.⁶ Nas palavras de John Woodhouse, "a defesa de Samuel significava a acusação do povo".⁷

Uma revisão da história (12:6-11)

Antes de entregar o poder administrativo a Saul, Samuel olha pelas lentes do retrovisor e faz uma revisão da história, num discurso deuteronomista, destacando o constante cuidado do Senhor com seu povo. Concordo com Warren Wiersbe quando diz que o discurso de Samuel foi mais do que uma aula de história; também foi um julgamento.[8] Vejamos:

Em primeiro lugar, *o livramento divino no êxodo* (12:6-8). Samuel relembra ao povo que Jacó desceu ao Egito e sua família tornou-se uma nação e esta nação foi oprimida por Faraó. O povo clamou ao Senhor e o Senhor ouviu o seu clamor e viu a aflição em que estava. Então, desceu para livrá-lo, enviando Moisés e Arão para tirá-lo da amarga escravidão e conduzi-lo à Terra Prometida, onde habitava.

Em segundo lugar, *o livramento no período dos juízes* (12:9-11). Logo depois da conquista de Canaã, Israel viveu, no período dos juízes, um longo período de mais de três séculos de instabilidade espiritual. O livro de Juízes registra sete ciclos de desobediência, disciplina e livramento (Jz 2:10-23). Israel esqueceu-se do Senhor, seu Deus; então, Ele os entregou nas mãos de Sísera, nas mãos dos filisteus e nas mãos do rei de Moabe, que pelejaram contra os hebreus. O povo arrependeu-se, confessou seu pecado de ter virado as costas para o Senhor para servir aos baalins e aos astarotes e clamou a Ele. O Senhor ouviu o clamor do povo e enviou juízes libertadores como Gideão, Baraque, Jefté e Samuel e os livrou das mãos de seus inimigos e opressores, a ponto de habitarem em segurança.

Uma motivação errada (12:12,13)

Apesar dos reiterados livramentos, o povo de Israel ao ver Naás, rei amonita, vindo contra eles, esqueceram-se do Senhor e pediram a Samuel um rei como todas as outras nações. Vejamos:

Em primeiro lugar, *o medo dos inimigos* (12:12). A motivação de Israel em pedir um rei estava errada. Foi um ato de rebelião e incredulidade. Mesmo sendo testemunhas dos poderosos livramentos de Deus, ainda estavam com medo. Substituíram o Senhor Todo-poderoso pelo braço da carne. Depositaram sua confiança num homem, em vez de confiarem somente no Senhor.

Em segundo lugar, *o pedido atendido* (12:13). Não há nada mais perigoso para um indivíduo ou para um povo do que Deus entregá-lo a si mesmo e atender seu pedido quando esse pedido está na contramão de sua vontade. O Senhor deu a eles um rei na sua ira. O que eles pensavam que seria a sua segurança tornou-se seu maior problema, a causa de sua ruína. Os dois reinos de Israel, o reino do norte e o reino do sul, caíram nas mãos da Assíria e da Babilônia respectivamente, por causa da rebeldia de seus líderes.

Uma exigência inegociável (12:14,15)

Samuel, expressando a incomensurável misericórdia divina, declara ao povo que haverá bênçãos para o novo regime de governo caso se disponha a andar com Deus, e haverá maldição se o povo virar as costas para Deus. Purkiser expressa essa verdade assim: "Samuel relembrou os israelitas que, embora eles agora tivessem um rei, o reinado ainda estava sob a lei de Deus e a sua perpetuação dependia da lealdade a Ele".[9] Vejamos:

Em primeiro lugar, *há bênçãos na obediência* (12:14). O Senhor está pronto a abençoar a nação se esta temê-lo, servi-lo, obedecê-lo e segui-lo e não for rebelde aos seus preceitos. Então o rei e o povo serão bem-sucedidos.

Em segundo lugar, *há juízo na desobediência* (12:15). Samuel anuncia que, em havendo desobediência e rebeldia às ordens do Senhor, sua própria mão será contra o povo, como o foi no passado. Richard Phillips diz, corretamente: "A mão de Deus estará sobre nós para bênção ou contra nós para disciplina".[10]

Uma palavra com demonstração de poder (12:16-19)

Samuel, como que numa cartada final, quer demonstrar à nação seu desgosto com a insensatez de ela ter trocado o Senhor por um rei humano, e chama a atenção para uma demonstração de poder que Ele fará na presença de todos, em resposta ao seu clamor. Destacamos quatro pontos aqui.

Em primeiro lugar, *a maldade do povo provada pela demonstração de poder* (12:16-18a). Sendo o tempo da colheita do trigo, longo período de estiagem, o Senhor daria trovões e chuva naquele dia. Samuel demonstraria, assim, por meio desse milagre, a grande maldade do povo, praticada contra o Senhor, pedindo um rei.

Em segundo lugar, *o temor ao Senhor e ao seu profeta* (12:18b). Samuel invocou ao Senhor e Ele deu trovões e chuva naquele dia. Quando os trovões ribombaram, os relâmpagos riscaram os céus e a chuva torrencial caiu, todo o povo temeu grandemente ao Senhor e a Samuel.

Em terceiro lugar, *o clamor do povo* (12:19a). Todo o povo clamou a Samuel para rogar ao Senhor por eles. Estavam aterrados e com medo de morrer com tal demonstração do poder de Deus.

Em quarto lugar, *a confissão de pecado do povo* (12:19b). A nação confessa seus pecados, destacando o de terem pedido para eles um rei. Apesar disso, Joyce Baldwin diz que Saul era rei pela unção de Deus, pela direção divina do sorteio sagrado e por exigência do povo. Ele havia atraído a atenção das pessoas, que desejavam um herói [...]. Saul poderia ter lucrado muito com a presença de Samuel ao seu lado, pronto para orientar, instruir, repreender e interceder; mas, infelizmente, Saul fez exatamente o contrário.[11]

Uma orientação segura (12:20-22)

Após demonstrar o desgosto do Senhor com a decisão do povo, Samuel consola-o, com sábias orientações. Vejamos:

Em primeiro lugar, *não tenham medo* (12:20). O povo ficou assombrado com a teofania na tempestade. Então, o profeta disse a todos: "Não temais; tendes cometido todo este mal; no entanto, não vos desvieis de seguir o Senhor, mas servi ao Senhor de todo o vosso coração".

Em segundo lugar, *não se desviem* (12:21). Samuel repete a mesma exortação aqui, dizendo ao povo: "Não vos desvieis; pois seguiríeis coisas vãs, que nada aproveitam e tampouco vos podem livrar, porque vaidade são".

Em terceiro lugar, *confiem no Deus da aliança* (12:22). Samuel destaca que o amparo divino não tem a ver com os predicados espirituais do povo, mas com a fidelidade de Deus a si mesmo e à sua aliança. A eleição divina é incondicional. Deus escolheu Israel não porque fosse a maior ou a melhor nação. A causa do amor de Deus pelo seu povo não está no povo, mas em si mesmo.

Uma intercessão seguida de ensino (12:23)

No versículo 19, o povo rogou a Samuel para orar por eles, a fim de não serem mortos. Aqui, Samuel assegura que deixar de orar pelo povo seria um pecado contra o próprio Deus. Destacamos, portanto, dois pontos.

Em primeiro lugar, *a ausência de oração intercessória é um pecado contra o Senhor* (12:23a). Samuel era um sacerdote, e, como tal, se colocava na brecha em favor do povo. Apresentava as causas do povo a Deus. Ele era um mediador, tipo de Cristo, o único Mediador entre Deus e os homens. Samuel compreende, portanto, que deixar de orar pelo povo não era um pecado apenas contra este, mas sobretudo um pecado contra Deus.

Em segundo lugar, *oração e palavra* (12:23b). Samuel corretamente conecta oração e palavra. Como sacerdote, ele ora pelo povo; como profeta, ele ensina ao povo o caminho reto e direito. Oração e palavra sempre caminharam juntas na história do povo de Deus (At 6:4).

Um alerta solene (12:24,25)

Samuel conclui sua mensagem de despedida com dois alertas solenes:

Em primeiro lugar, *perseverar em fazer o bem é o caminho da segurança* (12:24). A obediência é a estrada da bem-aventurança. Temer a Deus implica em servi-lo de todo o coração. O resultado dessa devoção é o reconhecimento e a gratidão ao Senhor pelos seus grandiosos feitos.

Em segundo lugar, *perseverar em fazer o mal é o caminho do desastre* (12:25). O sermão de despedida de Samuel termina com um tom extremamente grave. Se o povo perseverasse em fazer o que era mal, então tanto os súditos como o rei pereceriam inexoravelmente. Purkiser diz que a palavra hebraica traduzida como "perecer" significa literalmente "ser lançado fora ou ser varrido em ruínas".[12] Joyce Baldwin diz que as sinistras palavras finais do sermão de Samuel não eram animadoras, pois mencionavam a possibilidade de tanto o rei como o povo desaparecerem.[13]

Mui provavelmente Samuel está se referindo à advertência dada por Moisés: "O Senhor te levará e o teu rei que tiveres constituído sobre ti a uma gente que não conheceste, nem tu, nem teus pais" (Dt 28:36). Os dois reinos, do norte e do sul, infelizmente, não obedeceram e foram para o exílio assírio e babilônico, respectivamente.

Encerro este capítulo trazendo à baila a oportuna aplicação sugerida por Richard Phillips, quando diz que a melhor maneira de honrar Samuel, esse profeta, sacerdote e juiz, é olhar para além dele e ver as razões pelas quais Jesus Cristo é melhor Salvador, Rei e Mediador: 1) enquanto o povo pedia a Samuel para mediar favoravelmente entre eles e Deus, temos o privilégio de nos achegar ao trono divinos pela mediação de Jesus; 2) Jesus é um Mediador melhor que Samuel porque ele nunca fica velho ou frágil; 3) embora Samuel tivesse demonstrado um poder de retórica e de pregação proféticas com milagres notáveis, muito diferente é o Senhor Jesus, que prega com o poder e a persuasão do Espírito Santo. Somente Jesus pode dizer: "As palavras que eu vos tenho dito são espírito e vida" (Jo 6:63).[14]

Notas

1. Idem, 179,180.
2. WIERSBE, Warren W. *Comentário bíblico expositivo.* Vol. 2. 2006, p. 227.
3. MESQUITA, Antônio Neves. *Estudo nos livros de 1 e 2Samuel.* 1979, p. 59.
4. BALDWIN, Joyce G. *I e II Samuel: introdução e comentário.* 2006, p. 111.
5. PURKISER, W. T. *Os livros de 1 e 2Samuel. In* Comentário bíblico Beacon. Vol. 2. 2015, p. 200.
6. MELLISH, Kevin G. *Novo comentário bíblico Beacon.* 2015, p. 119.
7. WOODHOUSE, John. *1Samuel: looking for a leader.* 2008, p. 215.
8. WIERSBE, Warren W. *Comentário bíblico expositivo.* Vol. 2. 2006, p. 228.
9. PURKISER, W. T. *Os livros de 1 e 2Samuel. In* Comentário bíblico Beacon. Vol. 2. 2015, p. 200.
10. PHILLIPS, Richard D. *1Samuel.* 2016, p. 186.
11. BALDWIN, Joyce G. *I e II Samuel: introdução e comentário.* 2006, p. 114,115.
12. PURKISER, W. T. *Os livros de 1 e 2Samuel. In* Comentário bíblico Beacon. Vol. 2. 2015, p. 201.
13. BALDWIN, Joyce G. *I e II Samuel: introdução e comentário.* 2006, p. 114.
14. PHILLIPS, Richard D. *1Samuel.* 2016, p. 189.

Capítulo 13

Provado e reprovado

(1Samuel 13:1-23)

Os CAPÍTULOS 13 A 15 de 1Samuel descrevem o declínio do governo de Saul. O rei não correspondeu às oportunidades de Deus, nem às expectativas do povo. Ele foi provado e reprovado. Warren Wiersbe diz que vemos Saul tomando decisões tolas e imprudentes e tentando encobrir sua desobediência com mentiras. Foi o começo de um declínio trágico, que terminou na casa de uma feiticeira e com o suicídio do rei no campo de batalha.[1]

A tradução de 1Samuel 13:1 tem sido motivo de muito debate e não há consenso entre os estudiosos acerca de seu real significado. A versão ARA traduziu assim: "Um ano reinara Saul em Israel. No segundo ano de seu reinado sobre o povo [...]". Obviamente, temos um período bem mais longo entre os acontecimentos do capítulo 12 e o relato do capítulo 13. Sabemos, à luz de Atos 13:21, que Saul governou em Israel por quarenta anos. Quando o rei foi empossado, temos a clara impressão de que era um jovem belo, alto, solteiro. Mas, no capítulo 13, Saul já tem Jônatas, um filho guerreiro.

Os fracassos do rei (13:2-14)

O exército que Saul mobilizou para derrotar os amonitas foi de trezentos e trinta mil homens (11:8). Agora, Saul forma um exército regular constituído de tropas selecionadas, em cuja competência profissional ele espera poder confiar.[2] Saul escolheu para si apenas três mil homens de Israel, ficando um destacamento de dois mil em Micmás, e mil sob o comando de Jônatas, seu filho, em Gibeá. O restante do povo foi despedido cada qual para sua casa. Saul subestimou o poder militar dos filisteus. Como diz Antônio Neves de Mesquita, nenhum outro povo deu tanto trabalho aos israelitas como eles. Desde os dias de Josué esta gente afligiu o povo de Israel, com suas guerras e devastações.[3]

Destacaremos alguns pontos:

Em primeiro lugar, *fracasso no teste da humildade* (13:2-4). Jônatas, com apenas mil homens, derrotou a guarnição dos filisteus que estava em Gibeá. Esse ataque ao posto avançado dos filisteus foi uma declaração de guerra. A notícia os colocou em alerta. Nas palavras de Richard Phillips, "os filisteus responderam ao ataque com força imediata, selvagem e esmagadora".[4] Saul, então, fez tocar a trombeta por todo o território de Israel, informando sua vitória sobre os inimigos em Gibeá, porém alertou para o fato de que Israel se fizera odioso aos filisteus e convocou o povo para junto dele em Gilgal. O rei não atribuiu a vitória a seu filho Jônatas, antes trouxe para si a glória. Ele não é o protagonista do combate, mas acende os holofotes sobre si e recebe o crédito pela incursão militar de Jônatas. Concordo com Warren Wiersbe: "Como teria sido bom se Saul houvesse dado o devido crédito a seu filho corajoso!".[5] Assim, Saul fracassou no teste da humildade.

Em segundo lugar, *fracasso no teste da fé* (13:5-8). Saul foi reprovado no teste da humildade; agora não passa também no teste da fé. Vejamos:

Primeiro, o teste da fé chega quando o perigo aumenta (13:5,6). Saul enfrentará um poderoso exército, forças imensamente superiores às de Israel, tanto em equipamento como em quantidade de homens. Os filisteus estão cercando os soldados de Saul. Os filisteus, com superioridade militar e mais organizados que Saul, reuniram-se para pelejar contra Israel. Formaram o formidável exército composto de trinta mil carros, seis mil cavaleiros e povo em multidão, que numa linguagem hiperbólica era como a areia do mar. Essa colossal multidão acampou-se exatamente em Micmás, onde Saul estivera com seus dois mil homens. Ao verem os homens de Israel que estavam em apuros, apertados pelos filisteus, esconderam-se em cavernas, buracos, penhascos, túmulos e cisternas.

Segundo, o teste da fé chega quando o medo se instala (13:7). Este sentimento congela o sangue nas veias e faz os joelhos ficarem trôpegos. Aonde o medo chega, a fé vacila. Vendo o perigo e ameaçados por uma derrota iminente, muitos soldados fugiram, deixando Saul, e passaram o

Jordão para a terra de Gade e de Gileade e os demais que ficaram com Saul foram assaltados por um grande temor.

Terceiro, o teste da fé chega quando o apoio humano falha (13:8). Samuel havia orientado Saul para esperar por ele sete dias, a fim de oferecer holocausto, apresentar ofertas pacíficas e declarar o que ele haveria de fazer (10:8). Saul esperou os sete dias, o prazo determinado por Samuel, porém, o profeta não chegava e o povo, assaltado de medo, bateu em retirada e foi se dispersando e se espalhando dali. A coragem de seus homens começou a derreter. Saul estava em apuros.

Em terceiro lugar, *fracassar no teste da fé resulta em tragédias* (13:9-14). Saul fracassou no teste da fé, pois, diante da prova, transigiu com a obediência. Os filisteus estavam em franca vantagem numérica e, além disso, fortemente armados. As tropas de Saul estavam acuadas pelo medo. Muitos já estavam desertando de suas fileiras. Saul está bastante ansioso enquanto espera, com impaciência, que Samuel venha oferecer os sacrifícios que antecediam a batalha e demonstravam a dependência que Israel tinha do Senhor. Era um teste. Richard Phillips diz, corretamente, que Deus testa seu povo com provações severas, dando graça àqueles que confiam no seu poder. Moisés aprendeu a confiar no Senhor diante do mar Vermelho — que Deus abriu para salvar seu povo e destruir o exército egípcio. Do mesmo modo, Saul precisava confiar no Senhor em tempos difíceis se quisesse ver a salvação de Deus.[6]

Samuel não apareceu, e Saul resolveu o assunto de seu jeito, oferecendo o holocausto. Concordo com Joyce Baldwin, quando disse: "Ou Saul era insensível quanto às questões espirituais ou então insolente, pois, com sua desobediência estava desafiando a autoridade espiritual de Samuel e, portanto, a autoridade do Senhor, de quem Samuel era profeta".⁷ Concordo com Richard Phillips, quando diz que Deus está interessado nos motivos do coração. O que Saul não conseguiu entender foi que caráter é o problema, e, a esse respeito, ele foi pesado na balança e achado em falta.⁸

Seu fracasso trouxe sérias consequências para ele e para seu reino. Vejamos:

Primeiro, desobediência ao Senhor (13:9,10). Em face da demora de Samuel, Saul, pressionado pelas circunstâncias, ordenou que lhe trouxessem o holocausto e as ofertas pacíficas, e ele, mesmo não sendo sacerdote, ofereceu o holocausto. Mais tarde, o profeta lembrou ao rei que o Senhor deseja obediência, não sacrifício (15:22). A impaciência de Saul lhe custou caro. Samuel chegou logo depois que o monarca terminou de oferecer o holocausto. Dissimuladamente, Saul sai ao seu encontro para o saudar, como se nada tivesse acontecido. Saul violou a lei, transgrediu o mandamento, desobedeceu a orientação do profeta e foi reprovado no teste.

Segundo, desculpas dissimuladas (13:11,12). Samuel o confronta como no início Deus havia confrontado Adão no jardim do Éden e como Eliseu fizera com Geazi. Em vez de demonstrar arrependimento, Saul reage defensivamente e dá desculpas. Em vez de assumir a culpa, coloca-a no povo, em Samuel e na ameaça iminente dos filisteus. Em vez de ser governado pela palavra e viver pela fé, rendeu-se à pressão das circunstâncias. Saul declara: "... forçado pelas circunstâncias, ofereci holocaustos". Nas palavras de Purkiser, "ele ofereceu o sacrifício com relutância, mas ofereceu. Isso significa que uma desobediência direta nunca pode ser justificada com base na necessidade".⁹

Warren Wiersbe divide as desculpas de Saul em três: 1) sua primeira atitude dissimulada em Gilgal ocorreu quando saudou Samuel cordialmente, esperando que o sacerdote lhe desse uma bênção. Saul estava sendo hipócrita e agindo como se não tivesse feito nada de errado (1Jo 1:6); 2) sua segunda mentira foi culpar Samuel e os soldados, em vez de assumir a responsabilidade. Era culpa de Samuel por sua demora e culpa do exército por desertar de seu rei; 3) Saul mentiu pela terceira vez ao dizer que precisou obrigar-se a fazer o sacrifício.¹⁰ O pecado de minimizar os próprios erros e de enfatizar os erros dos outros foi uma prática recorrente ao longo de sua vida. É correto afirmar que uma pessoa que se torna especialista em dar desculpas não é boa em nada mais.

Terceiro, perda das bênçãos de Deus (13:13,14). Foi uma insensatez da parte de Saul pensar que poderia desobedecer a Deus e escapar ileso.¹¹ A palavra usada aqui, "nesciamente", é a mesma usada no Salmo 14:1. Trata-se do "tolo" ou "insensato ateu". Assim, o problema de Saul foi ter agido como se Deus não existisse ou ainda como se Ele não fosse agir.¹² Samuel reprova Saul, acusando-o de proceder insensatamente ao não guardar o mandamento do Senhor. Se o tivesse obedecido, seu reino seria confirmado e sua descendência permaneceria no poder, dando origem a uma dinastia, e Jônatas, seu filho, seria o seu sucessor. Samuel comunica a Saul que, em virtude de sua desobediência, seu reino não subsistirá e, num "presente profético", anuncia que Deus buscou um homem que lhe agrade, a quem ordenou que seja príncipe sobre o seu povo. Kevin Mellish diz que Davi é indiretamente introduzido no texto antes que apareça oficialmente na narrativa.¹³ Purkiser diz que o "presente profético" ocorre quando os eventos futuros são mencionados como já em pleno acontecimento, por causa da sua certeza.¹⁴

Joyce Baldwin lança luz sobre o assunto, ao escrever:

> O que Samuel está lutando para deixar claro de uma vez por todas é a diferença essencial entre a monarquia de Israel e das nações. Em Israel, o Senhor é rei, e a obediência a Ele deve ser suprema. Consequentemente, qualquer sinal de desejo de independência para agir torna-se uma desqualificação: equivale à rebelião contra o Senhor.¹⁵

A insegurança do exército de Israel (13:15-23)

Samuel deixa o rei e sobe para Gilgal. Essa é uma cena de desespero. Esse rompimento anuncia a derrocada do reino de Saul. Os efeitos desse rompimento serão desastrosos para o exército de Israel. Vejamos:

Em primeiro lugar, *um exército minguado* (13:15,16). O exército de Saul está caminhando para um desmanche. Está se desfazendo. No começo, eram trinta e três mil. Depois, três mil. Agora, apenas seiscentos homens. Saul e Jônatas, com o povo que estava com eles, ficaram em Gibeá de Benjamim, enquanto os filisteus acamparam em Micmás, onde outrora Saul estava com seus dois mil soldados.

Em segundo lugar, *um exército ameaçado* (13:17,18,23). Os filisteus, à semelhança do que Saul fizera por ocasião da vitória sobre os amonitas, divide seu exército em três tropas, entrincheirando completamente Saul e seus amedrontados soldados. Bandos de filisteus saíam para atacar em três direções: para o norte, na direção de Ofra; para o leste, na direção de Bete-Horom e seu território; e para o sul, na direção de Zeboim, perto do mar Morto.[16]

Em terceiro lugar, *um exército destituído* (13:19-22). O povo de Israel já estava sob o domínio opressor dos filisteus. Estes detinham a tecnologia do ferro. Não havia em Israel nenhum ferreiro. O propósito era militar. Com isso os israelitas não conseguiam fazer espadas nem lanças, e assim estavam em desvantagem numa batalha. O exército de Israel não tinha armas, não estava equipado. Os filisteus tinham posto um embargo tremendo ao uso de ferro pelos israelitas, de maneira que até para afiar uma aguilhada ou amolar suas ferramentas de trabalho tinham de ir até eles, pagando por isso. Assim, os israelitas sem armas para a batalha eram ainda dependentes dos filisteus no cultivo de seus campos e no exercício da agricultura.

Concluo este capítulo lembrando as palavras de Richard Phillips, quando diz que mesmo Saul tendo falhado com o Senhor, ele ainda era o rei de Israel e a nação ainda era o povo de Deus. Mais tarde, o anjo do Senhor disse a respeito de Israel: "Aquele que tocar em vós toca na menina do seu olho" (Zc 2:8).[17]

NOTAS

[1] WIERSBE, Warren W. *Comentário bíblico expositivo*. Vol. 2. 2006, p. 229.
[2] BALDWIN, Joyce G. *I e II Samuel: introdução e comentário*. 2006, p. 115.
[3] MESQUITA, Antônio Neves. *Estudo nos livros de 1 e 2Samuel*. 1979, p. 61.

4 PHILLIPS, Richard D. *1Samuel*. 2016, p. 194.
5 WIERSBE, Warren W. *Comentário bíblico expositivo*. Vol. 2. 2006, p. 230.
6 PHILLIPS, Richard D. *1 Samuel*. 2016, p. 194,195.
7 BALDWIN, Joyce G. *I e II Samuel: introdução e comentário*. 2006, p. 117,118.
8 PHILLIPS, Richard D. *1Samuel*. 2016, p. 195.
9 PURKISER, W. T. *Os livros de 1 e 2Samuel*. *In* Comentário bíblico Beacon. Vol. 2. 2015, p. 202.
10 WIERSBE, Warren W. *Comentário bíblico expositivo*. Vol. 2. 2006, p. 231.
11 WIERSBE, Warren W. *Comentário bíblico expositivo*. Vol. 2. 2006, p. 231.
12 CHESTER, Tim. *1 Samuel para você*. 2019, p. 95.
13 MELLISH, Kevin G. *Novo comentário bíblico Beacon – 1 e 2 Samuel*. 2015, p. 126.
14 PURKISER, W. T. *Os livros de 1 e 2 Samuel*. Em Comentário Bíblico Beacon. Vol. 2. 2015, p. 202.
15 BALDWIN, Joyce G. *I e II Samuel: introdução e comentário*. 2006, p. 118.
16 BALDWIN, Joyce G. *I e II Samuel: introdução e comentário*. 2006, p. 119.
17 PHILLIPS, Richard D. *1Samuel*. 2016, p. 199.

Capítulo 14

O triunfo da fé

(1Samuel 14:1-23)

Este capítulo enaltece um dos mais belos personagens de toda a Escritura: Jônatas, filho mais velho de Saul. Não há registro de pontos negativos em sua biografia. Está sempre demonstrando fé sincera, amizade fiel e dedicação ao Senhor.

Jônatas já havia vencido a primeira batalha principal contra os filisteus, e seu pai assumiu todo o crédito por esta vitória (13:1-7). Agora, no texto em tela, enquanto o rei Saul mergulha em sombras cada vez mais espessas, Jônatas, seu filho, se destaca como verdadeiro líder. Nas palavras de Warren Wiersbe, "Jônatas era um guerreiro valente (2Sm 1:22), um líder nato e um homem de fé, que procurou fazer a vontade de Deus".[1]

É espantoso como um homem claudicante como Saul tenha um filho tão valente. Veremos, na passagem em apreço, a fé triunfante desse jovem guerreiro. Valho-me, aqui, de algumas sugestões homiléticas do renomado comentarista bíblico Richard Phillips.

A fé contrastada (14:1-3)

Tim Chester diz que um tema fundamental neste capítulo é o contraste entre medo e fé.[2] A fé vívida demonstrada por Jônatas está em vívido contraste com a fraqueza espiritual e a incapacidade administrava de seu pai. Esta já é a segunda vez que Jônatas lidera uma incursão sobre os filisteus, enquanto Saul é apenas um mero figurante no cenário da batalha. Kevin Mellish diz que o narrador é cuidadoso em distinguir entre a falta de ação de Saul contra os filisteus e a disposição de Jônatas em batalhar contra eles.[3] Enquanto Jônatas estava pronto para lutar, Saul permanecia sentado debaixo de uma árvore. É digno de nota que Jônatas nada diz a seu pai acerca de seu plano para derrotar o inimigo. Em sua incredulidade, Saul possivelmente vetaria o plano (14:1).

Warren Wiersbe destaca que em sua descrença o rei estava hesitando, enquanto seu filho estava agindo pela fé [...]. Um dia ele avança impetuosamente como um cavalo; no dia seguinte, empaca feito uma mula (Sl 32:9).[4] Saul está debaixo de uma árvore e Jônatas está elaborando um plano para enfrentar os inimigos invasores. Enquanto o pai está sentado, o filho age. Saul confia em seus soldados; Jônatas, em Deus (14:2). Nas palavras de Richard Phillips, "enquanto a impiedosa inatividade de Esaú não inspira auxílio do Senhor, a iniciativa de fé de Jônatas recebe poderosa ajuda de Deus".[5] Robert Bergen resume bem essa situação: "Enquanto Saul, o comandante, publicamente desonra o Senhor por meio de sua desobediência inspiradora de medo, Jônatas, o guerreiro, honrava o Senhor por meio de sua fé destemida".[6]

Saul está isolado nas cercanias da sua capital com apenas seiscentos soldados. Depois do abandono de Samuel, passa a ser assessorado espiritualmente por Aías, capelão real, bisneto do sacerdote Eli, e neto de Fineias, integrante da família rejeitada por Deus (14:3). Richard Phillips diz, com razão, que esses detalhes não estão inseridos no texto por acaso. Em vez disso, mostram a situação do rei. Tendo substituído o conselho dinâmico de Samuel pelo degradante conselho da casa de Eli, Saul perdeu o rumo e é capaz de fazer pouco mais do que agarrar-se a fragmentos da sua credibilidade perdida.[7]

A fé ousada (14:4-7)

Jônatas se aproveita dos íngremes penhascos Bozes e Sené, separados pelo vale. Ousa escalar esses rochedos para atacar os adversários. Do lado norte erguia-se o penhasco Bozes, que significa "brilhante", porque sobre ele o sol batia com toda sua força; e do lado sul, o rochedo Sené, que significa "espinheiro". Richard Phillips, por sua vez, traduz Bozes como "escorregadia" e Sené como "espinhosa", enfatizando sua inacessibilidade.[8] Onde as pessoas enxergavam impossibilidades, Jônatas via oportunidades. Ele procura passar entre os desfiladeiros. Ao escalar as rochas, tinha meditado nas promessas de vitória dadas por Deus na aliança: "Perseguireis os vossos inimigos, e cairão à espada diante de vós. Cinco de vós perseguirão a cem, e cem dentre vós perseguirão a dez mil; e os vossos inimigos cairão à espada diante de vós" (Lv 26:7,8; Dt 28:7). Concordo com Warren Wiersbe, quando diz: "Agir sem promessas é presunção e não fé, mas quando se tem as promessas de Deus, pode-se avançar com plena confiança".[9]

Jônatas tem iniciativa. Ousa crer que o Senhor não depende da força das armas nem da quantidade de soldados para dar a vitória. Nas palavras de Richard Phillips, "sua fé não se apoiava em circunstâncias favoráveis, mas espera em Deus e no seu poder".[10] Ele bem conhecida a história de Gideão, que com trezentos homens havia derrotado o imenso exército midianita (14:6). O veterano apóstolo Paulo escreveu: "Se Deus é por nós, quem será contra nós?" (Rm 8:31).

Purkiser é enfático, quando escreve: "Deus pode agir para e com o seu povo sem levar em conta o seu número, quer sejam muitas pessoas, quer poucas. A fé atreve-se a coisas impossíveis quando tem em vista o invisível (Hb 11:27)".[11] Moisés não viu o mar Vermelho à sua frente e o exército de Faraó vindo contra ele como uma causa perdida. O Senhor abriu o mar para Israel passar e o fechou sobre os inimigos opressores. O rei Ezequias não viu o poderoso exército assírio sitiando Jerusalém como o fim da cidade do grande Rei. Ele enviou um anjo e matou cento e oitenta e cinco mil soldados assírios (Is 37:36).

É bem conhecida a declaração de William Carey, o pai das missões modernas: "Tentem grandes coisas para Deus e esperem grandes coisas de Deus". William Wilberforce derrotou as fortes e endinheiradas forças políticas da Inglaterra para interromper o tráfico de escravos. George Muller viu a situação dos órfãos da Inglaterra no século dezenove, e pelo poder da oração foi bem-sucedido em criar e educar cerca de vinte e três mil órfãos num ambiente cristão.[12]

A fé ousada de Jônatas era a mesma que habita no coração de seu escudeiro. A lealdade desse jovem ao filho de Saul era absoluta. Estavam aliançados pelo mesmo ideal e partiram para a luta com a mesma disposição.

A fé provada (14:8-12)

A fé não depende de evidências prévias para agir. Jônatas não tem um exército nem armas suficientes, mas tem fé que o Deus Todo-poderoso pode fazer um milagre e entregar os inimigos em suas mãos: "Um só homem dentre vós perseguirá mil, pois o Senhor, vosso Deus, é quem peleja por vós, como já vos prometeu" (Js 23:10).

A estratégia de Jônatas não é a mesma de Gideão. Não atacaria de noite; faria uma abordagem de surpresa. Ele pede a Deus um sinal. Ele e seu escudeiro se dariam a conhecer aos homens filisteus. Depois de vê-los, os homens deveriam chamá-los para subir em vez de esses homens descerem até eles. Nisso veriam que o Senhor estava no negócio para lhes dar a vitória.

Quando a guarnição dos filisteus viu Jônatas e seu moço, escarneceram deles, pensando que eram alguns soldados covardes que estavam saindo dos buracos, desertando da causa de Israel e se juntando ao exército filisteu. Trataram-nos como animais assustados que acabavam de sair da toca. Ao mesmo tempo, fizeram ameaças, dizendo: "Subi a nós, e nós vos daremos uma lição" (14:12). Joyce Baldwin diz que ao provocar os dois homens para que subam, os filisteus insinuam que a encosta rochosa era íngreme demais para qualquer pessoa escalar. Se conseguissem, os filisteus lhes dariam uma lição.[13]

A fé triunfante (14:13-15)

Jônatas, movido pela fé, com o firme propósito de livrar o povo de Deus das garras dos incircuncisos filisteus, reuniu forças para subir com os pés e com as mãos o penhasco, subindo pelo paredão, vindo o seu escudeiro atrás dele. Estando os filisteus desatentos, imaginando que jamais seriam atacados, Jônatas e seu escudeiro, com a vantagem da surpresa, caíram sobre os filisteus como um raio, e rapidamente dominaram a guarnição. Jônatas os atingia, e o seu escudeiro os matava atrás dele. Nesse ataque relâmpago mataram cerca de vinte filisteus. Purkiser diz que a ação teve lugar em uma área tão grande quanto uma junta de bois poderia arar em um dia, ou seja, uns dois mil metros quadrados.[14]

Deus concorreu com eles, com fenômenos sobrenaturais. O escritor sagrado registra: "Houve grande espanto no arraial, no campo e em todo o povo; também a mesma guarnição e os saqueadores tremeram, e até a terra se estremeceu; e tudo passou a ser um terror de Deus" (14:15). O ataque de Jônatas foi acompanhado de um terremoto, de um tremor de terra, atemorizando os soldados filisteus, deixando-os perplexos e confusos. Purkiser diz que o texto hebraico deixa claro que o Senhor, e não apenas um terremoto comum, era a causa do terror do inimigo, embora a versão em português não traduza claramente este fato.[15] Resta claro, portanto, afirmar que Deus é sempre maior que as circunstâncias: "[...] porque para o SENHOR nenhum impedimento há de livrar com muitos ou com poucos [...]. Assim, livrou o SENHOR a Israel naquele dia [...]" (14:6,23).

A fé contagiante (14:16-22)

A fé de Jônatas teve o efeito de reanimar os corações abatidos de todo o Israel, de modo que a nação foi inspirada à ação. A fé ousa, a fé geralmente triunfa e a fé reanima o povo de Deus.[16] As sentinelas de Saul, estando em Gibeá de Benjamim, olharam e eis que a multidão de filisteus se dissolvia, correndo tresloucadamente de um lado para o outro. Saul, percebendo mais uma vez que ele não liderava esse acontecimento, manda investigar quem de sua guarnição estava ausente. Fica-se sabendo que Jônatas e seu escudeiro não estavam ali.

Saul mais uma vez dá um passo em falso, pois manda o sacerdote Aías trazer a arca, ignorando a dolorosa derrota que Israel havia sofrido no governo do avô de Aías, Fineias, filho de Eli. Usar a arca como um amuleto em vez de arrepender-se não era o caminho da vitória. O uso de objetos sagrados não é um substituto do arrependimento.

Saul avança no seu erro, ao ver que o alvoroço que havia no arraial dos filisteus estava crescendo mais e mais. Imediatamente, ele deu uma contraordem para não trazer a arca. Saul, com sua precipitação, mais uma vez não está interessado em ouvir a orientação de Deus nem mesmo em agradá-lo. Ele usa a religião a seu favor, em vez de submeter-se à autoridade da palavra de Deus.

A confiança de Saul foi reanimada pela fé de Jônatas, de modo que o rei avançou com todas as suas forças (14:20) e, assim, todo o povo que estava com ele se juntou e foi à peleja. As pessoas do povo não tinham espada, mas as espadas dos filisteus se voltaram de um contra o outro e houve um grande tumulto.

Havia hebreus imigrados na Filístia, e estes viraram-se contra os seus hospedeiros, de maneira que a espada de um era contra o outro. Nisso, os que tinham se escondido nas cavernas e nos sepulcros saíram, e todos juntos entregaram-se à pilhagem, enquanto os filisteus fugiam e outros morriam na peleja.[17]

Concordo com Richard Phillips, quando diz que a fé de Jônatas não só havia vencido os filisteus, mas, também, havia trazido os israelitas de volta para a causa do Senhor, bem como trazido seu auxílio.[18]

A fé testemunhada (14:23)

A narrativa bíblica não atribui a vitória a Jônatas e seu escudeiro. Não foi Saul com seu exército que venceu a batalha, mas sim o Senhor, que usou ambos (14:23; 14:6,12,45). Foi o Senhor que livrou Israel naquele dia. Deus honrou Jônatas e sua fé foi testemunhada para as futuras gerações. A fé de Jônatas nos ensina que as circunstâncias não determinam os resultados quando Deus está envolvido.

NOTAS

[1] WIERSBE, Warren W. *Comentário bíblico expositivo*. Vol. 2. 2006, p. 234.
[2] CHESTER, Tim. *1Samuel para você*. 2019, p. 98.
[3] MELLISH, Kevin G. *Novo comentário bíblico Beacon – 1 e 2Samuel*. 2015, p. 127.

[4] WIERSBE, Warren W. *Comentário bíblico expositivo.* Vol. 2. 2006, p. 234,236.
[5] PHILLIPS, Richard D. *1Samuel.* 2016, p. 203.
[6] BERGEN, Robert D. *1, 2 Samuel, New American Commentary.* Nashville, TN: Broadman & Holman. 1996, p. 155.
[7] PHILLIPS, Richard D. *1Samuel.* 2016, p. 203.
[8] PHILLIPS, Richard D. *1Samuel.* 2016, p. 204.
[9] WIERSBE, Warren W. *Comentário bíblico expositivo.* Vol. 2. 2006, p. 235.
[10] PHILLIPS, Richard D. *1Samuel.* 2016, p. 204.
[11] PURKISER, W. T. *Os livros de 1 e 2Samuel. In* Comentário bíblico Beacon. Vol. 2. 2015, p. 203.
[12] PHILLIPS, Richard D. *1Samuel.* 2016, p. 206.
[13] BALDWIN, Joyce G. *I e II Samuel: introdução e comentário.* 2006, p. 121.
[14] PURKISER, W. T. *Os livros de 1 e 2Samuel. In* Comentário bíblico Beacon. Vol. 2. 2015, p. 203.
[15] PURKISER, W. T. *Os livros de 1 e 2Samuel.* Em comentário bíblico Beacon. Vol. 2. 2015, p. 203.
[16] PHILLIPS, Richard D. *1Samuel.* 2016, p. 208.
[17] MESQUITA, Antônio Neves. *Estudo nos livros de 1 e2Samuel.* 1979, p. 64.
[18] PHILLIPS, Richard D. *1Samuel.* 2016, p. 210.

Capítulo 15

Um grande pequeno homem

(1Samuel 14:24-52)

Saul era o homem mais alto de Israel não só fisicamente, mas também na posição que ocupava, pois tinha o cetro do poder em suas mãos, como rei da nação; porém, era um nanico espiritual. À medida que o tempo avança, as brechas de sua armadura espiritual se tornam mais visíveis.

O texto em tela mostra que Saul já foi rejeitado por Deus, abandonado por Samuel, e agora perdeu sua credibilidade diante de seu filho e de seus soldados.

As palavras de Saul são insensatas. Suas decisões, desastradas. O heroísmo de Jônatas mostra que o pai não tem liderança, e quando tenta bancar o papel de líder, toma medidas desastradas.

Richard Phillips resume esta triste realidade assim: "Quando se trata de insensatez grosseira e autodestrutiva, poucos conseguem superar Saul. Suas ações insensatas e a perda do respeito nacional estão registradas em 1Samuel 14".[1]

Um juramento insensato (14:24-35)

Já era a segunda vez que Jônatas liderava uma batalha exitosa contra os inimigos de Israel. Saul levantou-se para agir somente depois que os inimigos estavam fugindo, aterrados de pavor. Querendo adquirir credibilidade e ocupar o centro das atenções, Saul, de forma impetuosa e inconsequente, faz um juramento insensato, colocando o povo sob maldição, para vingar-se dos seus inimigos, decretando um jejum compulsório ao povo em pleno combate até ao anoitecer e conjurando de morte a quem quebrasse sua ordem juramentada.

Concordo com Joyce Baldwin, quando diz que este incidente é um dos vários exemplos nas Escrituras de votos e juramentos apressados, que são melhor evitar (Jz 11:31-40; Ec 5:4,5; Mt 5:33-37). Também ilustra a tendência de Saul de estar do lado errado nas coisas espirituais.[2] Richard Phillips diz que os esforços de Saul quase serviram para tirar derrota de onde havia vitória, e, pela sua insensatez, os filisteus conseguiram sobreviver à sua estonteante derrota.[3]

Matthew Henry ridiculariza o juramento de Saul como *imprudente,* "pois, se ganhou tempo, perdeu força"; *despótico,* pois "proibi-los de se banquetearem seria elogiável, mas proibi-los até de comer, mesmo estando tão famintos, foi bárbaro"; e *ímpio,* "por reforçar a proibição com uma maldição e um juramento. Não teria ele uma punição menor que um anátema para sustentar sua disciplina militar?"[4] Concordo com Richard Phillips, quando diz que, como líder espiritual, Saul errou ao exigir mais do povo de Deus do que o próprio Deus havia exigido, requisitando um jejum compulsório no meio da batalha.[5]

O que esse juramento precipitado produziu?

Em primeiro lugar, *produziu angústia no povo* (14:24). Warren Wiersbe diz que Saul forçou seu exército a concordar com um voto de jejuar até ao anoitecer. Não impôs o jejum por ser da vontade de Deus, mas porque desejava que seus soldados pensassem que ele era um homem inteiramente consagrado ao Senhor.[6] Não havia nenhuma prescrição divina sobre esse tipo de jejum. Saul queria agradar a Deus com ações não requeridas por Ele. Tentou comprar Deus com seu zelo sem entendimento. O que conseguiu foi deixar seu exército angustiado, emocionalmente abalado e fisicamente debilitado. Concordo com Kevin Mellish, quando diz que a decisão de Saul era tola, já que limitava a eficiência de suas tropas na batalha contra os filisteus.[7]

Em segundo lugar, *produziu medo* (14:25,26). Todo o povo estava empenhado no ataque aos filisteus. Passando por um bosque onde havia mel escorrendo pelo chão, mesmo exaustos e com fome, ninguém ousou sequer provar o mel, pois temiam a conjuração do rei. Agora os soldados, além de exaustos e famintos, estavam com medo. Concordo com Warren Wiersbe, quando escreve: "Quando obedecemos às ordens de Deus, caminhamos pela fé, mas quando obedecemos a regras humanas artificiais, apenas tentamos o Senhor. O primeiro caso é prova de confiança, enquanto o segundo é prova de presunção".[8]

Em terceiro lugar, *impôs maldição descabida* (14:24,27, 28). Jônatas, filho mais velho de Saul e herói de guerra, sem saber que seu pai conjurara o povo de maldição, caso quebrasse o jejum até ao anoitecer, estendeu a ponta da vara que tinha na mão, e a molhou no favo de mel; e, levando a mão à boca, tornaram a brilhar seus olhos. Um do povo que estava com ele, lhe informou do juramento solene de seu pai, amaldiçoando quem comesse alguma coisa até que os inimigos fossem dizimados.

Em quarto lugar, *resultou em perturbação* (14:29). O povo estava angustiado, faminto, exausto e com medo. Saul havia errado na estratégia. Soldados no fragor da luta não devem ser privados de alimento. Agora, Saul recebe mais um golpe. Jônatas condena a ação de seu pai, afirmando que ele havia turbado a terra. Nas palavras de Kevin Mellish, "como Acã, que trouxe desgraça (*akar*) à comunidade israelita quando roubou os despojos de guerra (Js 7:25), assim Saul desgraçou (*akar*) a terra com suas ações".[9] Concordo com Antônio Neves de Mesquita, que escreve: "A maneira de caçar os inimigos não era privar o povo de alimento, mas comer e perseguir. Um exército com fome, não podia nem mesmo sob juramento, fazer grandes proezas".[10] Certamente o voto imprudente e tolo de Saul inibiu, em vez de promover, maior sucesso na batalha.

Kevin Mellish lança luz sobre o assunto:

> A palavra "turbou" (*akar*), em Josué 7:24-26, está ligada a uma tentativa de enganar e, em Juízes 11:35, a um juramento imprudente. Nos dois casos, houve morte, e a morte ameaça também este incidente. Entretanto, havia às mãos alimento que teria recuperado as forças de todos, de modo que poderiam ter sedimentado sua vitória em plena terra dos filisteus.[11]

Em quinto lugar, *produziu exaustão* (14:30,31). Jônatas mostra os resultados desastrosos da decisão insensata do pai. A vitória sobre os filisteus poderia ter sido muito mais expressiva se o povo pudesse ter comido livremente dos despojos do inimigo. Israel perseguiu os filisteus desde Micmás até Aijalom, mas isso às custas de um povo extremamente exausto.

Em sexto lugar, *desembocou em transgressão* (14:32). Quando as ordens são rígidas e sem fundamento, a tendência é suscitar a transgressão. Toda ação produz uma reação igual e contrária. Quando chegou o anoitecer, tendo passado o tempo imposto de jejum, o povo foi tomado por um desejo anormal pelo alimento, comeu como animais selvagens, matando ovelhas, bois e bezerros, e comendo a carne com sangue, prática condenada pelas leis cerimoniais (Lv 19:26; Dt 12:23-27). Concordo com Warren Wiersbe quando diz que um voto verdadeiramente espiritual faz aflorar o que há de melhor nas pessoas, mas o voto carnal de Saul trouxe à tona o que havia de pior.[12]

Em sétimo lugar, *revelou zelo sem arrependimento* (14:33,34). Sendo Saul informado desse excesso do povo, que pecava contra o Senhor, comendo com sangue, tomado de um zelo formal, repreendeu o povo, dizendo que haviam agido nesciamente. O rei então ordenou que trouxessem os animais e os abatesse conforme o que preceitua a Lei, a fim de comerem sem culpa. Concordo com Kevin Mellish, quando diz que as ações de Saul parecem hipócritas e inconsistentes.[13] Nas palavras de Warren Wiersbe, "ele fez uma tentativa medíocre de transformar uma orgia gastronômica num culto de adoração, mas não se deu bem, pois os homens estavam famintos e mais interessados em comer do que em adorar ao Senhor".[14]

Em oitavo lugar, *demonstrou devoção sem submissão* (14:35). Saul, numa tentativa de agradar ao Senhor, edificou ali um altar; aliás, o primeiro altar de sua vida. Sua devoção, entretanto, não expressava um compromisso com Deus nem uma submissão à sua palavra.

Ordem insensata (14:36,37)

Saul toma a iniciativa de liderar o povo na batalha contra os filisteus durante à noite. No seu prognóstico, os inimigos seriam despojados e completamente exterminados até ao raiar do dia. Toda essa valentia de Saul não prosperou. Vejamos:

Em primeiro lugar, *uma ordem sem apoio* (14:36). Diferentemente do escudeiro de Jônatas que disse para ele: "Faze tudo segundo inclinar o teu coração; eis-me aqui contigo, a tua disposição será a minha" (14:7), o povo respondeu a Saul: "Faze tudo o que bem te parecer" (14:36) – observe que falta o apoio que Jônatas recebeu: "eis-me aqui contigo, a tua disposição será a minha". Saul não é um líder inspirador. Seus súditos não confiam nele. Acompanham-no por obrigação e não por respeito e admiração. Ele não é um exemplo para os seus liderados. Sua autoridade é imposta e não adquirida.

Em segundo lugar, *uma contraordem do sacerdote* (14:37a). Diante da ordem do rei e da posição sem entusiasmo do povo, o sacerdote deu uma contraordem, dizendo que antes de saírem à batalha deveriam consultar a Deus. O líder político e o líder religioso estão batendo cabeça. Tudo isso só enfraquecia ainda mais os soldados de Israel.

Em terceiro lugar, *uma consulta sem resposta* (14:37b). Saul então consulta ao Senhor se deveria ir ao encalço dos filisteus e se Ele os entregaria nas mãos de Israel. O Senhor, porém, nada lhe respondeu. O silêncio de Deus era um gesto de reprovação às suas decisões impetuosas e inconsequentes. Concordo com Richard Phillips: "A recusa de Deus em falar com Saul ou Aías sujeitou a prática religiosa do rei ao ridículo público".[15]

Sorte insensata (14:38-46)

Saul banca novamente uma de religioso e quer liderar o povo na descoberta dos motivos do silêncio de Deus. Saul concluiu que havia pecado no meio do povo. A conjuração tinha sido quebrada por alguém. Sempre buscando encontrar a culpa em outrem, chama o povo para junto de si. Vejamos:

Em primeiro lugar, *uma convocação precipitada* (14:38). Não há sinal de arrependimento em Saul por todos os seus desvios, mas ele quer encontrar um culpado. Alguém deve ter cometido pecado, e este não tem a ver com suposta transgressão dos preceitos divinos, mas com a desobediência às suas ordens precipitadas, uma vez que Jônatas não tinha ciência da conjuração do pai.

Em segundo lugar, *uma condenação infundada* (14:39). Saul dá mais um passo rumo à insensatez, quando sentencia de morte, em nome do Senhor, aquele que for descoberto como culpado, ainda que essa pessoa seja seu próprio filho Jônatas. Como ninguém do exército delatou Jônatas, Saul seguiu com o processo de eliminação e Jônatas foi exposto como o "culpado".

Em terceiro lugar, *uma reprovação declarada* (14:40-43). Depois da separação entre o povo e a família de Saul; depois que a "culpa" caiu na sua família; e, finalmente, depois que a culpa caiu sobre Jônatas, este confessou que havia provado um pouco de mel com a ponta da vara que tinha na mão. Obviamente, Jônatas não era culpado, pois nada sabia sobre o juramento tresloucado do pai. Ele, na verdade, era o herói de guerra, que liderara a nação à vitória enquanto seu pai estava debaixo de uma árvore amedrontado. Jônatas demonstrava zelo pela glória do Senhor e amor ao povo, enquanto Saul era desobediente aos preceitos divinos e não tinha qualquer liderança inspiradora. Deus estava reprovando Saul, quando a sorte caiu sobre Jônatas. Este não se acovardou, e disse a seu pai: "Eis-me aqui; estou pronto para morrer" (14:43).

Em quarto lugar, *uma decisão injusta* (14:44). Saul, na sua insensatez, avança como uma mula sem entendimento, sentenciando de morte, sob anátema, seu próprio filho. Essa foi uma decisão cruel: "Então, disse Saul: 'Deus me faça o que bem lhe aprouver; é certo que morrerás, Jônatas'" (14:44). Porém, a bênção de Deus repousa não na formalidade religiosa de Saul, mas na sinceridade evidenciada por seu filho. Jônatas não era a causa do desfavor do Senhor; mas Saul.

Em quinto lugar, *uma unânime desobediência civil* (14:45). Em face da crueldade de Saul, o povo tomou o lugar de Jônatas, reagiu com desobediência civil e desafiou o rei, dizendo que Jônatas efetuara grande salvação em Israel, em vez de transtornar a nação. Os homens louvaram a Jônatas e não ao rei. O povo impediu que ele fosse morto e, sob juramento, disse que nem um fio de cabelo da sua cabeça cairia ao chão, uma vez que não estava sob o desagrado de Deus, mas com Deus, pois liderara o povo em tão consagradora vitória. Assim o povo salvou Jônatas para que não morresse nas mãos do próprio pai. Fica patente, portanto, que Saul não tinha mais a direção de Deus, nem a admiração do filho, nem a obediência do povo.

Em sexto lugar, *uma oportunidade perdida* (14:46). Como consequência das intervenções desastradas de Saul, a perseguição aos filisteus foi cessada e estes voltaram para sua terra. Israel perdeu a oportunidade de impor aos filisteus uma vitória definitiva. As palavras de Richard Phillips são oportunas:

> 1Samuel 14 mostra a insensatez do rei Saul em frustrar o sucesso de Israel e em separar o rei de todos os seus mais leais seguidores. Seu voto insensato o afastou de seu filho, que nada pôde fazer senão criticar seu pai diante do exército. Suas ordens insensatas afastaram o sumo sacerdote, que desajeitadamente sugeriu que Saul buscasse o conselho divino antes de seguir seus planos. Agora, o insensato lançamento de sortes de Saul o afasta do próprio povo, que simplesmente não permitiu que esse arremedo de justiça acontecesse.[16]

Panorama do reinado (14:47-52)

Depois de mostrar os vários aspectos da insensatez de Saul, o narrador bíblico dá uma pausa e faz uma síntese do seu reinado de quarenta anos. Inobstante sua imaturidade espiritual, Deus ainda abençoou seu reinado, por amor do seu povo. Os versículos em tela resumem os feitos militares de Saul e descrevem os seus relacionamentos familiares.

Vejamos:

Em primeiro lugar, *as vitórias militares* (14:47,48). Saul pelejou do começou ao fim do seu reinado com os inimigos em redor. Lutou contra os descendentes de Ló, Moabe e Amom, na direção sudeste. Lutou contra os descendentes de Esaú, Edom, na direção leste. Lutou contra os reis de Zoba, entre Damasco e Babilônia, na direção norte, bem como lutou contra os filisteus, na direção oeste. Contra todos esses inimigos, Deus lhe deu vitória. Saul, ainda varonilmente, feriu os amalequitas, conhecidos como os terroristas do deserto. Antônio Neves de Mesquita diz que os inimigos de Israel, ao redor, eram muitos e fortes, e Deus, apesar de ter se desgostado com Saul, abençoava-o.[17]

Em segundo lugar, *a família* (14:49,50a). O narrador cita apenas três filhos de Saul: Jônatas, Isvi e Malquisua, e duas filhas: Merabe e Mical. Aqui, apenas Ainoã é citada como sua mulher, omitindo-se o nome da concubina Rispa, com quem teve dois filhos: Armoni e Mefibosete (2Sm 21:8).

Em terceiro lugar, *o comando militar* (14:50b,51). Abner, o general do exército de Saul era seu primo, filho de seu tio Ner.

Em terceiro lugar, *o arqui-inimigo* (14:52). A narrativa destaca as guerras constantes que Saul travou com os filisteus, seus arqui-inimigos, ao longo do seu governo. Por esta causa, ele sempre precisou fortalecer o seu exército, convocando os homens mais fortes de Israel para se alistarem.

NOTAS

[1] Idem, 2016, p. 213.
[2] BALDWIN, Joyce G. *I e II Samuel: introdução e comentário*. 2006, p. 122,123.

3. PHILLIPS, Richard D. *1Samuel.* 2016, p. 213.
4. HENRY, Matthew. *Commentary on the whole Bible.* Peabody, MA: Hendrikson. 1992, p. 227
5. PHILLIPS, Richard D. *1Samuel.* 2016, p. 215.
6. WIERSBE, Warren W. *Comentário bíblico expositivo.* Vol. 2. 2006, p. 236.
7. MELLISH, Kevin G. *Novo comentário bíblico Beacon – 1 e 2Samuel.* 2015, p. 130.
8. WIERSBE, Warren W. *Comentário bíblico expositivo.* Vol. 2. 2006, p. 236.
9. MELLISH, Kevin G. *Novo comentário bíblico Beacon – 1 e 2Samuel.* 2015, p. 131.
10. MESQUISTA, Antônio Neves. *Estudo os livros de 1 e 2Samuel.* 1979, p. 65.
11. BALDWIN, Joyce G. *I e II Samuel: introdução e comentário.* 2006, p. 123.
12. WIERSBE, Warren W. *Comentário bíblico expositivo.* Vol. 2. 2006, p. 237.
13. MELLISH, Kevin G. *Novo comentário bíblico Beacon – 1 e 2Samuel.* 2015, p. 131.
14. WIERSBE, Warren W. *Comentário bíblico expositivo.* Vol. 2. 2006, p. 237.
15. PHILLIPS, Richard D. *1Samuel.* 2016, p. 217.
16. PHILLIPS, Richard D. *1Samuel.* 2016, p. 219.
17. MESQUITA, Antônio Neves. *Estudo nos livros de 1 e 2Samuel.* 1979, p. 66.

Capítulo 16

Obediência é o que Deus requer

(1Samuel 15:1-35)

Este capítulo trata de uma segunda chance que Deus deu a Saul para provar o seu valor, no entanto, mais uma vez, Saul fracassou, mentiu, dissimulou, transferiu a culpa para outros e foi julgado e condenado. Warren Wiersbe diz que o rei tinha o costume de falar em vez de realizar, e de inventar desculpas em vez de confessar seus pecados. Não importava o que acontecia, era sempre culpa dos outros. Estava mais preocupado em manter uma boa imagem diante dos demais do que em ser verdadeiramente íntegro diante de Deus.[1]

Esse capítulo mostra as sombras da alma desse primeiro monarca da nação israelita. Mesmo depois de recorrentes fracassos, Deus ainda lhe dá mais uma oportunidade para cumprir sua palavra e realinhar sua vida. Saul, porém, adotando a filosofia de que os fins justificam os meios, perde a última chance, e agora, não apenas seu filho não o sucederá, mas ele mesmo será apeado do poder. A desobediência contumaz de Saul custou-lhe o reino e, por fim, a própria vida.

Destacaremos alguns pontos importantes:

Uma ordem divina (15:1-3)

Joyce Baldwin diz que Saul foi enviado a vingar uma injustiça antiga, não algo recente. Os amalequitas eram invasores nômades que habitavam o deserto entre a fronteira meridional de Judá, ao sul de Berseba, e o Egito, mas que se espalhavam para o sul na península do Sinai.[2] Os amalequitas, conhecidos como um povo bandoleiro[3] e terroristas do deserto, foram os primeiros inimigos do povo de Deus, logo depois da travessia do mar Vermelho, em Refidim (Êx 17:8-16). Ali eles foram derrotados. Mais tarde, eles entraram em Hormá (Nm 14:43,45), onde tiveram êxito. Eles uniram forças com Eglom, rei de Moabe, em um ataque contra Israel (Jz 3:13) e com os midianitas nas suas incursões às colheitas e aos rebanhos dos hebreus (Jz 6:3-5,33; 7:12; 10:12). O Senhor declarou guerra perpetuamente contra Amaleque (Êx 17:8-16), e Balaão profetizou sua derrota final e seu extermínio (Nm 24:20; Dt 25:17-19).

Warren Wiersbe destaca que a aliança de Deus com seu povo Israel incluía a seguinte promessa: "Amaldiçoarei os que te amaldiçoarem" (Gn 12:3).[4] Uma vez que os amalequitas perseguiram o povo de Deus, o juízo de retribuição divina veio sobre eles. Cabe a Saul executar a sentença que fora dada por Deus havia mais de trezentos anos. O Senhor sentenciou o fim desse povo e seu extermínio, mas postergou a aplicação do juízo. Purkiser diz que a expressão "destruir totalmente" (15:3) corresponde à extração radical de um câncer, realizado por um cirurgião, para evitar que o mal se espalhe pelo corpo.[5] Concordo com Tim Chester quando diz que para ouvidos modernos isso dispara um alarme e soa à limpeza étnica; mas o que temos aqui é limpeza ética, e não limpeza étnica. É um ato de juízo contra o pecado. A destruição virá não porque são amalequitas, mas porque são pecadores.[6]

É importante ressaltar que a guerra contra os amalequitas não era de agressão ou de autodefesa, mas uma guerra ordenada por Deus, com o propósito de executar um juízo de Deus, em nome de Deus. A vitória, portanto, não era façanha humana. Todos os despojos de guerra pertencem ao Senhor. Tanto as pessoas como os bens são interditados. Ninguém pode se apossar deles.[7]

Richard Phillips diz, corretamente, que a única área em que o povo de Deus pratica guerra santa hoje é a espiritual, como instruído em Efésios 6:10-18. Os propósitos dessa guerra santa em pauta, porém, eram a preservação do povo de Israel, a execução do juízo de Deus sobre nações ímpias que haviam caído sob sua ira e trazer à memória a realidade do juízo divino, descrita em Apocalipse 19:15, que nos diz que, quando Jesus voltar em juízo, "pisará o lagar do vinho do furor da ira do Deus Todo-poderoso".[8]

Samuel, que estava afastado de Saul, volta a falar com ele para lembrá-lo que tinha sido ungido por Deus para atender sua voz. A medida da iniquidade dos amalequitas estava cheia (Gn 15:16). O cálice da ira divina contra esse povo havia transbordado. Chegara a hora de Deus aplicar o juízo sobre esse povo opressor. Saul deveria ferir o rei Amaleque, e numa guerra santa, destruir tudo sem poupar nada nem ninguém (Lv 27:28,29; Js 6:17,18). Antônio Neves de Mesquita destaca que "não é impunemente que um povo se levantava contra os eleitos do Senhor, como ainda hoje não é inocente o que persegue o povo de Deus [...]. Todos os povos que perseguiram os israelitas foram castigados".[9] Concordo com Joyce Baldwin, quando diz que o incidente constitui um lembrete de que é horrenda coisa opor-se ao Deus vivo.[10]

Uma batalha travada (15:4-7)

Saul convoca o povo e reúne em Telaim, uma das cidades de Judá (Js 15:24), duzentos e dez mil soldados. Chegando à cidade de Amaleque, pôs emboscada no vale. Antes de executar o juízo do Senhor sobre os amalequitas, Saul ofereceu anistia aos queneus, poupando-os e ordenando-os a sair da cidade. Os queneus estavam intimamente ligados a Israel desde a época de Moisés, tendo se instalado no Neguebe, em Judá (Jz 1:16; Êx 2:15-22; 3:1; 4:18-20; Nm 10:29-32), por isso o rei poupou esses aliados dos hebreus. Mais tarde, Davi lidou favoravelmente com os queneus (1Sm 27:10; 30:29).

Saul, então, feriu os amalequitas, desde Havilá até Sur, defronte ao Egito, impondo-lhes uma derrota esmagadora.

Uma obediência parcial (15:8-11)

Saul interpretou a instrução dada por Samuel à sua própria maneira. Descumprindo a ordem divina, manteve vivo o rei Agague. Além disso, ele e o povo pouparam o melhor das ovelhas e dos bois, e os animais mais gordos, e os cordeiros, e o melhor que havia, não os querendo destruir totalmente. Kevin Mellish diz que a atitude dos filhos de Eli tomando as melhores porções para si reverbera nesta cena (2:12-14).[11] Quando Saul justifica que ele e o povo pouparam o melhor dos rebanhos para o sacrifício, deixa transparecer que desejava ficar ao lado da opinião pública.[12]

Em face da obediência parcial de Saul, que não passava de desobediência e rebeldia, o Senhor disse a Samuel que estava arrependido de tê-lo constituído rei, porque Saul não executava as suas ordens. Quando a Escritura emprega a linguagem do arrependimento de Deus está usando uma antropopatia, ou seja, atribuindo a Deus um sentimento humano. Deus não comete erro nem é pego de surpresa para se arrepender (15:29). Antônio Neves de Mesquita diz que no tocante ao homem o arrependimento é mudança de mente e de coração, quando Deus anula qualquer sentença contra ele. Não se dá assim com Deus, que não pode mudar nem alterar a sua mente. É mais uma forma de falar, em termos humanos, para demonstrar o seu desgosto por qualquer falta em seu governo (15:11).[13]

Kevin Mellish ainda lança luz sobre o controvertido tema do arrependimento de Deus, afirmando que a palavra hebraica (*nihametî*) é a mesma que aparece em Gênesis 6:6 em relação à criação da raça humana. Essa palavra conota a ideia de remorso ou desilusão.[14] Purkiser corrobora, dizendo que a palavra hebraica significa "suspirar, sentir muito, lamentar", e, quando usada a respeito de Deus, indica uma mudança de planos com relação aos instrumentos ou agentes humanos.[15]

Uma fidelidade aparente (15:12,13)

Samuel demonstrou pressa para encontrar-se com Saul. Este passou pelo Carmelo, a aproximadamente dezesseis quilômetros ao sul de Hebrom, (e que não deve ser confundido com o monte Carmelo) e levantou um monumento à sua obediência, num ato autogratulatório, celebrando sua vitória sobre os amalequitas e, só depois, dirigiu-se a Gilgal. Vindo Samuel a Saul, este saiu ao seu encontro, com uma saudação hipócrita: "Bendito sejas tu do Senhor". Ao mesmo tempo que Saul rasgou elogios ao profeta, declarou também sua fidelidade no cumprimento das ordens divinas. Se sua obediência, porém, era parcial, sua fidelidade era apenas aparente.

Um confronto contundente (15:14-19)

Samuel desmascara Saul com firmeza pétrea; e, com tom de sarcasmo, pergunta-lhe: "Que balido, pois, de ovelhas é este nos meus ouvidos e o mugido dos bois que ouço?" (14:14). Saul não assume a responsabilidade e coloca a culpa no povo, dizendo: "De Amaleque os trouxeram; porque o povo poupou o melhor das ovelhas e dos bois, para os sacrificar ao Senhor, teu Deus...". Além de transferir a culpa para o povo, Saul ainda adota a filosofia de que os fins justificam os meios. Deus não aceita sacrifícios da desobediência. Saul, revela, igualmente, sua espiritualidade trôpega, uma religião apenas de aparência, pois não diz "ao Senhor, nosso Deus", mas "ao Senhor, teu Deus".

Querendo ganhar pontos com Samuel, Saul agora atrai para si os créditos da vitória, quando afirma: "... o resto, porém, destruímos totalmente" (14:15). Nas palavras de Kevin Mellish, "nesta afirmação Saul se incluiu quando fez referência às coisas que foram dedicadas à destruição, tentando assim destacar sua obediência".[16]

Samuel confronta Saul de forma contundente, relembrando-o acerca de sua escolha como rei de Israel, sendo ele pequeno aos seus próprios olhos. Recorda-o acerca da ordem expressa de Deus para ir e destruir totalmente os amalequitas, pecadores aos seus olhos. Samuel lança no rosto de Saul sua desobediência à voz de Deus ao lançar-se ao despojo, fazendo o que era mal perante Ele. Concordo com Richard Phillips, quando diz que esta passagem é um potente manual sobre obediência. A obediência a Deus envolve cumprir suas ordens; de igual modo, exige ações impopulares; e, finalmente, a obediência é a única coisa que verdadeiramente agrada ao Senhor. Deus é adorado quando é obedecido.[17]

Resta claro afirmar que Ele quer lealdade à sua palavra, e não propriamente rituais e ofertas. Antes de Deus aceitar a oferta, precisa aceitar o ofertante. Warren Wiersbe destaca que as mentiras de Saul podem ser classificadas em três níveis: 1) primeiro, ele mentiu para si mesmo, pensando que poderia escapar ileso de sua dissimulação; e, 2) depois, mentiu para Samuel que, aliás, já sabia da verdade; 3) tentou até mentir para Deus ao dizer que usaria os animais que havia poupado para oferecer como sacrifício.[18]

Uma desculpa infundada (15:20,21)

Saul endurece a cerviz, e em vez de reconhecer seu pecado e acatar a voz do profeta, retruca de forma insolente, dizendo que deu ouvidos à voz do Senhor, seguindo o caminho traçado por Ele. Saul queria fazer as coisas do seu jeito, ao poupar Agague, o rei de Amaleque. Mais uma vez, transfere a culpa sobre, dizendo que foi o povo que tomou do despojo ovelhas e bois, o melhor do designado à destruição, e ainda se mantém desafinado com os preceitos divinos, afirmando que esses animais eram para ser oferecidos ao Deus de Samuel, em Gilgal.

Warren Wiersbe resume esse episódio assim:

> Saul começou a argumentar com o servo de Deus e a negar que tivesse feito algo errado. Pela segunda vez, mentiu quando disse: "executei as palavras do Senhor" (15:13,20); pela segunda vez, jogou a culpa sobre seu exército (15:15,21) e, pela segunda vez, usou a desculpa esfarrapada de que consagraria os animais que havia poupado como sacrifício ao Senhor (15:15,21). O profeta rejeitou as três mentiras e explicou o motivo de Deus não considerar os animais como sacrifícios aceitáveis: o Senhor deseja uma vida de obediência sincera, não animais mortos sobre o altar (Sl 50:7-15; Sl 51:16,17; Is 1:11-17; Jr 7:21-26; Os 6:6; Mt 9:9-13; Mc 12:28-34).[19]

Tim Chester diz que todo o arrependimento de Saul produz somente desculpas: 1) "Veja o que eu fiz" (15:20); 2) "Todos fizeram igual" (15:15,21); 3) "Parecia o mais sensato a fazer" (15:15); 4) "Eu fiz isso para Deus" (15:21); 5) "Eu estava com medo dos outros" (15:24).[20]

Uma repreensão profética (15:22,23)

Numa das mais severas repreensões proféticas das Escrituras, Samuel diz a Saul algumas verdades solenes:

Em primeiro lugar, *rituais religiosos não são substitutos de obediência* (14:22). Deus está mais interessado em obediência à sua palavra do que em rituais sagrados. Formalidade sem fidelidade não agrada a Deus. Concordo com Joyce Baldwin, quando escreve:

> Samuel declara de modo definitivo a futilidade de tentar depender do sacrifício ritual, quando o que se requer é a obediência. Nenhum cerimonial poderá compensar uma atitude rebelde contra Deus e seus mandamentos, porque a resistência obstinada exalta a vontade própria e coloca-a no lugar da autoridade, que pertence unicamente a Deus.[21]

Em segundo lugar, *rebelar-se contra a palavra de Deus é semelhante ao pecado da feitiçaria* (14:23a). Os feiticeiros invocam outros deuses e servem a deuses estranhos, com rituais místicos e até macabros. Aqueles que teimam em desobedecer ao Senhor, oferecendo a ele um culto que Ele reprova, agem como os feiticeiros. Não é a Deus que adoram, mas a um deus criado por sua imaginação. Richard Phillips interpreta corretamente quando diz que rejeitar ostensivamente o claro ensino da palavra de Deus é apostasia prática.[22]

Em terceiro lugar, *a obstinação do coração é como adoração de ídolos* (14:23b). Um coração obstinado é aquele que ouve reiteradamente a palavra de Deus e nunca se dobra. É rebelde e contumaz. Não se submete. Na verdade, o obstinado adora a si mesmo. Ele mesmo é o seu próprio ídolo. Concordo com Richard Phillips, quando escreve: "A vontade de Saul era seu verdadeiro deus. Na prática, ele havia destronado o Senhor do seu coração".[23]

Em quarto lugar, *aqueles que rejeitam a Deus serão rejeitados por ele* (14:23c). Ao pedir um rei, o povo rejeitou o Senhor (8:7). Porque Saul rejeitou a palavra do Senhor, o Senhor também o rejeitou e colocou um ponto-final no seu reinado. Na verdade, o rei desqualificou a si mesmo para reinar em Israel ao rebelar-se contra a autoridade do rei divino. Warren Wiersbe enfatiza que no caso anterior de desobediência, Saul havia perdido sua dinastia (13:14); mas dessa vez, havia perdido seu trono. Não era mais o rei de Israel, pois Samuel iria ungir Davi para exercer essa função.[24]

Um arrependimento fingido (15:24-26)

Saul reage à repreensão profética com um falso arrependimento. Reconhece que pecou, mas justifica seu pecado, dizendo que o fez porque temeu o povo (14:24). Nas palavras de Tim Chester, "todo o arrependimento de Saul produz somente desculpas".[25] Se Saul tivesse temido a Deus, jamais temeria aos homens. Saul não comandava, era comandado. Concordo com Kevin Mellish quando diz que, infelizmente, Saul obedeceu ao povo ao invés de Deus.[26]

Saul não está triste por causa de seu pecado, mas por causa das consequências dele. Ele quer que Samuel volte com ele e seja parceiro dele em sua adoração (14:25). Nas palavras de Purkiser, "Saul estava mais preocupado com a sua reputação do que com o seu caráter".[27] Richard Phillips destaca que nem Samuel nem o Senhor aceitaram o arrependimento de Saul como verdadeiro. Sua confissão não recebe aprovação nem perdão. Seu arrependimento foi superficial e insincero. Ele confessou porque havia sido pego — o balido das ovelhas e o rei amalequita são evidências irrefutáveis da sua desobediência. Ainda, a súplica de Saul por perdão e restauração é dirigida a Samuel, não a Deus, em contraste com Davi mais tarde (Sl 51:4). Além disso, a confissão de Saul vem acompanhada de uma justificativa:

"porque eu temi o povo e dei ouvidos à sua voz" (15:24). Finalmente, Saul não se preocupou com a honra ofendida de Deus e com as consequências práticas do seu pecado, mas concentrou-se apenas na restauração da sua honra e da sua autoridade.[28] Cyril Barber é preciso quando escreve: "A confissão de Saul não foi tanto resultado de convicção interior, mas evidência do medo de Saul de perder a aclamação popular".[29]

Samuel recusa-se a voltar com Saul e reafirma que, em virtude de sua rejeição à palavra do Senhor, Ele também o havia rejeitado de forma definitiva (14:26), isso porque temeu o povo (15:240) em vez de temê-lo (15:14); ele atentou para a voz do povo (15:24) em vez de atentar para a voz de Deus (12:14). Daquele momento em diante, nas palavras de Joyce Baldwin, "Saul terá de conviver com os resultados de suas próprias decisões".[30]

Um fracasso anunciado (15:27-31)

Saul está descendo ladeira abaixo. Sua decadência é evidente. Está no auge de seu desespero. Foi rejeitado por Deus e, agora, também, está sendo rejeitado por seu profeta. Quando Samuel vira as costas para apartar-se, Saul o segurou pela orla do manto, que rasgou-se. Então Samuel lhe entrega mais uma palavra profética de juízo: "O Senhor rasgou, hoje, de ti o reino de Israel e o deu ao teu próximo, que é melhor do que tu" (15:28). Essa decisão era irremediável: "Também a Glória de Israel não mente, nem se arrepende, porquanto não é homem, para que se arrependa" (15:29). Deus não mudaria essa sentença.

Concordo com Tim Chester quando diz que Deus é leal ao seu caráter: não se arrepende. É leal à sua palavra: não mente. O Deus gracioso é sempre gracioso. O Deus santo é sempre santo. No entanto, no versículo 11, Deus "se arrepende" de ter constituído Saul rei. Como isso é possível, se ele é o Deus que nunca se arrepende? Essas palavras parecem contraditórias. Mas a chave é que Saul mudou, e não Deus. Saul muda seu caráter, e, assim, Deus muda suas ações a fim de ser coerente com seu caráter. Deus não muda de ideia; ele muda sua reação. As ações de Deus mudam não porque ele mudou seu caráter, mas porque mudamos nossa atitude.[31]

Richard Phillips diz que essas palavras formam uma transição em 1Samuel: desse ponto em diante, a narrativa irá se concentrar no chamado e no surgimento do "homem que lhe agrada" (13:14), que é melhor que Saul, a saber, o rei Davi.[32]

Mais uma vez Saul busca o subterfúgio de um arrependimento fingido, pedindo a Samuel para honrá-lo diante dos anciãos e diante de Israel. Saul não pensava em Deus nem mesmo em honrar a palavra de Deus. Tudo girava em torno dele e de seu prestígio. Por uma razão que não conhecemos, Samuel seguiu Saul e este tentou aplacar sua consciência culpada e carimbada pela crise, adorando o Senhor.

Um juízo aplicado (15:32,33)

O juízo de Deus pode tardar aos olhos dos homens, mas não pode ser anulado por estes. Os amalequitas perseguiram o povo de Deus quando saíram do Egito, e Deus os sentenciou de morte. Agora, mesmo Saul tendo poupado Agague, Samuel o executou perante o Senhor em Gilgal. Esse juízo severo aponta para o grande dia do juízo, quando todos terão que comparecer perante o Senhor: a não ser que os pecadores se arrependam e creiam no Senhor Jesus, todos, igualmente, perecerão.

Uma separação permanente (15:34,35)

A partir desse dia, Samuel voltou para sua casa em Ramá e Saul subiu à sua casa, em Gibeá: estas distavam dezesseis quilômetros uma da outra. A separação foi definitiva, pois nunca mais Samuel encontrou-se com Saul. Ele plantou e agora está colhendo. Mesmo Samuel tendo pena de Saul, nunca mais lhe trouxe qualquer orientação. O próprio Senhor arrependeu-se de haver constituído Saul rei sobre Israel.

Daqui para frente, Saul é um homem desorientado e perdido. Ele entra em declínio mental, desamparado por Deus, para encerrar sua biografia numa sessão mediúnica e tombar vencido pelo suicídio no campo de batalha. Warren Wiersbe corrobora, dizendo: "O rei Saul havia perdido sua dinastia, seu caráter, seu trono e sua coroa. Também havia perdido um amigo piedoso. Quando Davi entrou em cena, Saul perdeu o controle e o bom senso, e, por fim, perdeu a última batalha e a vida".[33]

Concluo este capítulo com as palavras de Richard Phillips:

> Saul colocou-se na terrível condição de apostasia. Desse modo, Saul fornece uma ilustração clássica do apóstata descrito em Hebreus 6:4-6. Na linguagem desse livro do Novo Testamento, Saul havia sido "iluminado", isto é, havia visto a luz, mas havia escolhido as trevas; havia provado, mas não comido, o "dom celestial"; havia "se tornado participante do Espírito Santo", sem ser renovado espiritualmente; Saul havia "provado a boa

palavra de Deus", não obedecido a ela; e havia provado "os poderes do mundo vindouro", sem jamais confiar na graça salvadora de Deus. Hebreus nos diz que "é impossível" restaurar essa pessoa para o arrependimento (Hb 6:4-6), e, por essa razão, Samuel não se esforçou para restaurá-lo.[34]

Notas

[1] WIERSBE, Warren W. *Comentário bíblico expositivo.* Vol. 2. 2006, p. 238.
[2] BALDWIN, Joyce G. *I e II Samuel: introdução e comentário.* 2006, p. 126.
[3] MESQUITA, Antônio Neves. *Estudo nos livros de 1 e 2Samuel.* 1979, p. 67.
[4] WIERSBE, Warren W. *Comentário bíblico expositivo.* Vol. 2. 2006, p. 238.
[5] PURKISER, T. W. *Os livros de 1 e 2Samuel. In* Comentário bíblico Beacon. Vol. 2. 2015, p. 205.
[6] CHESTER, Tim. *1Samuel para você.* 2019, p. 103.
[7] BALDWIN, Joyce G. *I e II Samuel: introdução e comentário.* 2006, p. 126.
[8] PHILLIPS, Richard D. *1Samuel.* 2016, p. 225.
[9] MESQUITA, Antônio Neves. *Estudo nos livros de 1 e 2Samuel.* 1979, p. 68.
[10] BALDWIN, Joyce G. *I e II Samuel: introdução e comentário.* 2006, p. 127.
[11] MELLISH, Kevin J. *Novo comentário bíblico Beacon – 1 e 2Samuel.* 2015, p. 136.
[12] BALDWIN, Joyce G. *I e II Samuel: introdução e comentário.* 2006, p. 128.
[13] MESQUITA, Antônio Neves. *Estudo nos livros de 1 e 2Samuel.* 1979, p. 68,69.
[14] MELLISH, Kevin J. *Novo comentário bíblico Beacon – 1 e 2Samuel.* 2015, p. 137.

15. PURKISER, W. T. *Os livros de 1 e 2Samuel*. *In* Comentário bíblico Beacon. Vol. 2. 2015, p. 206.
16. MELLISH, Kevin J. *Novo comentário bíblico Beacon – 1 e 2Samuel*. 2015, p. 137.
17. PHILLIPS, Richard D. *1Samuel*. 2016, p. 230-232.
18. WIERSBE, Warren W. *Comentário bíblico expositivo*. Vol. 2. 2015, p. 239.
19. WIERSBE, Warren W. *Comentário bíblico expositivo*. Vol. 2. 2006, p. 239,240.
20. CHESTER, Tim. *1Samuel para você*. 2019, p. 105-107.
21. BALDWIN, Joyce G. *I e II Samuel: introdução e comentário*. 2006, p. 130.
22. PHILLIPS, Richard D. *1Samuel*. 2016, p. 233.
23. PHILLIPS, Richard D. *1Samuel*. 2016, p. 233.
24. WIERSBE, Warren W. *Comentário bíblico expositivo*. Vol. 2. 2006, p. 240.
25. CHESTER, Tim. *1Samuel para você*. 2019, p. 105.
26. MELLISH, Kevin J. *Novo comentário bíblico Beacon – 1 e 2Samuel*. 2015, p. 138.
27. PURKISER, W. T. *Os livros de 1 e 2Samuel*. *In* Comentário bíblico Beacon. Vol. 2. 2015, p. 206.
28. PHILLIPS, Richard D. *1Samuel*. 2016, p. 236,237.
29. BARBER, Cyril J. *The Books of Samuel*. Neptune, NJ: Loizeaux. 1994, p. 175.
30. BALDWIN, Joyce G. *I e II Samuel: introdução e comentário*. 2006, p. 130.
31. CHESTER, Tim. *1Samuel para você*. 2019, p. 110,111.
32. PHILLIPS, Richard D. *1Samuel*. 2016, p. 239.
33. WIERSBE, Warren W. *Comentário bíblico expositivo*. Vol. 2. 2006, p. 241.
34. PHILLIPS, Richard D. *1Samuel*. 2016, p. 242.

Capítulo 17

Quando Deus escolhe os improváveis

(1Samuel 16:1-23)

Este capítulo encerra um ciclo e começa um novo tempo na história de Israel, bem como na história da redenção. Nas palavras de Kevin Mellish, "este capítulo basicamente serve como um prefácio para as narrativas restantes pertinentes à vida de Davi [...]. O capítulo 16 começa com a jornada de Davi rumo ao trono, primeiro com a sua unção por Samuel, e, depois, com a sua introdução à corte de Saul".[1]

Samuel precisa parar de sentir dó de Saul, deve tirar os olhos do passado e colocá-los no futuro. Deus corrige o foco do profeta, dando-lhe uma missão secreta de ir até à família escolhida a fim de efetivar uma dinastia duradoura.[2]

Diz a Escritura que o mesmo Deus que rejeitou Saul, "escolheu a Davi, seu servo, e o tomou dos redis das ovelhas; tirou-o do cuidado das ovelhas e suas crias, para ser o pastor de Jacó, seu povo, e de Israel, sua herança" (Sl 78:70,71).

Deus escolhe Davi (16:1-13)

Warren Wiersbe chama a atenção para o fato de que o texto em apreço fala da cidade de Davi (16:1-5); da família de Davi (16:6-10); da profissão de Davi (16:11); da aparência de Davi (16:12a); e da unção de Davi (16:12,13).[3]

Veremos na passagem em tela cinco lições importantes:

Em primeiro lugar, *pare de olhar para trás, Deus está fazendo algo novo* (16:1). O capítulo anterior encerra com o rompimento de Samuel com Saul e destaca o sentimento de pena, de tristeza profunda, como um pranto pelos mortos, que dominou o coração do velho profeta devido ao rei que Deus havia rejeitado. Agora, Deus repreende Samuel por continuar sentindo pena de Saul, orientando-o a tirar os olhos do passado para colocá-los no futuro, uma vez que está fazendo algo novo. Purkiser diz que a tristeza do profeta por causa da rejeição do rei foi interrompida por uma nova missão. A dinastia de Saul não podia mais continuar. O profeta precisava afastar-se do passado e de suas situações, e olhar para frente, quando se cumpririam os próximos planos de Deus.[4]

Deus ordena Samuel a encher um chifre de azeite, e o envia a Belém, para ungir um dos filhos de Jessé como o novo rei de Israel. Com isso, uma página está sendo virada na história da nação, bem como na história da redenção.

Em segundo lugar, *pare de temer os homens, confie em Deus* (16:2). Samuel, o destemido profeta, confessa, agora, seu medo de Saul, imaginando que essa missão secreta lhe custaria a própria vida. Sabe que se o rei, já com fortes sinais de descontrole, desconfiar do propósito de sua viagem poderia interpretar isto como uma traição e explodir num ataque assassino. Deus, porém, não só ordena Samuel a ir a Jessé, mas, também, lhe dá uma estratégia para não causar desconfiança em Saul e nos seus aliados. O Senhor o instrui a organizar um sacrifício e um banquete que fossem relacionados à sua visita em Belém.

Em terceiro lugar, *pare de esperar o pior, pois Deus está fazendo o melhor* (16:3-5). Se Samuel estava com medo de ir à casa de Jessé, em Belém, com mais medo ficaram os anciãos da cidade quando o viram chegando, pois não sabiam quais eram as suas intenções. Belém era uma vila muito pequena e não fazia parte da rota costumeira do profeta. Os dias estavam tensos e o temor deles era que o profeta estivesse trazendo, da parte de Deus, alguma palavra de juízo. Porém, ele acalmou-lhes o coração dizendo que sua vinda era de paz, e os convida a se purificarem para o sacrifício que estava prestes a oferecer. O próprio Samuel purificou Jessé e seus filhos. Não raro, ficamos apavorados, com medo daquilo que pode ser a porta da nossa esperança. Sua missão era ungir um belemita rei de Israel, colocando a pequena cidade no topo da fama mundial.

Em quarto lugar, *pare de olhar para a aparência, Deus vê o coração* (16:6-10). Logo que Samuel entrou na casa de Jessé, viu a seu filho primogênito, Eliabe. Imediatamente, julgando pela aparência, pensou que estava na presença do ungido do Senhor, no que foi imediatamente repreendido pelo próprio Deus: "Não atentes para a sua aparência, nem para a sua altura, porque o rejeitei; porque o Senhor não vê como vê o homem. O homem vê o exterior, porém, o Senhor, o coração" (16:7). Jessé fez passar diante de Samuel todos os seus sete filhos, mas ele declarou: "a nenhum deles Deus escolheu". Warren Wiersbe, falando da família de Davi, escreve:

> Davi era o oitavo filho de Jessé, e as Escrituras dão o nome de seis de seus irmãos: Eliabe, o primogênito; Abinadabe, o segundo; Simeia, o terceiro, também chamado de Samá; Natanael, o quarto; Radai, o quinto; e Ozém, o sexto (1Cr 2:13-15). Davi é apresentado como o sétimo filho nessa genealogia, mas 1Samuel 16:10,11 deixa claro que ele era o oitavo e o caçula. Ao que parece, um dos irmãos morreu sem deixar herdeiros, de modo que seu nome foi tirado da genealogia. Davi também tinha duas irmãs: Zeruia, mãe de Abisai, Joabe e Asael, e Abigail, mãe de Amasa (1Cr 2:16,17). Todos esses homens exerceram papéis importantes no reino de Davi.[5]

T. W. Purkiser diz, corretamente, que Deus não procura semblantes formosos (16:7); estatura física (16:7); idade (16:11); posição (16:11). O Senhor olha para o coração (16:7); e derrama o seu Espírito sobre aqueles que Ele aceita (16:13).[6]

Em quinto, *pare de descartar os improváveis, pois Deus é especialista em escolhê-los e capacitá-los* (16:11-13). Foi nesse momento que Samuel perguntou a Jessé: "Acabaram-se os teus filhos?" (16:11a). Ele respondeu: "... ainda falta o mais moço, que está apascentando as ovelhas" (16:11b). É digno de nota que no Antigo Testamento os reis e seus oficiais eram considerados "pastores" do povo (Jr 23; Ez 34). Ainda vale a pena ressaltar que Deus, geralmente, chama pessoas ocupadas para o seu serviço.

Sem titubear, Samuel disse a Jessé: "Manda chamá-lo, pois não nos assentaremos à mesa sem que ele venha" (16:11c). O caçula da família era o improvável. Era jovem demais. Vivia tangendo sua harpa nas montanhas desérticas de Belém, enquanto apascentava as ovelhas, protegendo-as de bestas-feras. Joyce Baldwin diz que o mais jovem foi considerado tão improvável que não acharam necessário chamá-lo do trabalho com as ovelhas. Este, porém, era quem o Senhor havia escolhido.[7] Richard Phillips corrobora: "No lugar mais improvável e humilde, Deus havia encontrado o rei de sua própria escolha: o jovem a quem o próprio Deus havia moldado para seu propósito gracioso".[8]

Davi chegou e foi introduzido à casa. Era ruivo, de belos olhos e boa aparência. O Senhor ordenou a Samuel: "Levanta-te e unge-o, pois este é ele" (16:12). O óleo da unção simbolizava tanto o Espírito Santo como a concessão de seu poder. Davi foi ungido por Samuel no meio de seus irmãos, e daquele dia em diante o Espírito do Senhor se apossou dele. Cumprida a sua missão, o profeta voltou para sua casa, em Ramá. Tim Chester destaca que os reis israelitas não eram coroados com uma coroa, mas ungidos com óleo. Óleo era derramado sobre sua cabeça. Assim, o rei era "o ungido". A palavra hebraica para tal pessoa é *messiah*, e a palavra grega é *christos*. Saul havia sido o ungido. Agora Davi passa a sê-lo — o messias ou o cristo.[9]

Warren Wiersbe chama a atenção para o fato de Davi ser o oitavo filho de Jessé, pois nas Escrituras esse número é, com frequência, a representação de um novo começo. De fato, Deus usou Davi para promover um recomeço em Israel, tanto em termos políticos como espirituais.[10]

Antônio Neves de Mesquita diz, corretamente, que a monarquia em Israel era teocrática e requeria três personalidades, todas de escolha divina: rei, sacerdote e profeta, as três grandes qualidades do Rei dos reis e do Senhor dos senhores, Jesus Cristo. Assim, Saul, Davi e outros eram apenas sombras do verdadeiro Rei de Israel, que um dia haveria de se manifestar ao povo e ao mundo.[11] Nas palavras de Walter Chanty, "Deus fez do filho de Jessé o emblema do ofício real que somente Cristo cumpriria mais gloriosamente".[12]

Richard Phillips diz que podemos aprender cinco lições com a unção de Davi: 1) uma repreensão da parte de Deus ao princípio que está no cerne da idolatria: o foco na aparência exterior; 2) chamados importantes exigem preparação prévia; 3) o prazer de Deus em elevar servos a partir de lugares humildes; 4) as qualidades mais importantes são aquelas que nos recomendam a Deus; 5) as qualidades que Deus deseja em seus servos são aquelas que Ele concede pelo envio do seu Espírito Santo.[13]

Saul escolhe Davi (16:14-23)

A situação de Saul estava indo de mal a pior. O rei estava em total decadência mental e espiritual. Nessa conjuntura, por indicação de seus servos, ele escolhe Davi para assisti-lo no palácio. Saul adota Davi como seu filho. Mas tarde, o belemita se tornará o genro do rei. Ele chama Davi de "meu filho" (24:16; 26:17), e Davi o chama de "meu pai" (24:11).

Destacamos, aqui, quatro fatos solenes.

Em primeiro lugar, *um contraste profundo* (16:13,14). Assim como o Espírito Santo se apossou de Davi, um espírito maligno, da parte do Senhor, passou a atormentar Saul (16:14,23; 18:10; 19:9), como parte de sua disciplina.

Em segundo lugar, *um tormento profundo* (16:14). A vida de Saul foi se deteriorando na medida em que ele se rebelava contra Deus e ainda tentava justificar suas transgressões. Samuel se afastou dele. O Senhor o rejeitou. Agora, um espírito maligno, enviado pelo Senhor, o atormenta.

Este texto tem suscitado muitos debates. Uns defendem a tese segundo a qual Deus, sendo soberano, usa até mesmo os demônios para cumprir seus propósitos. Joyce Baldwin diz que em nível nacional, a invasão e a derrota infligidas por um inimigo cruel também tinham de ser aceitas como vindas da parte do Senhor, cuja direção soberana da História envolvia a disciplina de seu povo.[14] Outros entendem que o texto não está falando de espíritos malignos, mas de perturbação mental e disfunções psicológicas e emocionais. Por isso, traduzem a palavra "maligno" por "arruinador".[15] Entendemos que Deus, de fato, é soberano e até os espíritos malignos estão debaixo de suas ordens e cumprem seus propósitos. Porém, os acessos de ira de Saul, seu transtorno psicológico e sua perturbação mental não eram apenas problemas de doença psicoemocional, mas consequência da ação perturbadora de espírito maligno. A causa era o espírito maligno, a consequência era a perturbação mental.

Antônio Neves de Mesquita lança luz sobre o tema, ao escrever:

> É sempre assim: quando Deus não ocupa o lugar devido na vida humana, o demônio se aproveita da vaga e toma conta. O mais grave de tudo é que este espírito maligno veio da parte do Senhor. Deus manda tanto nos espíritos bons como nos maus. Nada escapa ao governo divino, e os demônios são usados para perseguir os que estão desviados [...]. Deus tem sob seu domínio anjos e demônios, como tem os homens, e usa-os no seu governo providencial, do modo que quer.[16]

Em terceiro lugar, *um diagnóstico certo, mas um tratamento insuficiente.* (16:15,16). Os servos de Saul diagnosticaram corretamente, ao declararem que o rei estava atormentado por um espírito maligno, mas adotaram medidas superficiais e insuficientes para resolver o problema das crises intermitentes de perturbação mental. O problema de Saul era a sua alienação de Deus, a sua rebeldia contra Ele e a sua desobediência às suas ordens. A solução para Saul era o arrependimento sincero e não apenas terapia musical. A música era apenas um paliativo para seus acessos de loucura e perturbação. Richard Phillips tem razão em escrever:

> Conselheiros de mentalidade bíblica parecem ter estado ausentes da corte de Saul, e seus conselheiros só conseguiram pensar num modo de tratar os sintomas psicológicos do que era um problema fundamentalmente espiritual. A solução oferecida por eles foi superficial. Saul precisava de uma cirurgia e eles lhe deram apenas paliativos.[17]

Em quarto lugar, *um propósito divino* (16:17-23). O Deus da Providência trabalha as circunstâncias, ainda que carrancudas, para colocar o recém-ungido rei de Israel dentro do palácio, para relacionar-se com Saul. Assim, o novo rei está servindo ao velho rei. Um dos moços de Saul deu um relatório preciso sobre o jovem belemita: "... ele sabe tocar e é forte e valente, homem de guerra, sisudo em palavras e de boa aparência; e o SENHOR é com ele" (16:18). Concordo com Warren Wiersbe, quando diz que a chave para o sucesso de Davi é apresentada aqui: "O SENHOR era com ele" (16:18; 18:12,14,28).

O rei, então, envia uma mensagem a Jessé, para lhe enviar o seu filho pastor. Este, ao receber a ordem de Saul para lhe enviar Davi, prepara uma oferta especial para ser entregue ao monarca: pão, vinho e um cabrito. Saul se agradou de tudo o que Davi lhe proporcionava. Amou-o muito e o fez seu escudeiro. Então, mandou um recado a seu pai: "Deixa estar Davi perante mim, pois me caiu em graça" (16:22). Quando o espírito maligno, da parte de Deus, vinha sobre Saul, Davi tomava a harpa e a dedilhava. Então, ele se acalmava, o espírito se retirava dele e o rei sentia-se melhor (16:23).

NOTAS

[1] MELLISH, Kevin J. *Novo comentário bíblico Beacon – 1 e 2Samuel*. 2015, p. 142.
[2] BALDWIN, Joyce G. *I e II Samuel: introdução e comentário*. 2006, p. 136.
[3] WIERSBE, Warren W. *Comentário bíblico expositivo*. Vol. 2. 2006, p. 242-244.
[4] PURKISER, W. T. *Os livros de 1 e 2Samuel*. In Comentário bíblico Beacon. Vol. 2. 2015, p. 207.
[5] WIERSBE, Warren W. *Comentário bíblico expositivo*. Vol. 2. 2006, p. 243.

6. PURKISER, W. T. *Os livros de 1 e 2Samuel*. *In* Comentário bíblico Beacon. Vol. 2. 2015, p. 208.
7. BALDWIN, Joyce G. *I e II Samuel*. 2006, p. 137.
8. PHILLIPS, Richard D. *1Samuel*. 2016, p. 253.
9. CHESTER, Tim. *1Samuel para você*. 2019, p. 119.
10. WIERSBE, Warren W. *Comentário bíblico expositivo*. Vol. 2. 2006, p. 244.
11. MESQUITA, Antônio Neves. *Estudo nos livros de 1 e 2Samuel*. 1979, p. 72.
12. CHANTY, Walter. *David: Man of prayer, man of war*. Edimburgo: Banner of Truth. 2007, p. vii.
13. PHILLIPS, Richard D. *1Samuel*. 2016, p. 253-356.
14. BALDWIN, Joyce G. *I e II Samuel: introdução e comentário*. 2006, p. 138.
15. BALDWIN, Joyce G. *I e II Samuel: introdução e comentário*. 2006, p. 137.
16. MESQUITA, Antônio Neves. *Estudo nos livros de 1 e 2Samuel*. 1979, p. 72.
17. PHILLIPS, Richard D. *1Samuel*. 2016, p. 262.

Capítulo 18

Um vencedor de gigantes

(1Samuel 17:1-58)

Essa fascinante história de fé e de coragem é uma das narrativas clássicas mais apreciadas e conhecidas da Bíblia.[1] Davi primeiro surge em 16:1-13 sendo ungido por Samuel; nos versículos 14-24 como o músico da corte de Saul; e aqui no capítulo 17, como o campeão militar de Israel.[2]

Embora esse episódio tenha ocorrido há mais de três mil anos, é oportuno dizer que os gigantes ainda existem e eles são muitos e insolentes. Estão espalhados por todos os lados e teimam em se colocar em nosso caminho para nos intimidar. Gigante é tudo aquilo que parece ser maior do que você. Um gigante pode ser uma pessoa, uma circunstância, ou um sentimento. Há gigantes fora de nós e há gigantes dentro de nós. Há gigantes que nós criamos no laboratório do próprio medo, e eles se levantam como fantasmas para nos assustar.

Deus não nos chamou para contar os gigantes, nem mesmo para temê-los e fugir deles. Deus nos chamou para vencê-los. John Milton venceu o gigante da cegueira, Ludwig Beethoven venceu o gigante da surdez, e John Bunyan venceu o gigante da prisão. Quais são os seus gigantes? O texto em tela, ao tratar da batalha de Israel com os filisteus, oferece-nos algumas lições importantes.

Um inimigo insistente (17:1-3)

Os filisteus foram os inimigos mais insistentes que Israel enfrentou. Considerados "o povo do mar", eram piratas invasores. Quando migraram para o litoral de Israel, levaram sua cultura e suas táticas de guerra consigo. Mais uma vez, esse inimigo avançando sobre o território de Judá, ajunta suas tropas para guerrear contra Israel, acampando-se entre Socó e Azeca, em Efes-Damim. Joyce Baldwin diz que a frase enfática *Socó, que está em Judá*, mostra os filisteus indo além dos limites.[3] Por sua vez, Saul convoca os soldados de Israel e acampam no vale de Elá. É preciso ressaltar que os filisteus tinham armamento superior e normalmente possuíam mais soldados.

Um duelista insolente (17:4-11)

O narrador sagrado, descrevendo Golias, faz cinco registros a seu respeito.

Em primeiro lugar, *sua altura* (17:4). O texto bíblico não chama Golias de gigante, porém, sua altura é de 2,90 metros. Mesmo Saul sendo o homem mais alto de Israel, Golias, o gadita, o superava em estatura. Nas palavras de Richard Phillips, "Golias era a mais recente inovação militar inimiga, um gladiador campeão de proporções gigantescas [...], uma montanha humana que ficava muito acima da cabeça de qualquer guerreiro israelita".[4] A presença de gigantes na terra já era um fato conhecido, como podemos atestar em Gênesis 6:4; Números 13:22,33; Deuteronômio 9:2 e Josué 15:13,14.

Em segundo lugar, *sua armadura* (17:5,6). Golias estava coberto da cabeça aos pés. Usava capacete, couraça e caneleiras de bronze. Sua indumentária de proteção pesava cerca de cem quilos. A descrição da armadura de Golias caminha progressivamente da cabeça aos pés; de cima para baixo. Tratava-se de uma armadura intimidadora.

Em terceiro lugar, *suas armas* (17:6b,7). Golias usava um dardo de bronze, lança e espada (17:51). Além disso, ia adiante dele um escudeiro. Richard Phillips diz que Golias era mais que um espetáculo assustador; era também um especialista em combate corpo a corpo, pois era um guerreiro (17:4).[5]

Em quarto lugar, *seu desafio* (17:8,9,16). Golias desafiou o exército de Israel, propondo um duelo em vez de uma batalha. Queria um homem para lutar com ele. Caso o duelista o vencesse, os filisteus serviriam a Israel. Do contrário, Israel serviria aos filisteus. Golias está tão seguro de ganhar a luta que promete entregar seus compatriotas à escravidão. Esse desafio foi feito durante quarenta dias, duas vezes por dia.

Em quinto lugar, *sua afronta* (17:10,11). Ele não apenas desafiou os soldados de Israel, mas, também, afrontou suas tropas, querendo um homem para lutar com ele. Mesmo Saul sendo o homem mais alto de Israel e mesmo tendo sido escolhido para ir à frente da nação nas guerras, ele se acovardou como todos os seus soldados. Todo o Israel espantou-se com as afrontas de Golias e temeram muito. A. W. Pink, aplicando o texto em tela, escreve: "Golias descreve para nós o grande inimigo de Deus e do homem, o diabo, que busca aterrorizar e colocar em cativeiro aqueles que levam o nome do Senhor".[6]

Um guerreiro valente (17:12-58)

O narrador, depois de apresentar a família de Davi (17:12-14), oferece dez lições dignas de destaque. Vejamos:

Em primeiro lugar, *não olhe para suas limitações, veja as oportunidades* (17:12-16). Jessé, o belemita, já estava velho e Davi, sendo o caçula, não tinha ainda vinte anos, a idade própria para ser um soldado. Seus três irmãos mais velhos estavam no campo de batalha, lutando pela nação, mas ele nem lembrado foi, aliás era jovem demais para esse embate. Cabia-lhe apenas ser o músico particular do rei nos seus acessos de loucura e voltar a Belém para apascentar suas poucas ovelhas no deserto.

Ele, porém, não ficou frustrado nem complexado pelas suas limitações. Na verdade, era o único homem em toda a nação com coragem para enfrentar o gigante. Não fique lamentando as dificuldades da vida, suba nos ombros dos gigantes, tenha a visão do farol alto e olhe as oportunidades que Deus coloca diante de você hoje. Concordo com Warren Wiersbe, quando escreve: "Deus havia conduzido Davi até o acampamento para essa ocasião, e o rapaz estava pronto a aceitar o desafio".[7]

Em segundo lugar, *não despreze as pequenas tarefas, elas abrem portas para grandes oportunidades* (17:17-23). Davi é um homem humilde e um filho obediente. Seu pai lhe pede para levar trinta e cinco litros (um efa) de trigo tostado e pães para seus irmãos e queijos ao comandante de mil. O propósito de Jessé não é apenas enviar provisão para os filhos e o comandante, mas, sobretudo, saber notícias do andamento da guerra. Davi, mesmo tendo sido ungido rei de Israel por Samuel e mesmo frequentando o palácio do rei, não se sentiu diminuído ao fazer esse trabalho doméstico e humilde. No dia seguinte, de madrugada, deixando as ovelhas sob o cuidado de um guarda, partiu para o vale de Elá com a provisão. Ele chega no exato momento em que as tropas de Israel saíam para formar-se em ordem de batalha. Deixando o que trouxera com o guarda da bagagem, correu à batalha; e, chegando, perguntou a seus irmãos se estavam bem. Enquanto falava com eles, Golias, o duelista, pelo quadragésimo dia e pela octogésima vez afrontou as tropas de Israel. Davi ouviu essas afrontas e viu todos os israelitas, com as pernas bambas de medo, fugirem de diante do gigante e temerem grandemente.

Em terceiro lugar, *não escute a voz dos pessimistas, eles apostam na derrota* (17:24-27). Davi ouviu essas afrontas e viu todos os israelitas, com as pernas bambas de medo, fugindo de diante do gigante (17:24) e dizendo: "Vistes aquele homem que subiu? Pois subiu para afrontar a Israel" (17:25). Diante do espanto de Davi com a pusilanimidade dos soldados hebreus, ouviu ainda que o rei Saul estava oferecendo robusta recompensa para quem o vencesse: 1) grandes riquezas; 2) membresia na família real, com oferta de casamento com a filha do rei; 3) isenção vitalícia de impostos. Kevin Mellish diz que a promessa de liberdade e a mão da filha de Saul em casamento não conseguiu animar ninguém a confrontar o guerreiro filisteu.[8] Davi, porém, interessa-se em ouvir melhor a proposta do rei e engata: "Quem é, pois, esse incircunciso filisteu, para afrontar os exércitos do Deus vivo?" (17:26). Porque Davi humildemente sujeitou-se a seu velho pai, cumprindo um papel tão secundário, Deus abriu-lhe a oportunidade de vencer o gigante e tornar-se um herói nacional.

A voz do povo era uma voz de pessimismo e de fracasso. Todos apostavam na derrota. Ainda hoje as pessoas comentam sobre a crise. Elas só olham para a altura dos gigantes. Mas é no tempo de crise que se revelam os heróis. É no ventre da crise que nascem os vencedores. Não escute a voz dos pessimistas. Não dê atenção aos medrosos. Como Davi, você também pode derrubar os seus gigantes. Isaque cavou poços no deserto. Semeou em tempo de fome e colheu a cem por um. Franklin Delano Roosevelt queria ser presidente dos Estados Unidos da América. Nasceu em 30 de janeiro de 1882 em Nova York. Estudou nas universidades de Harvard e Columbia. Exerceu a advocacia por um tempo, mas declinou dela para se dedicar à política. Aos 39 anos foi vítima de poliomielite, ficando paralítico da cintura para baixo. Ele não desistiu de enfrentar seus gigantes. A multidão dizia que ele jamais poderia ser presidente dos Estados Unidos da América numa cadeira de rodas. Foi o único homem que foi eleito e reeleito quatro vezes consecutivamente presidente dos EUA.

Em quarto lugar, *não perca tempo com os críticos, eles querem tirar o seu foco* (17:28-30). Davi enfrenta a crítica do irmão mais velho, Eliabe, o descrédito de Saul e a afronta de Golias. Mas ele não perde o foco. As críticas sempre doem, mas é claro que elas doem mais: 1) quando vêm daqueles que deveriam estar do nosso lado e estão contra nós. Eliabe era o irmão mais velho de Davi, sangue do seu sangue. Quanto mais íntima é a relação, mais dolorosa é a crítica; 2) quando elas vêm daqueles que nos conhecem há muito tempo e são testemunhas de nossa integridade. Se Eliabe era o primogênito de oito irmãos e Davi era o caçula, ele conhecia o caráter provado do irmão, mas inobstante as virtudes de Davi, Eliabe o critica; 3) quando elas são contínuas. Eliabe era um crítico contumaz. Davi lhe pergunta: "Que fiz eu agora? Fiz somente uma pergunta" (17:29); 4) quando elas vêm envelopadas em destempero emocional, ardendo em ira. Eliabe ficou irado com Davi quando este se dispôs a enfrentar Golias; 5) quando elas tentam desvendar até nossas motivações. Eliabe acusou Davi de estar ali com presunção, como um bisbilhoteiro, apenas para ver a peleja. A verdade dos fatos é que ele era humilde, pois poderia ter recusado o pedido do pai em virtude da nova posição que ocupa depois da unção de Samuel; 6) quando elas tentam nos humilhar em público. Eliabe tenta desmoralizar seu irmão caçula diante dos soldados de Israel, perguntando: "[...] e a quem deixaste aquelas poucas ovelhas no deserto?" (17:28).

A revista *Time* de Abril de 1986 publicou um artigo sobre homens que foram criticados; homens sem perspectiva de futuro:

Ludwig Beethoven — "Esse jovem tem uma maneira estranha de manusear o violino. Prefere tocar suas próprias canções ao invés de aprimorar suas técnicas". Seu professor o qualificou como *sem esperança* como compositor.

Walt Disney — foi despedido por um editor de um jornal por *falta de ideias*. Disney foi à falência várias vezes.

Thomas Alva Edson — seu professor lhe disse que ele era muito estúpido para aprender qualquer coisa. Edson registrou a patente de mais de mil invenções.

Albert Einstein — sua tese de doutorado em Bonn foi considerada irrelevante e sofisticada. Alguns anos depois seria expulso da Escola Politécnica de Zurich.

Luiz Pasteur — foi apenas um estudante medíocre. Em Química, foi colocado em décimo quinto lugar num grupo de 22. Inventou a penicilina.

Henry Ford — o primeiro a fabricar carros em série. Foi à falência cinco vezes antes de ser bem-sucedido nos seus negócios.

Não deixe as críticas colocarem medo em seu coração. Fuja dos críticos e enfrente e vença os gigantes. Como Davi triunfou sobre as críticas de Eliabe, seu irmão mais velho? Desviando-se dele (17:30)! Não gaste tempo com seus críticos. Concentre-se naquilo que Deus lhe chamou para fazer.

Em quinto lugar, *apresente-se para os grandes desafios do presente com base nas vitórias e experiências do passado* (17:31-37). A postura varonil de Davi, não aceitando as afrontas de Golias, é contrastada com a covardia de Saul e do exército israelita. Matthew Henry enfatiza: "Um pequeno pastor que chegou de manhã diretamente do cuidado com as ovelhas tem mais coragem que todos os homens poderosos de Israel".[9]

As notícias alvissareiras acerca da coragem de Davi e de sua disposição em duelar com Golias logo chegaram aos ouvidos do rei Saul, que prontamente mandou chamá-lo. O jovem Davi apresentou-se ao rei, dizendo-lhe: "Não desfaleça o coração de ninguém por causa dele; teu servo irá e pelejará contra o filisteu" (17:32). Saul, ao ouvir a bravura do jovem belemita, deu logo o diagnóstico: "Contra o filisteu não poderás ir para pelejar" (17:33a), e justificou: "[...] pois tu és ainda moço, e ele, guerreiro desde a sua mocidade" (17:33b). Saul, como Golias, confiava na aparência e na força do braço da carne. Porém, Davi respondeu ao rei informando-o de suas experiências no labor pastoril. Para livrar suas ovelhas, já havia lutado vitoriosamente com um urso e com um leão e matado ambos. Concordo com Kevin Mellish, quando escreve: "Deus pode usar as nossas experiências passadas para nos preparar para as missões futuras".[10] Davi então arremata: "[...] este incircunciso filisteu será como um deles, porquanto afrontou os exércitos do Deus vivo" (17:36). O filisteu selou seu próprio destino ao desafiar os exércitos do Deus vivo.[11]

As vitórias do passado deram a Davi a convicção de que Deus lhe daria êxito também no presente. É claro que essas não são bravatas de um fanfarrão, mas o testemunho de um homem de fé. Assim, ele garantiu ao rei: "[...] o Senhor me livrará das mãos deste filisteu" (17:38). Concordo com Antônio Neves de Mesquita: "Com Deus se pode tudo e contra Deus nada se pode".[12] Dale Ralph Davis comenta: "Olhar para trás com fé nos capacita a seguir adiante em fé. O que o Senhor fez no deserto de Judá, Ele fará no vale de Elá".[13] Saul, com base no testemunho de Davi, deu-lhe permissão para enfrentar o duelista e rogou sobre ele a bênção de Deus: "[...] o Senhor seja contigo" (17:38b).

Em sexto lugar, *não tente imitar os outros, use as armas que Deus lhe deu* (17:38-40). Antes de enviar Davi para duelar com Golias, Saul vestiu-o com sua armadura, e lhe pôs sobre a cabeça um capacete de bronze, e o vestiu com uma couraça. Davi cingiu a espada sobre a armadura, mas não conseguiu andar com toda aquela parafernália. Saul era o homem mais alto de Israel, e, obviamente, sua armadura não poderia cair bem em Davi, que disse: "Não posso andar *com isto*", e então "Davi tirou *aquilo* de sobre si" (17:38,39). Não podemos enfrentar gigantes com armas alheias.

O que o texto nos ensina é que não adianta usar armadura de rei sem ser rei. Usar armadura alheia não é equipar-se para a batalha. Essa indumentária de guerra era um estorvo para Davi. Então o jovem belemita se desfez de tudo aquilo para lutar com suas próprias armas. Ele tomou o cajado na mão, pegou cinco pedras lisas do ribeiro, e as pôs no alforje de pastor; e, lançando mão de sua funda, foi se chegando ao filisteu.

Uma funda nas mãos de Davi era uma arma poderosa. Nas mãos de um guerreiro habilidoso, as fundas eram tidas como mortalmente precisas (Jz 20:16). Ele poderia acertar um fio de cabelo, quanto mais a testa de um gigante. Davi era um especialista. Não tinha apenas coragem, mas, também, preparo. Preparo sem coragem é covardia; coragem sem preparo é loucura. Warren Wiersbe está correto em dizer que, apesar das críticas e dos conselhos desanimadores e inapropriados, Davi confiou no Senhor, seu Deus, e o Senhor recompensou sua fé.[14]

Em sétimo lugar, *tenha preparo e coragem, mas saiba que a vitória vem de Deus* (17:41-47). Davi estava preparado para enfrentar Golias e tinha coragem para triunfar sobre o gigante insolente e blasfemador. Mais do que isto, ele tinha as motivações certas para entrar nessa guerra, quais sejam o zelo pela glória de Deus e o amor a seu povo. De igual modo, Davi, revestido com o poder do Espírito, tinha as armas certas, poderosas em Deus para destruir fortalezas e anular sofismas (2Co 10:4).

Ele compreendia que a vitória vem de Deus e o mérito da vitória pertence a Ele. Golias havia blasfemado contra o Deus vivo e afrontado o seu exército. Agora, Golias vem a Davi escarnecendo dele e amaldiçoando-o em nome de seus deuses. Golias tenta intimidá-lo, dizendo que daria sua carne às aves do céu e às bestas-feras do campo. Às provocações de Golias, Davi responde que está indo contra ele em nome do Senhor dos Exércitos, o Deus das hostes de Israel, a quem o filisteu estava afrontando. Davi declara que Golias será degolado e seu exército, aniquilado, a fim de que toda a terra saiba que há Deus em Israel. E mais, toda a multidão que já estava em suspense havia quarenta dias saberia que o Senhor salva não com espada, nem com lança; porque do Senhor é a guerra, e os filisteus seriam entregues nas mãos do exército de Israel.

Não vencemos por causa da nossa sabedoria, força ou estratégias. Podemos nos sentir como aquele camundongo que estava atravessando uma ponte nas costas de um elefante. No meio do trajeto sobre o abismo, a frágil ponte balançou na sua estrutura. Quando eles chegaram do outro lado, o camundongo olhou para o seu grande companheiro e lhe disse: "Rapaz, nós chacoalhamos aquela ponte, hein?". Quando andamos com Deus é assim que nos sentimos: um camundongo com a força de um elefante; e depois de atravessarmos as águas turbulentas da vida, vencendo nossos gigantes, poderemos dizer: "Deus, nós chacoalhamos aquela ponte, hein?"

Saul e seu exército fugiram porque olharam para o tamanho do gigante. Davi venceu porque olhou para a grandeza de Deus. Quem olha para os gigantes se intimida, e como os espias de Israel passa a sofrer a síndrome do gafanhoto. Mas quando nossos olhos estão postos em Deus podemos dizer: "Se o SENHOR se agradar de nós, então, nos fará entrar nessa terra e no-la dará, terra que mana leite e mel" (Nm 14:8).

Em oitavo lugar, *não retarde a luta, tenha pressa para vencer* (17:48-51a). Enquanto Saul e seus soldados fugiam de Golias (17:24), Davi correu em sua direção (17:48). Davi não andou para a linha de batalha, ele correu. Ele estava ansioso para ganhar, para vencer. Ele era um homem determinado. Ele tinha pressa para ser vitorioso.

Warren Wiersbe escreve: "Há os que fazem as coisas acontecerem, e há os que assistem enquanto as coisas acontecem e há quem nem sequer sabe que algo está acontecendo".[15] Davi era do tipo que faz as coisas acontecerem. Ele não precisou usar todo o seu arsenal de guerra. A primeira pedra que atirou, cravou na testa de Golias e ele caiu desamparado com o rosto em terra, como um fardo atirado ao chão. Apenas com uma pedra e sua funda, Davi prevaleceu sobre o gigante e o matou, tomando-lhe a espada e cortando-lhe com ela a cabeça.

Não desista de lutar e vencer. O maior presidente norte-americano de todos os tempos foi Abraham Lincoln. Nasceu numa região rural. Trabalhou na enxada para pagar os livros. Estudava à noite, até de madrugada. Seu nome é famoso no mundo inteiro, emprestando-o a ruas, avenidas, bancos, unversidades e carros. Mas Lincoln era um homem determinado a vencer, apesar das sucessivas derrotas. Aos 22 anos fracassou em seus negócios. Aos 23 anos foi derrotado para a Legislatura. Aos 24 anos novamente fracassou em seus negócios. Aos 25 anos foi eleito para a Legislatura. Aos 27 anos foi vítima de um calapso nervoso. Aos 29 anos foi derrotado à candidatura de presidência da Câmara. Aos

31 anos foi derrotado no colégio eleitoral. Aos 39 anos foi derrotado na sua candidatura ao Congresso. Aos 46 anos foi derrotado para o Senado. Aos 47 anos foi derrotado na sua candidatura à vice-presidência. Aos 49 anos foi derrotado na sua candidatura ao Senado. Aos 51 anos foi eleito presidente dos Estados Unidos. Não desista de lutar e vencer. Não se contente com nada menos do que a vitória. Tenha pressa para vencer.

Em nono lugar, *não faça carreira solo, ajude outros a vencer* (17:51b-54). Davi mostrou ser um grande líder: assumiu riscos e abriu caminho para que outros pudessem participar da vitória.[16] Quando os filisteus viram que seu herói estava morto, fugiram. Os homens de Israel e Judá, até então acuados de medo, se levantaram, jubilaram e perseguiram os filisteus até Gate e Ecrom, impondo-lhes grande derrota. Depois de ferirem os filisteus, os soldados de Israel voltaram despojando seus acampamentos. Davi, por sua vez, tomou a cabeça de Golias e a trouxe a Jerusalém, deixando suas armas em sua tenda. Nas palavras de Purkiser, vimos aqui "a supremacia do exército do Senhor sobre os poderes do mal".[17]

Davi enfrentou a luta sozinho, mas celebrou com os soldados de Israel. Não basta vencer, é preciso encorajar outros a vencer. Precisamos motivar e inspirar aqueles que estão abatidos a entrar na peleja e vencer.

Em décimo lugar, *mantenha seu coração humilde, pois no tempo certo Deus o exaltará* (17:55-58). Diante da façanha de Davi e da vantajosa promessa de Saul ao herói de guerra (riqueza, casamento com sua filha e isenção de impostos para a família), Saul tem um interesse pessoal em conhecer a família do provável genro. Nem Saul nem seu comandante Abner sabem (de forma exaustiva) quem é seu pai. Quando Davi chegou da batalha, com a cabeça de Golias na mão, Abner o levou à presença de Saul, que lhe perguntou de quem era filho, ao que ele respondeu: "Filho de teu servo Jessé, belemita" (17:58). Davi não estadeou diante do rei sua coragem nem mesmo fez qualquer exigência no cumprimento das promessas. Postou-se com humildade, aguardando o tempo certo e oportuno de Deus para seu reconhecimento. Concordo com John Delancey: "Saul e Abner não sabiam quem era Davi, mas Deus sabia".[18]

Concluo com as palavras de Bill Arnold, quando diz que a história de Davi e Golias ilustra três princípios espirituais importantes: 1) devemos nos preocupar mais com a glória de Deus que com nossa própria honra; 2) a fidelidade de Deus em nossa vida no passado deve nos encorajar a dar mais passos de fé; 3) quando estamos diante de batalhas que parecem impossíveis, precisamos nos lembrar de que a batalha pertence ao Senhor.[19]

NOTAS

[1] BALDWIN, Joyce G. *I e II Samuel: introdução e comentário*. 2006, p. 139.
[2] MELLISH, Kevin J. *Novo comentário bíblico Beacon – 1 e 2Samuel*. 2015, p. 147.
[3] BALDWIN, Joyce J. *I e II Samuel: introdução e comentário*. 2006, p. 140.
[4] PHILLIPS, Richard D. *1Samuel*. 2016, p 270.
[5] Idem, 2016, p. 272.
[6] PINK, A. W. *A life of David*. Vol. 2. Grand Rapids, MI: Baker. 1981, p. 131.

7. WIERSBE, Warren W. *Comentário bíblico expositivo*. Vol. 2. 2006, p. 246.
8. MELLISH, Kevin J. *Novo comentário bíblico Beacon – 1 e 2Samuel*. 2015, p. 150.
9. HENRY, Matthew. *Commentary on the whole Bible*. Vol. 6. 1992, p. 293.
10. MELLISH, Kevin J. *Novo comentário bíblico Beacon – 1 e 2Samuel*. 2015, p. 153.
11. BALDWIN, Joyce J. *I e II Samuel: introdução e comentário*. 2006, p. 143.
12. MESQUITA, Antônio Neves. *Estudo nos livros de 1 e 2Samuel*. 1979, p. 77.
13. DAVIS, Dale Ralph. *1Samuel: Looking on the heart*. 2000, p. 150,151.
14. WIERSBE, Warren W. *Comentário bíblico expositivo*. Vol. 2. 2006, p. 247.
15. WIERSBE, Warren W. *Comentário bíblico expositivo*. Vol. 2. 2006, p. 249.
16. Idem, p. 248.
17. PURKISER, W. T. *Os livros de 1 e 2Samuel. In* Comentário bíblico Beacon. Vol. 2. 2015, p. 211.
18. DELANCEY, John. *Connecting the Dots*. 2021, p. 121.
19. ARNOLD, Bill T; BEYER, Bryan E. *Descobrindo o Antigo Testamento*. 2001, p. 202, 203.

Capítulo 19

Amor e ódio numa mesma família

(1Samuel 18:1-30)

O TEXTO EM TELA apresenta a sanha do ódio e do amor numa mesma família. Houve um tempo em que Saul "amou muito" Davi (16:21), mas a atitude do rei transformou-se em inveja doentia e, depois, em ódio consumado. No entanto, enquanto Davi é odiado por Saul, é amado por Jônatas e Mical, seus filhos. Enquanto o reino de Saul vai se desidratando, Davi vai se fortalecendo. Enquanto um espírito maligno atormenta Saul, o Senhor era com Davi. Kevin Mellish coloca essa triste realidade assim: "Enquanto Davi desfrutava de sucesso entre o povo e no campo de batalha, a vida pessoal de Saul continuava a se desfiar. A vida de Davi seguiu uma trajetória para cima, enquanto a vida de Saul desmoronava. Saul estava paranoico com Davi, e a obsessão de Saul em matar Davi foi um dos fatores que o levaram à sua queda".[1]

Robert Chisholm Jr. diz que o conflito que vem à tona no capítulo 18 tomará conta da narrativa até a morte de Saul e, mesmo depois disso, não será completamente resolvido.[2]

Uma aliança de amor (18:1-5)

Depois da retumbante vitória de Davi em Elá, o jovem belemita passa a ser residente permanente no palácio de Saul. Davi já era o músico da corte, agora é, também, o escudeiro do rei. Ele avança para ser, além disso, o genro do rei. Assim, o jovem pastor passa a fazer parte definitivamente da família real. Destacamos, aqui, três pontos importantes:

Em primeiro lugar, *uma aliança de amor* (18:1-3). Jônatas, o primogênito de Saul, embora bem mais velho do que Davi, ama-o como a sua própria alma e faz aliança com ele. O verbo "amar" aqui tem a conotação de "ser leal a" (20:16,17; 2Sm 1:26).[3] Russel Norman Champlin diz que a alma dos dois guerreiros foi costurada uma à outra, como exemplo de uma amizade clássica.[4]

Tim Chester esclarece esse ponto assim:

> É fácil imaginar que Davi e Jônatas tinham a mesma idade — mas não tinham. Davi tinha trinta anos quando se tornou rei (2Sm 5:4). Saul reinou durante quarenta anos (At 13:21). Portanto, Davi deve ter nascido no décimo ano do reinado de Saul. Jônatas já estava lutando com Saul durante o terceiro ano do reinado de seu pai (13:1), e um soldado israelita precisava

ter pelo menos vinte anos (Nm 1:3). Assim, no décimo ano do reinado de Saul, quando Davi nasceu, Jônatas deveria ter no mínimo vinte e sete anos. Isso significa que Jônatas é velho o suficiente para ser o pai de Davi.[5]

Essa aliança de amor entre Jônatas e Davi perdura até o fim, apesar das turbulências que surgirão no caminho, em virtude do ciúme doentio de Saul, pai de Jônatas. A mesma expressão é usada para descrever o relacionamento de Jacó com Benjamim, seu filho caçula. Somos informados que a alma de Jacó estava ligada com a alma dele (Gn 44:30).

A insinuação de alguns que havia um relacionamento homoafetivo entre eles não tem qualquer credibilidade. A lei de Deus claramente proibia a prática homossexual (Lv 18:22; 20:13). Essa insinuação, como diz Tim Chester, revela mais sobre a sexualização de nossa cultura que sobre o relacionamento deles. A realidade é que homens podem ter uma amizade íntima e afetuosa sem que se torne sexual, especialmente quando são companheiros de armas.[6]

Richard Phillips, nessa mesma toada, escreve:

> O amor entre esses homens era de companheirismo e fraternidade: tentativas recentes feitas por estudiosos liberais de dar tons sexuais a essa passagem são perversas e absurdas. Há diferentes tipos de amor, com diferentes níveis de intensidade e diferentes tipos de expressão: o amor de um homem e uma mulher no casamento, o amor cristão entre os irmãos e o amor de fortes amizades.[7]

Em segundo lugar, *reconhecimento oficial* (18:4). O amor de Jônatas por Davi não era apenas um sentimento, mas sobretudo um reconhecimento de que o filho de Jessé seria o novo rei. Jônatas despoja-se de sua indumentária de guerra e a transfere a Davi numa clara transferência de poder, uma vez que, legalmente, seria o sucessor de seu pai. Era uma demonstração de sua lealdade política a Davi. Nas palavras de Kevin Mellish, "os itens que Jônatas legou a Davi simbolizavam os atavios do poder real. Em essência, Jônatas simbolicamente renunciou sua posição como legítimo herdeiro do reino de Saul em favor de Davi".[8] O ato de Jônatas foi um ato de fé, pois só a fé nos impulsiona a ser menos para honrar a quem amamos. Onde o pecado teria feito inimigos, a fé fez amigos mais chegados que irmãos.

Em terceiro lugar, *uma liderança notória* (18:5). Davi estava sob a autoridade de Saul, mas agia com prudência, pois tinha consciência da instabilidade emocional do rei. Davi, sendo colocado pelo rei sobre tropas de seu exército, ganhava a olhos vistos a simpatia do povo e dos servos reais, por causa de sua destacada liderança. Nas palavras de R. N. Champlin, "a estrela de Davi subia, enquanto a de Saul se punha".[9]

Uma inveja indignada (18:6-9)

Destacamos dois fatos aqui:

Em primeiro lugar, *uma música inconsequente* (18:6,7). O sossego de Davi acabou e a alma de Saul se definhou em ciúmes, por causa de uma música, acompanhada de danças e instrumentos musicais, entoada pelas mulheres de todas as cidades de Israel. O refrão dizia: "Saul feriu os seus milhares, porém Davi, os seus dez milhares" (18:7). A canção foi inconsequente, porque cavou abismos nos relacionamentos em vez de construir pontes. Também atribui a vitória aos heróis de guerra e não ao Senhor da guerra, como deveria ser (Êx 15:21). A música das mulheres não afetou Davi, mas enfureceu Saul. A música causou dor em vez de trazer refrigério. O rei Saul, que já estava descompensado, ficou completamente perturbado. Richard Phillips, nessa mesma linha de pensamento, escreve: "A canção das mulheres revela mais do que incompetência política. Expõe, de igual modo, o baixo estado espiritual de Israel, no fato de que nenhum louvor foi dado a Deus, apenas a homens".[10]

Em segundo lugar, *um ciúme doentio* (18:8,9). Daqui em diante, Saul não via mais Davi com bons olhos e, por ciúme e inveja, lutou até o final de sua vida para afastá-lo do trono e matá-lo. O ciúme é uma doença com três sintomas: vê o que não existe, aumenta o que existe e procura o que não quer achar. Antônio Neves de Mesquita diz, corretamente, que a inveja é a ferrugem da alma, e, quando ela se apodera de uma pessoa, esta fica cega e incapaz de avaliar as medidas das coisas e dos fatos.[11]

Uma ação maligna perigosa (18:10,11)

O texto em pauta revela duas coisas:

Em primeiro lugar, *uma crise de raiva* (18:10). Guardar rancor no coração é abrir uma fresta para o diabo entrar (Ef 4:26,27). No dia seguinte, um espírito maligno se apossou de Saul, que teve um acesso de raiva em casa. Davi, então, começou a dedilhar a harpa; Saul, porém, arrojou sua lança para encravá-lo na parede. Saul não está apenas mal-humorado pela ação do espírito maligno. Agora, o espírito maligno quer levá-lo à ação, pelo que o inspirou a assassinar Davi. Gene Edwards diz que Saul fez o que todos os reis loucos fazem. Atirou lanças contra Davi. Podia fazê-lo. Ele era o rei. Os reis podem fazer coisas assim. Quase sempre as fazem. Os reis arrogam para si o direito de atirar lanças. Se o seu rei é verdadeiramente o ungido do Senhor e se ele também arremessa lanças, então há algumas coisas que você pode saber, e saber com segurança: o seu rei está completamente louco. É um rei segundo a ordem do rei Saul.[12]

Em segundo lugar, *uma tentativa de assassinato* (18:11). Essa é a primeira de muitas tentativas do rei louco. Saul já tinha perdido a comunhão com Deus, a dinastia, a coroa, a assistência espiritual de Samuel, a credibilidade do filho, o respeito do povo e, agora, a confiança de Davi.

Um temor infundado (18:12-16)

Vejamos três fatos no texto:

Em primeiro lugar, *a causa do temor de Saul* (18:12). A causa do temor de Saul em relação a Davi era dupla. Primeiro, o Senhor era com o belemita (18:12,14,28); segundo, o Senhor havia se retirado do rei. Saul é um homem em conflito. Ele não aceita a vontade divina nem se quebranta. Quer lutar contra Deus e contra seu ungido.

Em segundo lugar, *uma estratégia malograda* (18:13). Saul, com sua mente perturbada e sob o ataque de espíritos malignos, não apenas tenta matar Davi com suas próprias mãos, mas traiçoeiramente o afasta de si e o constitui chefe de mil soldados. Sua intenção não era ver o exército de Israel vitorioso, mas ver Davi sendo alvejado pelos inimigos na linha de frente da batalha. As ciladas de Saul eram desarmadas pela destreza de Davi e pela providência divina.

Em terceiro lugar, *uma frustração crescente* (18:14-16). Ao ver que Davi se fortalecia ainda mais, tanto no campo de luta como em estima entre o povo, Saul ficava ainda mais cheio de medo de Davi. Cada centímetro de Saul, o homem mais alto de Israel, estava tomado pelo medo. Ele é a maquete do assombro, o painel do temor, o retrato do fracasso. Considero pertinente o questionamento de Gene e sua posterior observação: por que na santa e divina escola de submissão e quebrantamento são poucos os alunos? É porque todos os que se encontram nessa escola têm de sofrer muita dor. Davi foi aluno nessa escola, e Saul foi o instrumento escolhido por Deus para esmigalhá-lo.[13]

Uma proposta dissimulada (18:17-19)

Destacamos três pontos aqui:

Em primeiro lugar, *uma proposta hipócrita* (18:17). Saul perde completamente o escrúpulo e o amor familiar ao oferecer a Davi a mão de Merabe, sua primogênita, em casamento com o propósito de matá-lo. Saul não respeita Davi nem sua filha. Ele está disposto a atingi-la para eliminar o seu desafeto. O dote exigido pelo rei era que Davi guerreasse as guerras do Senhor. Sua intenção era que Davi fosse morto pelas mãos dos filisteus no campo de batalha. R. N. Champlin chama a atenção para o fato de que o desejo de Saul para que Davi fosse morto pelos filisteus foi seu próprio destino (31:4). Foi um caso de colheita segundo a semeadura.[14]

Em segundo lugar, *uma atitude humilde* (18:18). Davi frustrou o plano maligno de Saul, reagindo à sua proposta com clara humildade: "... quem sou eu, e qual é a minha vida e a família de meu pai em Israel, para vir a ser eu genro do rei?". Davi recusa respeitosamente a oferta de Saul de casar-se com Merabe.

Em terceiro lugar, *uma traição notória* (18:19). Em virtude da recusa de Davi em casar-se com Merabe, desmantelando assim a orquestração de Saul, este a deu a Adriel, o meolatita. O casamento de Adriel com Merabe foi desastroso, pois os cinco filhos do casal caíram vítima da vingança do sangue cobrado dos gibeonitas da família de Saul, e foram enforcados (2Sm 21:8,9).

Uma trama fracassada (18:20-30)

Seis coisas devem ser notadas aqui:

Em primeiro lugar, *um plano maldoso* (18:20,21). A cegueira espiritual de Saul arrancou de seu coração qualquer valor de família. Ao saber que Mical, sua filha caçula, amava Davi, mais uma vez articulou matá-lo por intermédio desse casamento. O propósito de Saul era ter Davi como genro e fazer de Mical um laço para ele. Nas palavras de Richard Phillips, "Saul está planejando um funeral, não um casamento".[15]

Em segundo lugar, *uma oferta indecorosa* (18:22). Agora, porém, Saul não vai diretamente a Davi, mas envia seus servos para alinhavarem o acordo, numa fala confidencial. Seus servos faltam com a verdade com Davi, ao falarem que o rei tinha afeição por ele, bem como todos os seus servos. Eles imploram que ele aceite a proposta de ser genro de Saul.

Em terceiro lugar, *uma resposta sensata* (18:23,24). Davi manteve sua postura de humildade e respondeu aos servos de Saul: "Parece-vos coisa de somenos ser genro do rei, sendo eu homem pobre e de humilde condição?" (18:23). Os servos relataram ao rei literalmente as palavras de Davi.

Em quarto lugar, *um dote mortal* 18:25). Saul, então, bolou um plano maligno, numa missão impossível, requerendo a Davi uma espécie de dote macabro, um troféu horrendo. A palavra hebraica "*mohar*", traduzida por "dote", era o presente de casamento que o homem dava ao seu sogro pela mão da esposa, como os anos de trabalho de Jacó para Labão (Gn 29:20).[16] Saul exigiu que Davi lhe trouxesse cem prepúcios de soldados filisteus, numa demonstração de vitória humilhante sobre os inimigos. Saul sabia que tais homens não entregariam os prepúcios sem combater até à morte. Seu interesse, na verdade, não era prioritariamente vingar-se dos filisteus, mas matar Davi pelas mãos deles, no pagamento do dote.

Em quinto lugar, *uma façanha surpreendente* (18:26-28). Para espanto de Saul e de seus servos, Davi agradou-se da proposta e saiu com seus homens, ferindo não apenas cem, mas duzentos filisteus, trazendo os prepúcios e entregando-os ao rei. Sem alternativas, Saul lhe deu Mical por mulher.

Em sexto lugar, *um declínio patente e uma ascensão crescente* (18:29,30). Como suas investidas para matar Davi não davam certo, Saul ainda mais o temia. Saul foi um inimigo contumaz e implacável de seu genro. Ele foi continuamente seu inimigo. Nas palavras de Tim Chester, "não era somente falta de afeto, mas ódio".[17] Porém, cada vez que os filisteus saíam em batalha, Davi lograva mais êxito que todos os demais servos de Saul, a ponto de seu nome tornar-se muito estimado. Assim, o capítulo encerra de modo semelhante à sua abertura, com uma declaração sobre o sucesso de Davi sobre os filisteus.

Robert Chisholm interpreta corretamente, quando escreve: "O exemplo trágico de Saul serve de lembrete àqueles que, por interesse próprio, se opõem aos planos de Deus e a seu líder escolhido: são arrastados para baixo numa espiral de raiva e medo que os consome e, por fim, os destrói".[18]

Notas

[1] MELLISH, Kevin J. *Novo comentário bíblico Beacon – 1 e 2Samuel.* 2015, p. 155.
[2] CHISHOLM JR., Robert B. *1 & 2Samuel.* 2017, p. 122.
[3] Idem.
[4] CHAMPLIN, R. N. *O Antigo Testamento interpretado versículo por versículo.* Vol. 2. 2018, p. 528.
[5] CHESTER, Tim. *1Samuel para você.* 2019, p. 143.
[6] CHESTER, Tim. *1Samuel para você.* 2019, p. 143.
[7] PHILLIPS, Richard D. *1Samuel.* 2016, p. 307.
[8] MELLISH, Kevin J. *Novo comentário bíblico Beacon – 1 e 2Samuel.* 2015, p. 157.
[9] CHAMPLIN, R. N. *O Antigo Testamento interpretado versículo por versículo.* Vol. 2. 2019, p. 528.
[10] PHILLIPS, Richard D. *1Samuel.* 2016, p. 313,314.
[11] MESQUITA, Antônio Neves. *Estudo nos livros de Samuel.* 1979, p. 79.
[12] EDWARDS, Gene. *Perfil de três reis.* Deerfield, FL: Editora Vida. 1991, p. 23.
[13] EDWARDS, Gene. *Perfil de três reis.* 1991, p. 25,26.
[14] CHAMPLIN, R. N. *O Antigo Testamento interpretado versículo por versículo.* Vol. 2. 2019, p. 530.
[15] PHIILLIPS, Richard D. *1Samuel.* 2016, p. 318.
[16] PURKISER, W. T. *Os livros de 1 e 2Samuel. In* Comentário bíblico Beacon. Vol. 2. 2015, p. 212.
[17] CHESTER, Tim. *1Samuel para você.* 2019, p. 145.
[18] CHISHOLM JR., Robert B. *1 & 2Samuel.* 2017, p. 125.

Capítulo 20

Livramentos de morte

(1Samuel 19:1-24)

NA MESMA MEDIDA QUE Davi vai ganhando força, Saul vai se enfraquecendo. As vitórias de um eram as derrotas de outro. O prestígio do filho de Jessé era o tormento do rei. Quanto mais o Espírito de Deus fortalecia Davi, mais o espírito maligno atormentava Saul.

Os planos velados para matar Davi, agora, tornam-se públicos. Saul arranca todos os disfarces e assume diante de Jônatas e de seus servos que seu projeto de vida é matar seu desafeto. Nas palavras de Tim Chester, "Saul está tratando Davi como um inimigo filisteu".[1] Cinco vezes neste capítulo há referência à intenção de Saul de matar o rival (19:1,2,5,11,15). Ao mesmo tempo, porém, que Saul se empenha em matar

Davi, Jônatas e Mical, seus filhos, interveem e o livram de suas mãos. Os planos de Saul são frustrados pelos seus próprios filhos.

Richard Phillips, fazendo uma aplicação do texto em apreço, diz que o ódio de Saul era, no fim das contas, dirigido contra o evangelho da graça de Deus, para que pudesse eliminar o reino de Deus para preservar o seu. Desse modo, Saul é o precursor direto dos fariseus e de outros líderes religiosos de Jerusalém que tentaram tão loucamente tirar a vida de Jesus Cristo, o verdadeiro Messias ungido de Deus. Como eles, Saul aprenderia o quanto Deus é capaz de preservar seu Ungido.²

Deus livra Davi por intermédio de Jônatas (19:1-7)

Destacamos, aqui, cinco pontos:

Em primeiro lugar, *uma intenção declarada* (19:1). Num comunicado oficial, Saul torna público para seu filho e para todos os seus servos o plano de matar Davi. Mesmo sabendo que Jônatas, seu filho, o amava, espera contar com sua participação para eliminar seu desafeto. Warren Wiersbe corrobora, dizendo: "Saul havia passado do estágio de conspirar nos bastidores e estava determinado a destruir Davi de maneira mais rápida possível, ordenando que Jônatas e os cortesãos se juntassem a ele nessa campanha".³

Em segundo lugar, *um alerta feito* (19:2,3). Jônatas, de forma prudente, silencia-se diante do pai e alerta Davi acerca das intenções assassinas que vêm do palácio. Recomenda-o a ter cautela e a se esconder, enquanto tentaria defender a causa de Davi diante do rei. Ele não podia dormir mais no próprio leito conjugal, mas devia permanecer no campo ou mesmo nas cavernas.

Em terceiro lugar, *uma defesa honesta* (19:4,5). Jônatas assume o papel de advogado de Davi diante de seu pai, deixando claro que o amigo é inocente e, ainda mais, tem trabalhado com afinco para defender Israel contra os filisteus. Portanto, matá-lo é pecar contra sangue inocente. A comovente eloquência de Jônatas moveu temporariamente o coração de Saul.

Em quarto lugar, *uma promessa firmada* (19:6). Num momento de equilíbrio mental e lucidez, Saul acatou a defesa de Jônatas em favor de Davi e jurou em nome do Senhor que ele não morreria, porém já havia quebrado promessas anteriores (14:44), e mais uma vez não cumpriria sua promessa. Concordo com Warren Wiersbe, quando diz que Satanás é um mentiroso e um homicida (Jo 8:44) e, uma vez que Saul estava sob controle do maligno, quebrou seu juramento e atirou sua lança no ungido de Deus.[4] A decadência de Saul chega a tal ponto que o Senhor o considera seu inimigo (28:16-18). Nas palavras de R. N. Champlin, "Saul já havia degenerado a um ponto sem retorno".[5]

Em quinto lugar, *uma reconciliação passageira* (19:7). Jônatas contou a Davi a promessa de seu pai e o reintroduziu em sua presença, como músico do palácio. A reconciliação parecia ter aplacado a tempestade do coração do rei. Porém, outra tempestade já se formava no horizonte. O breve período de paz seria interrompido por um novo acesso de ciúme de Saul.

Deus livra Davi da lança mortal (19:8-10)

Destacamos, aqui, três pontos importantes:

Em primeiro lugar, *uma vitória esmagadora* (19:8). Enquanto Davi está de volta ao palácio, explodiu uma nova guerra dos filisteus contra Israel, fazendo reaparecer a maligna hostilidade de Saul. Davi saiu à peleja contra os filisteus e feriu-os com grande derrota, obrigando-os a fugir. Como já dissemos, as vitórias de Davi incomodavam mais Saul que os próprios inimigos. Tomado de ciúme, ele não conseguia ter qualquer prazer nas vitórias do genro, ainda que fossem os filisteus os derrotados. Kevin Mellish diz que enquanto Davi estava ganhando dos inimigos de Israel, o Senhor continuava a lutar contra Saul.[6] R. N. Champlin tem razão em dizer que o ódio só consegue conviver consigo mesmo. Ele alimenta a si mesmo. Trata-se de um parasita que, finalmente, acaba por matar seu hospedeiro.[7]

Em segundo lugar, *uma perturbação maligna* (19:9). A vitória de Davi sobre os filisteus suscitou novamente a inveja de Saul, um homem atormentado por estar em rebelião contra Deus. Então, o espírito maligno da parte do Senhor veio sobre Saul. Purkiser diz que aqui há uma diferença: em 16:15 e 18:10, o espírito mau é identificado como procedente de Deus (*Elohim*, o nome geral para a divindade). Aqui ele é dito "da parte do Senhor" (*Yahweh*, o Deus da aliança com Israel, cujo nome teve o significado revelado a Moisés em Êxodo 3:14; 6:3).[8]

Em terceiro lugar, *uma tentativa de assassinato* (19:10). Consumido pelo medo de fantasmas que só existiam na sua mente, Saul descobriu que seu medo e ciúme fizeram dele um tormento para si mesmo, de modo que não conseguia sentar-se na sua casa sem uma lança mão.[9] Enquanto Davi dedilhava a harpa para acalmar o rei, este, tomado pelo espírito maligno, arremessou com força demoníaca a longa lança contra ele, para encravá-lo na parede, mas

Davi com destreza escapou e fugiu. Robert Chisholm Jr. diz: "Enquanto Davi fere os inimigos de Israel, Saul tenta ferir o servo escolhido do Senhor".[10]

Joyce Baldwin destaca que Davi fugiu, para nunca mais voltar. Fugas e evasões seriam fatos corriqueiros na vida de Davi enquanto Saul vivesse, e a palavra "fugiu" tornou-se um tema recorrente na narrativa que se segue.[11] Warren Wiersbe ainda declara que, desde então, Davi passaria por um exílio de quase dez anos, durante os quais Deus o transformaria num líder.[12]

Gene Edwards lança luz sobre o assunto:

> Por que Deus permitiu Saul arremessar lanças contra Davi? Para evitar que Davi fosse um rei segundo a ordem de Saul. [...] enquanto você olhar para o seu rei, você o culpará, e só a ele, pelo inferno em que você se encontra. Tenha cuidado, porque os olhos de Deus estão atentamente fixos noutro rei Saul. Não o visível, em pé, arremessando lanças contra você. Não, Deus está olhando para outro rei Saul. Um tão mau como aquele — ou pior. Deus está olhando para o rei Saul que está em você. Saul está no sangue que corre nas suas veias, e na medula dos seus ossos. Constitui a própria carne e músculo do seu coração. Ele está na sua alma. Ele habita no núcleo dos seus átomos. O rei Saul e você são um só. Você é o rei Saul! Ele respira nos pulmões e pulsa no peito de todos nós. Só há um meio de nos livrarmos dele. Tem de ser aniquilado. Davi, o pastor de ovelhas, teria crescido para vir a ser o rei Saul II, mas Deus arrancou o Saul de dentro do coração de Davi. A propósito, a operação levou anos e foi uma experiência brutal que por pouco não matou o paciente. E qual foi o bisturi, e qual foi a pinça de que Deus se serviu para extrair esse Saul interior? Deus empregou o Saul exterior. O rei Saul procurava destruir a Davi, mas o seu único sucesso foi ter-se tornado o instrumento de Deus para matar o Saul que vagava nas cavernas da própria

alma de Davi. Sim, é verdade que Davi foi quase destruído no processo, mas isso tinha de acontecer. De outra forma, o Saul que havia nele teria sobrevivido.[13]

Deus livra Davi por intermédio de Mical (19:11-17)

Quatro fatos são mencionados aqui:

Em primeiro lugar, *Mical informa Davi a respeito do cerco mortal* (19:11). As intenções veladas de Saul tornam-se manifestas a tal ponto de cercar a casa da própria filha, com o propósito de ele mesmo matar Davi, seu genro. Assim, na mesma noite que o filho de Jessé escapou de sua lança, Saul mandou mensageiros à sua casa para cercá-la, a fim de executá-lo de manhã. Mical ficou sabendo da trama e avisou Davi para fugir antes de o dia amanhecer.

Em segundo lugar, *Mical ajuda Davi a fugir* (19:12). O estratagema de Mical foi bem pensado e executado. Ela não só avisou Davi do risco de morte, mas o ajudou fugir e escapar, descendo-o por uma janela. Com palavras e ações Mical salvou o esposo das mãos de seu pai. Davi escapou e fugiu para o exílio, que constituiu um período de agonia e provação. R. N. Champlin diz, com razão, que a separação entre Davi e Mical, e a total necessidade de Davi manter-se distante de sua casa, foi questão de profunda tristeza e frustração para ambos. Essa fuga dá início às longas e cansativas perambulações, com os riscos permanentes de vida que prosseguiram até que a morte do rei Saul livrou Davi de seu mortal inimigo.[14]

Em terceiro lugar, *Mical engana os mensageiros de seu pai* (19:13-16). Ela também acobertou Davi depois que ele saiu. Para disfarçar os mensageiros de Saul, tomou um ídolo do lar e o deitou na cama, pondo-lhe na cabeça um tecido de pelos de cabra, e o cobriu com um manto. O ídolo do lar deveria ser aquele tipo de ídolos usados pelo povo de Abraão na Caldeia e que são chamados na Bíblia de *teraphins*. Esses *teraphins* tinham-se agarrado à alma do povo (Js 24:14; Gn 31:34). Esse tipo específico de ídolo é mencionado em outros contextos (Jz 17:5; 18:14,17,18,20; 1Sm 15:23; 2Rs 23:24; Ez 21:21; Os 3:4; Zc 10:2).

Quando os mensageiros de Saul receberam ordens para levar Davi, Mical informou-os que ele estava doente. O rei, determinado a matar o genro, deu ordens para seus mensageiros para que Davi fosse levado a ele mesmo no leito de enfermidade, com o propósito de ser executado. Quando os mensageiros entraram na casa do belemita, viram que tinham sido enganados pela cilada de Mical.

Em quarto lugar, *Mical engana seu pai* (19:17). Sentindo-se traído pela filha, Saul a confrontou acerca dos motivos de ter deixado Davi, seu inimigo, fugir. Com medo do pai, hesitando, respondeu: "Porque ele me disse: 'Deixa-me ir; se não, eu te mato'". Concordo com Richard Phillips, quando diz que essa foi uma mentira totalmente desnecessária, com a qual Mical revelou menos interesse pela reputação de Davi do que havia mostrado pela vida dele.[15]

Deus livra Davi por intermédio de Samuel (19:18-24)

É digno de destaque que foi em Ramá que Saul tivera seu encontro providencial com Samuel e fora ungido secretamente; agora, Samuel iria proteger Davi naquele mesmo lugar. Tim Chester destaca o fato de que o rei Saul e a palavra de Deus se enfrentam cara a cara. E, quando isso acontece, sempre há um só vencedor. A autoridade suprema não está com o rei, mas com a palavra de Deus. Em quatro *rounds*, Saul tentou capturar Davi, mas a vitória foi da palavra de Deus.[16] Concordo com Richard Phillips: "O ponto principal é que Davi foi salvo pela intervenção direta do Espírito de Deus".[17]

Vejamos:

Em primeiro lugar, *Davi vai a Samuel em Ramá* (19:18). Diante da sanha assassina de Saul, Davi busca abrigo em Ramá, junto ao profeta Samuel, o refúgio dos oprimidos, informando-o de todas as coisas que Saul havia lhe feito. Então, ambos se retiraram e foram para a casa dos profetas.

Em segundo lugar, *Saul envia mensageiros a Ramá* (19:19-21). Sendo Saul informado que Davi estava na casa dos profetas, em Ramá, enviou mensageiros, potenciais assassinos, para trazerem-no. Ao chegarem, viram um grupo de profetas profetizando, onde estava Samuel, que lhes presidia. O Espírito de Deus veio sobre os mensageiros de Saul, e, também, eles profetizaram, retirando da mente a captura de Davi. Saul ficou sabendo do ocorrido e, inabalável em suas tentativas de capturar Davi, enviou um segundo grupo de mensageiros assassinos. O mesmo lhes ocorreu e, também, profetizaram, tornando-se em profetas temporários. Saul, obcecado em prender e matar Davi, envia ainda um terceiro grupo de mensageiros, que também profetizaram. O intento dos mensageiros de Saul foi frustrado. O próprio Espírito de Deus livrou Davi de suas mãos. Concordo com R. N. Champlin, quando diz que essa foi uma intervenção do Espírito para salvar a vida de Davi, sem que fique subentendida nenhuma espiritualidade da parte daqueles que tinham chegado com um propósito assassino.[18]

Em terceiro lugar, *Saul vai a Ramá* (19:22-24). Saul, consternado, pelo fracasso de seus três bandos, resolveu realizar a tarefa pessoalmente. Ao chegar a Ramá, junto a um grande poço seco, perguntou sobre o paradeiro de Samuel e de Davi. Informaram-lhe que estavam na casa dos profetas. Saul rumou para lá e o mesmo Espírito de Deus, que tinha vindo sobre seus grupos de mensageiros, veio sobre ele; e Saul, à medida que caminhava, vencido pela influência do Espírito, ia profetizando. Diferentemente dos mensageiros antes dele, os efeitos do Espírito em Saul pareciam mais dramáticos, pois Saul despiu-se de suas vestes reais e profetizou diante de Samuel, deitado em terra, durante um dia e uma noite. O transe profético sob o qual Saul caiu assemelhava-se às suas ações anteriores (10:9-13).

Joyce Baldwin diz que foi tão intenso o êxtase experimentado por Saul que permaneceu inconsciente durante vinte e quatro horas, deitado totalmente nu, mas assim mesmo ele profetizou.[19] Tim Chester diz que o fato de Saul profetizar, em vez de capacitá-lo, o incapacitou, de modo que não conseguiu cumprir o seu plano de matar Davi. No final do capítulo 19, o rei Saul é uma figura patética e cômica, deitado despido no chão. Assim, Davi é salvo pelo Deus de Samuel.[20] Nessa mesma linha de pensamento, Robert Chisholm diz que as manifestações proféticas de Saul têm um propósito diferente: elas frustram seu plano homicida, incapacitam-no e impedem-no de atacar seu rival, a fim de que o novo líder escolhido por Deus possa escapar (20:1).[21]

Assim, o mesmo Espírito de Deus que impediu que Davi fosse levado, agora impede que Saul lance mão sobre o seu ungido. Enquanto Saul estava entretido com a escola de profetas, Davi escapou de Ramá e foi encontrar-se com Jônatas em algum lugar próximo a Gibeá. Eles fariam uma última tentativa de conciliação com Saul, o que acabaria quase custando a vida de Jônatas.[22]

São oportunas as palavras de Robert Chisholm Jr.: "Deus não poupa seus servos escolhidos de dificuldades e perigos, mas os protege".[23] Como diz Richard Phillips, "estamos seguros dentro dos muros do poderoso Espírito protetor de Deus, livres não apenas para nos alegrarmos na sua bondade revelada a nós, mas também para viver em paz e bênção com relação àqueles que nos odeiam".[24]

NOTAS

[1] CHESTER, Tim. *1Samuel para você*. 2019, p. 147.
[2] PHILLIPS, Richard D. *1 Samuel*. 2016, p. 324.
[3] WIERSBE, Warren W. *Comentário bíblico expositivo*. Vol. 2. 2006, p. 253.
[4] Idem.
[5] CHAMPLIN, R. N. *Antigo Testamento interpretado versículo por versículo*. Vol. 2. 2018, p. 533.
[6] MELLISH, Kevin J. *Novo comentário bíblico Beacon – 1 e 2Samuel*. 2015, p. 162.
[7] CHAMPLIN, R. N. *Antigo Testamento interpretado versículo por versículo*. Vol. 2. 2018, p. 533.
[8] PURKISER, W. T. *Os livros de 1 e 2Samuel. In* Comentário bíblico Beacon. Vol. 2. 2015, p. 213.
[9] PHILLIPS, Richard D. *1Samuel*. 2016, p. 326.
[10] CHISHOLM JR., Robert B. *1 & 2Samuel*. 2017, p. 131.
[11] *BALDWIN*, Joyce G. I e II Samuel: introdução e comentário. 2006, p. 148.
[12] WIERSBE, Warren W. *Comentário bíblico expositivo*. Vol. 2. 2006, p. 253.
[13] EDWARDS, Gene. *Perfil de três reis*. 1991, p. 33-35.

[14] CHAMPLIN, R. N. *O Antigo Testamento interpretado versículo por versículo.* Vol. 2. 2018, p. 534.
[15] PHILLIPS, Richard D. *1Samuel.* 2016, p. 329,330.
[16] CHESTER, Tim. *1Samuel para você.* 2019, p. 148.
[17] PHILLIPS, Richard D. *1Samuel.* 2016, p. 331.
[18] CHAMPLIN, R. N. *O Antigo Testamento interpretado versículo por versículo.* Vol. 2. 2018, p. 535.
[19] BALDWIN, Joyce G. *I e II Samuel: introdução e comentário.* 2006, p. 150.
[20] CHESTER, Tim. *1Samuel para você.* 2019, p. 149,150.
[21] CHISHOLM JR., Robert B. *1 & 2Samuel.* 2017, p. 131.
[22] WIERSBE, Warren W. *Comentário bíblico expositivo.* Vol. 2. 2006, p. 255.
[23] CHISHOLM JR., Robert B. *1 & 2Samuel.* 2017, p. 132.
[24] PHILLIPS, Richard D. *1Samuel.* 2016, p. 333.

Capítulo 21

A um passo da morte

(1Samuel 20:1-43)

No capítulo 19, Saul está no centro dos acontecimentos; no capítulo 20, Jônatas é o protagonista da ação. A narrativa bíblica segue a mesma toada da insana perseguição de Saul a Davi, seu genro. Concordo, entrementes, com Purkiser, quando escreve: "O capítulo 20 é uma das mais tocantes narrativas de amizade e lealdade pessoal de toda a literatura".[1]

O encontro dos dois amigos (20:1-11)

Davi aproveita o estado de êxtase de Saul, na casa dos profetas em Ramá, para escapar de suas mãos e buscar a ajuda de Jônatas. Destacaremos aqui quatro pontos importantes:

Em primeiro lugar, *o apelo desesperado de Davi* (20:1). Não aguentando mais a hostilidade de Saul, Davi vai desabafar com Jônatas, perguntando-lhe: "Que fiz eu? Qual é a minha culpa? E qual é o meu pecado diante do teu pai, que procura tirar-me a vida?". Davi fornece mais uma vez uma prova de sua inocência e da culpa do rei. Num desabafo cheio de dor, busca uma nesga de esperança, recorrendo a Jônatas, o primogênito de Saul, seu cunhado e amigo.

Em segundo lugar, *a resposta ingênua de Jônatas* (20:2). Sua resposta mostra sua ingenuidade e dá a entender que ele não tinha conhecimento de todas as atrocidades do pai nas diversas tentativas para matar Davi. Nas palavras de Tim Chester, "Jônatas está cego para a extensão do ódio do pai".[2] Ele promete a Davi que não morrerá. Faz uma promessa que não pode cumprir e justifica dizendo que seu pai nada faria contra ele sem antes consultá-lo.

Em terceiro lugar, *a explicação convincente de Davi* (20:3,4). Ele refuta enfaticamente as palavras de Jônatas, argumentando que Saul ocultava dele suas investidas para matá-lo. O rei era conhecedor do amor de seu filho por Davi e, por isso, não queria entristecê-lo. O alerta de Davi é soleníssimo: "Tão certo como vive o SENHOR, e tu vives, Jônatas, apenas há um passo entre mim e a morte". Jônatas, então, se prontifica a ajudar Davi e a fazer o que fosse necessário para impedir seu pai de cometer esse horrendo crime.

Em quarto lugar, *o plano diagnóstico de Davi* (20:5-11). Ele informa a Jônatas que no dia seguinte acontecerá a Festa da Lua Nova e que a família real fará um banquete sagrado. Sua presença como genro de Saul e músico do palácio será necessariamente requerida. Então, seu plano é ausentar-se e ao mesmo tempo auscultar o clima no banquete. Se Saul não der nenhum sinal de aborrecimento com a ausência de Davi, é porque o ambiente está favorável para uma reconciliação. Porém, se ficar enraivecido e indignado com sua ausência é porque o ambiente é hostil e irreconciliável. Jônatas deveria justificar a ausência do amigo, mentindo para o pai, falando que ele tinha recebido uma convocação da família para ir a Belém. Davi está pronto a morrer caso seja considerado culpado. Aliás, pede ao próprio Jônatas para matá-lo em vez de levá-lo a seu pai. Jônatas reafirma a inocência do cunhado e parte para Gibeá para colocar em prática o plano. Seja qual for a reação de Saul, Davi deve ser informado por Jônatas.

A aliança entre os dois amigos (20:12-23)

Três fatos relevantes são destacados aqui:

Em primeiro lugar, *o compromisso juramentado de Jônatas* (20:12,13). Jônatas assume o compromisso de mandar avisar Davi, caso Saul demonstre uma atitude favorável a ele. Porém, se Saul demonstrar qualquer disposição para fazer mal a Davi, o próprio Jônatas iria comunicá-lo, a fim de que ele pudesse fugir e escapar em paz.

Em segundo lugar, *a aliança mútua de proteção* (20:14-17). Jônatas, mesmo sendo o legítimo herdeiro do trono de seu pai, e nesse sentido o superior de Davi, tinha consciência que ele era o escolhido de Deus e orou para que o Senhor abençoasse seu reinado.

Da mesma maneira, Jônatas roga a Davi para que ao ascender ao trono o trate com bondade e não o mate, preservando também a sua descendência. Nas palavras de Robert Chisholm Jr., "Jônatas pede a Davi que mostre lealdade pactual (*hesed*) a ele e a seus descendentes".[3] Na cultura naquele tempo, quando uma nova dinastia subia ao poder, eliminava todos os descendentes da dinastia anterior. Nas palavras de Richard Phillips, "no mundo antigo, quando havia uma mudança de dinastia, a prática universal exigia a eliminação total da antiga dinastia. Então, Jônatas apelou a Davi para poupar sua vida e a dos seus filhos quando Deus limpasse o caminho para o seu reinado".[4]

Davi, porém, não era um aspirante a usurpador nem um traidor. Então, Jônatas fez o amigo jurar que cumpriria essa promessa e assim, o filho de Saul fez aliança com a casa de Davi. Tim Chester chama a atenção para o fato de que o capítulo 20 começa com Davi sob a ameaça da casa de Saul. Porém, em todo o restante do capítulo, Jônatas reconhece que na realidade é a casa de Saul que está sob a ameaça de Davi. Ele percebe que é da vontade de Deus que Davi se torne rei e triunfe sobre seus inimigos (20:15). É por isso que ele faz o cunhado prometer que poupará os descendentes dele (20:16,17,23).[5] Antônio Neves de Mesquita diz que esta era uma aliança de vida e morte, feita entre dois homens de valor.[6]

Em terceiro lugar, *a estratégia testada* (20:18-23). Chegara a hora de colocar o plano em ação e ver qual seria a reação de Saul. No terceiro dia, Davi deveria sair do esconderijo e ficar junto à pedra de Ezel. Jônatas atiraria três flechas para aquele lado. Jônatas levaria seu moço para apanhar de volta as flechas. Se Jônatas falasse para o moço "as flechas estão para cá de ti, traze-as", então Davi poderia vir, porque teria paz e nenhum motivo para ter medo. Porém, se Jônatas disser ao moço: "Olha que as flechas estão para lá de ti", Davi deveria entender que era hora de ir embora, porque isso era aviso do próprio Senhor.

Jônatas diz a Davi: "Quanto àquilo de que eu e tu falamos, eis que o SENHOR está entre mim e ti, para sempre" (20:23). Joyce Baldwin diz que esta é uma expressão que faz lembrar o juramento entre Labão e Jacó (Gn 31:48-53) e significa que ninguém menos do que o próprio Senhor vingará qualquer rompimento da aliança da qual Ele é testemunha.[7] Mais tarde, em sua aliança, concordaram que Jônatas governaria juntamente com Davi, como o segundo no poder (23:16-18). Davi, porém, nunca teve um corregente, pois Jônatas foi morto em combate antes de Davi tomar posse (31:1,2), e Davi rejeitou Mical, a filha de Saul, como esposa, e ela morreu sem filhos (2Sm 6:16-23). Qualquer filho, ao qual Mical tivesse dado à luz, teria causado confusão na linhagem real.[8]

A família real à mesa (20:24-34)

Depois desse acordo firmado entre Jônatas e Davi, na presença de Deus, tendo-o como juiz entre eles, Davi esconde-se no campo e Jônatas vai para a Festa da Lua Nova. Destacamos aqui sete pontos importantes:

Em primeiro lugar, *a ocasião da cerimônia* (20:24). A Festa da Lua Nova era uma comemoração muito especial, uma festa religiosa mensal descrita em Números 10:10; 28:11-15, em que se ofereciam sacrifícios em holocausto pelo pecado. As famílias se reuniam para comer e agradecer a Deus. Este dia era considerado um momento oportuno para ofertas de paz ao Senhor (Nm 10:10) e um tempo para buscar sua direção especial, particularmente por intermédio do profeta (2Rs 4:23).[9]

Em segundo lugar, *a composição da mesa* (20:25). Saul assentou-se na cadeira real, junto à parede; Jônatas, seu filho, assentou-se defronte dele; e o comandante Abner assentou-se ao lado de Saul. Porém, a cadeira de Davi estava desocupada. Ele propositadamente se dispensou da festa e escondeu-se por três dias.

Em terceiro lugar, *a ausência possivelmente justificada* (20:26). Saul nada falou sobre a ausência de Davi, supondo que ele estava impuro para participar do banquete sagrado. Como era uma festa religiosa, as regras para a limpeza cerimonial prevaleciam.

Em quarto lugar, *a ausência injustificada* (20:27). Como a cadeira de Davi estava ainda desocupada no segundo dia da Festa, Saul disse a Jônatas, seu filho: "Por que não veio a comer o filho de Jessé, nem ontem nem hoje?". Saul, de forma preconceituosa, se refere duas vezes a Davi como "o filho de Jessé" (20:27,30), uma expressão usada para rebaixá-lo. Ele não é capaz de proferir o nome de Davi e dá a entender, em vez disso, que ele é filho de um zé-ninguém (em contraste, talvez, com Jônatas, o filho de um rei).[10]

Em quinto lugar, *a justificativa de Jônatas* (20:28,29). Jônatas faz a defesa de Davi, dizendo que sua ausência se devia ao fato de ter sido encarecidamente solicitado para ir a Belém, para um sacrifício da família na cidade. A expressão traduzida por "peço-te que me deixes partir" (20:29) é traduzida por "escapar" ou "fugir" em (19:10,12,17,18), e, também, por "salvar sua vida" em (19:11). A razão verdadeira para a ausência de Davi está exatamente ali na desculpa de Jônatas.[11]

Em sexto lugar, *a ira devastadora de Saul* (20:30-33). Ele percebeu que Jônatas estava acobertando Davi e tomou isto como uma deslealdade contra si. Saul, de forma destemperada, então, se volta contra seu filho Jônatas, proferindo palavras chulas, atingindo tanto sua honra como a honra de sua mãe. Em sua ira, Saul chama Jônatas de "filho de uma mulher perversa e rebelde". A ironia, obviamente, é que Jônatas é na verdade o filho de um homem perverso e rebelde.[12]

Saul vê em Davi alguém perigoso, que usurpará o trono, trazendo instabilidade para o reino e para Jônatas, seu legítimo sucessor. A ordem de Saul é: "... manda buscá-lo, agora, porque deve morrer" (20:31). Jônatas não apenas informou sobre as escusas de Davi, mas defendeu Davi, dizendo ao rei: "Por que ele há de morrer? Que fez ele?" (20:32). Saul, que já havia tentado atingir Davi com sua lança, atira-a, agora, contra o próprio filho. Na verdade, esta é a segunda vez que Saul tenta matá-lo. Se antes Saul via Davi como inimigo, agora, trata assim o próprio filho. Saul considera inimigo, quem trata seus inimigos como amigos. Nas palavras de Robert Chisholm Jr., "daqui em diante, Saul se mostrará hostil àqueles que apoiam Davi".[13]

Richard Phillips diz que a ira de Saul é governada por vergonha, culpa e cobiça. Assim, ele descreve uma alma depravada pela sua rebelião contra Deus: ele vê vergonha numa conduta justa, aplica falsa culpa para motivar outros a pecar e sua visão é guiada pela cobiça do que ele mesmo ou sua família pode possuir.[14]

Em sétimo lugar, *a ira justificável de Jônatas* (20:34). Se a ira de Saul era pecaminosa, a ira de Jônatas era justificável. Este conclui que seu pai estava determinado a matar Davi e, bastante aborrecido, levantou-se da mesa antes da refeição. Ele deixou a mesa sem participar do banquete, entendendo que não havia mais alternativa de pacificação. Jônatas teria que escolher entre seu pai e Davi e ele escolheu o belemita.

Tim Chester diz que precisamos escolher, exatamente como Jônatas escolheu. Precisamos escolher entre, de um lado, paz com Cristo e, de outro, paz com nossa família, paz com nossos amigos, paz com nossa cultura (Mt 10:37). Posicionar-se a favor de Jesus pode significar posicionar-se contra nossa família. Posicionar-se a favor de Jesus sempre acarretará decisões difíceis.[15] Robert Chisholm Jr. tem razão em dizer que o compromisso com o plano de Deus e com seu servo escolhido requer abnegação e, por vezes, coloca a pessoa em situação de perigo.[16]

A despedida dos dois amigos (20:35-43)

Destacamos três pontos, para nossa reflexão:

Em primeiro lugar, *o alerta de Jônatas* (20:35-40). Ao amanhecer, Jônatas saiu ao campo, conforme havia combinado com Davi, para passar a ele as informações. Levou o seu rapaz e disse para ele correr para apanhar as flechas que lançaria. Lançou a primeira além do rapaz e gritou: "Não está a flecha mais para lá de ti? Apressa-te, não te demores" (20:37,38). O rapaz, sem entender o que estava acontecendo, trouxe as flechas a Jônatas e este entregou suas armas a ele e ordenou-o que as levasse à cidade.

Em segundo lugar, *as lágrimas de despedida* (20:41). Davi então saiu de seu esconderijo, do lado do sul, e prostrou-se com o rosto em terra três vezes, e beijaram-se um ao outro e choraram juntos; porém, Davi chorou muito mais, sabendo que seus caminhos, provavelmente, não se cruzariam novamente.

Em terceiro lugar, *a paz ultracircunstancial da aliança de amor* (20:42,43). Jônatas despediu-se de Davi, cumprindo a aliança de mútua proteção que fizeram, dizendo-lhe: "Vai-te em paz". O futuro rei se levantou e se foi, e Jônatas voltou para a cidade de Gibeá. Nas palavras de Robert Chisholm Jr., vemos aqui "a proteção divina se manifestando por meio de um amigo fiel".[17] Concordo com Richard Phillips, quando diz que a paz deles estava baseada nas promessas pactuais de Deus e na fidelidade divina em cumprir seu juramento. É aí que nossa alma também encontra paz. O profeta Isaías falou daqueles que são como Jônatas: "Tu, SENHOR, conservarás em perfeita paz aquele cujo propósito é firme; porque ele confia em ti" (Is 26:3). Jesus promete ao seu povo da aliança: "Deixo-vos a paz, a minha paz vos dou; não vo-la dou como a dá o mundo. Não se turbe o vosso coração, nem se atemorize" (Jo 14:27).[18]

Notas

[1] PURKISER, W. T. *Os livros de 1 e 2Samuel. In* Comentário bíblico Beacon. Vol. 2. 2015, p. 214.
[2] CHESTER, Tim. *1Samuel para você.* 2019, p. 151.
[3] CHISHOLM JR., Robert B. *1 & 2Samuel.* 2017, p. 135.
[4] PHILLIPS, Richard D. *1Samuel.* 2016, p. 339.
[5] CHESTER, Tim. *1Samuel para você.* 2019, p. 152.
[6] MESQUITA, Antônio Neves. *Estudos nos livros de 1 e 2Samuel.* 1979, p. 83.
[7] BALDWIN, Joyce G. *1 e 2Samuel: introdução e comentário.* 2006, p. 153.
[8] WIERSBE, Warren W. *Comentário bíblico expositivo.* Vol. 2. 2006, p. 257.
[9] MELLISH, Kevin J. *Novo comentário bíblico Beacon – 1 e 2Samuel.* 2015, p. 166.

[10] CHESTER, Tim. *1Samuel para você*. 2019, p. 153.
[11] Idem, p. 152.
[12] Idem, p. 153.
[13] CHISHOLM JR., Robert B. *1 & 2Samuel*. 2017, p. 137.
[14] PHILLIPS, Richard D. *1Samuel*. 2016, p. 341.
[15] CHESTER, Tim. *1Samuel para você*. 2019, p. 154.
[16] CHISHOLM JR., Robert B. *1 & 2 Samuel*. 2017, p. 138.
[17] CHISHOLM JR., Robert B. *1 & 2Samuel*. 2017, p. 134.
[18] PHILLIPS, Richard D. *1Samuel*. 2016, p. 344,345.

Capítulo 22

Um homem em fuga

(1Samuel 21:1-15)

A DESPEDIDA DE DAVI e de Jônatas dá início a um longo período de fuga do filho de Jessé. Na verdade, a fuga de Davi para Nobe marcou o início de seu exílio, que durou cerca de dez anos (21:1—29:11). Saul está determinado a matá-lo, mas ele não levanta uma palha sequer para revidar.

Davi já havia buscado refúgio no profeta Samuel (capítulo 19); em Jônatas, filho do rei (capítulo 20). Por fim, busca ajuda no sumo sacerdote Aimeleque (capítulo 21). Porém, nem Samuel, nem Jônatas, nem Aimeleque puderam livrá--lo das mãos do ensandecido Saul.

No texto em pauta, Davi, o guerreiro destemido, claudica, teme e vacila em sua fé. Concordo com William MacDonald, quando diz: "Até mesmo os grandes homens têm os pés de barro".[1] Davi não é uma exceção. Este triste capítulo destaca suas mentiras diante do tabernáculo, em Nobe (21:1-9), sua pretensa doidice diante dos filisteus, em Gate (21:10-15), e sua confiança nos moabitas, para proteger seus pais (22:3-5). Robert Chisholm diz que, quando a fé vacila, pode acontecer de o indivíduo perder Deus de vista e agir de forma contrária a suas crenças e a suas experiências pessoais.[2]

Vejamos:

Davi foge para Nobe (21:1-9)

Davi foge para Nobe, cidade levítica, cerca de cinco quilômetros ao sul de Gibeá. Nessa cidade ficava o tabernáculo. Warren Wiersbe diz que, em função da amizade de Davi com Samuel, o filho de Jessé sabia que poderia encontrar refúgio e ajuda no meio dos sacerdotes.[3] Destacamos, aqui, cinco pontos:

Em primeiro lugar, *um encontro cheio de tensão* (21:1). Logo que Davi se separa de Jônatas, ele vai a Nobe, cidade que ocupa o lugar de Siló, onde estava a classe sacerdotal. Quando Aimeleque, sumo sacerdote, irmão de Aías e neto de Eli, vê Davi chegando sozinho, fica alarmado, pois tinha conhecimento dos atentados de Saul contra ele e da insana perseguição do rei ao filho de Jessé. O temor de Aimeleque explica o medo de Davi, agora um homem foragido e procurado pela soldadesca de Saul.

Em segundo lugar, *uma dissimulação evidente* (21:2). Davi dissimula, inventa uma história, e diz ao sumo sacerdote que estava cumprindo uma missão secreta da parte do rei, por isso tinha deixado seus homens num lugar que não podia revelar. Quando a fé claudica, a mentira aparece. Concordo com Warren Wiersbe, quando diz que, com essa mentira intencional, Davi não está confiando, mas tramando.[4] A. W. Pink tem razão em dizer: "Embora mentiras bem planejadas possam parecer promover segurança no momento, elas asseguram desgraça futura".[5]

Em terceiro lugar, *um pedido de provisão* (21:3-6). Davi expõe sua necessidade básica de provisão. Ele precisa de alimento. Precisa de pão, tanto para seu sustento como dos homens que o acompanham. O sumo sacerdote, depois de certificar-se que os homens de Davi estavam cerimonialmente puros, oferece a ele os pães sagrados do tabernáculo, reservados somente aos sacerdotes (Lv 24:5-9). Os doze pães da Presença ou proposição dispostos em duas fileiras sobre uma mesa eram colocados diante do Senhor e substituídos no sábado (Êx 25:30; 35:13; 1Cr 9:32). Cada pão representava uma das tribos de Israel. Essa atitude de Aimeleque foi endossada pelo próprio Senhor Jesus (Mt 12:3,4), pois a lei que proíbe o profano uso dos pães da proposição não tinha a intenção de proibir a obra de misericórdia por meio deles.[6] O intento da Lei foi cumprido pelo ato de misericórdia.

Tim Chester lança luz sobre o assunto:

> Seja qual for a razão, Jesus se refere a esse incidente e absolve Davi e Aimeleque (Mt 12:1-8). A Lei do Antigo Testamento incluía leis relacionadas a casos específicos, mostrando como o espírito da Lei se aplicava a situações diferentes. Às vezes, guardar o espírito da Lei envolvia violar a letra da Lei. Isso não tinha relação alguma com a ética situacional ou relativismo, pois o espírito da Lei permanecia soberano. A misericórdia triunfava sobre o juízo. O próprio Jesus comenta sobre

a história com estas palavras: "Mas, se vós soubésseis o que significa: 'Misericórdia quero e não holocaustos', não teríeis condenado inocentes" (Mt 12:7).[7]

Em quarto lugar, *um denunciante perigoso* (21:7). Robert Chisholm diz que ao informar que um dos servos de Saul estava ali, o narrador intensifica deliberadamente a dramaticidade da narrativa.[8] Estava em Nobe, detido na presença do Senhor, um edomita, servo de Saul, maioral de seus pastores, chamado Doegue. Joyce Baldwin diz que a palavra "maioral" (*abbîr*) significa "poderoso, violento e obstinado".[9] A presença desse homem em Nobe era ameaçadora. Ele naturalmente observou a colaboração de Aimeleque com Davi e, mais tarde, tudo informou a Saul. É digno de nota que Davi sabia que Doegue contaria a Saul o que havia visto em Nobe e que isso traria sérios problemas (22:9-23).

Em quinto lugar, *um pedido de armas* (21:8,9). Além de provisão, Davi também pediu alguma lança ou espada ao sacerdote, justificando que a ordem do rei era urgente, portanto não teve tempo para apanhar suas armas. Mais uma vez Davi lança mão da mentira para obter alguma arma na casa dos sacerdotes. Informado de que a espada de Golias, com a qual o próprio tinha matado o gigante, estava ali, guardada envolta num pano detrás da estola sacerdotal, ele a toma.

Tendo levado consigo alimentos para fortificá-lo e uma espada para protegê-lo, Davi saiu de Nobe. Robert Chisholm diz que ele parece considerar a espada não apenas um troféu, mas a fonte de sua defesa. A ironia continua no versículo seguinte, que relata que Davi foge para a cidade natal de Golias em busca de asilo.[10] Infelizmente, ele nega seu próprio credo teológico e caminha de acordo com o que vê, e não pela fé. Em vez de confiar em Deus, como fizera outrora (17:45-47), confia em sua própria capacidade. Richard Phillips tem razão em dizer que o mesmo Davi que havia se recusado a usar a armadura do rei de Israel quando estava cheio do Espírito para a batalha contra Golias, agora se alegra em usar a espada do seu antigo inimigo pagão. Não mais confiando na força de Deus, exultou pela espada, dizendo: "Não há outra semelhante; dá-ma" (21:9).[11]

Nobe tornou-se para Davi, em sua passagem por lá, o lugar onde o medo deu lugar ao pecado, à incredulidade e à impiedade. Em Nobe, ele tentou se proteger com uma mentira, permitiu que seu comportamento colocasse outras pessoas em perigo e se alegrou com as armas carnais que adquiriu.[12]

Davi foge para Gate (21:10-15)

Richard Phillips diz que o melhor comentário sobre a passagem incrédula de Davi por Nobe é o destino ao qual isso o levou. Sua fuga medrosa o conduziu a um lugar de refúgio que se mostrou ainda mais ameaçador que o louco rei Saul.[13]

O mesmo Davi que mentiu em Nobe, agora busca se esconder em Gate, tendo a ousadia de tentar ser aceito em país inimigo. Essa é uma escolha estranha, pois Gate é uma cidade filisteia. Além do mais, ele acabou de adquirir a espada de Golias (21:8,9), e Gate era a cidade do gigante. Se isso não bastasse, Davi era o grande terror dos filisteus. Foi ele quem lhes impôs as mais humilhantes derrotas, matando seus soldados.

Como Warren Wiersbe destaca: "Por um tempo, Davi não foi impelido por sua fé em Deus, mas sim pelo medo de Saul".[14] Momentaneamente ele deixou de crer que o lugar mais seguro do mundo é dentro da vontade de Deus.

A cidade de Gate estava a trinta e seis quilômetros de Nobe. Por certo, quando Davi viu Doegue ali, e pressentindo que Saul seria informado, pensou que o lugar mais seguro para fugir do sogro seria na Filístia, e não em qualquer outro lugar de Israel. Tim Chester sugere que essa ida de Davi a Gate era um movimento tático motivado pelo desespero: fugir de Saul para encontrar proteção entre os seus inimigos.[15] Destacamos, aqui, quatro pontos:

Em primeiro lugar, *Davi entre os inimigos filisteus* (21:10). De Nobe, Davi foge de Saul e vai a Aquis, rei de Gate, cidade-estado dos filisteus, a cidade natal de Golias. O problema é que eles não são apenas inimigos de Saul, mas, também, de Davi. É como se ele caísse na armadilha de Saul, que desejava o genro exatamente morto pelas mãos dos filisteus.

Em segundo lugar, *Davi desmascarado* (21:11). Tentando ficar incógnito entre os filisteus, descobre que sua fama o precedeu. Ele foi desmascarado e chamado de "rei da sua terra". Os filisteus já tinham escutado, também, o sucesso estrondoso da música das mulheres israelitas que fizeram de Davi um herói entre o povo e o desafeto do rei Saul. O rei e seus conselheiros não viram com bons olhos sua presença na cidade.

Em terceiro lugar, *Davi amedrontado* (21:12). Quando Davi percebeu que os gaditas tinham descoberto sua identidade e que estava no quartel general dos arqui-inimigos de Israel, preso sob custódia, ficou com muito medo de Aquis, rei de Gate. Concordo com Robert Chisholm, quando escreve: "As tentativas de Davi de proteger a si mesmo — que incluem mentir para um sacerdote, confiar na arma de um inimigo derrotado e procurar um lugar no exército de um governante filisteu — saíram pela culatra".[16]

Em quarto lugar, *Davi fingindo-se de doido* (21:13-15). Para livrar-se das mãos dos filisteus, e escapar ileso, ele teve a presença de espírito de fingir insanidade. Ao ser levado a Aquis, fingiu-se de doido, esgravatando nos postigos das portas, deixando correr saliva pela barba. Nas palavras de Kevin Mellish, "Davi desempenhou seu papel de ator convincentemente".[17] Aquis, ao ver a cena grotesca, o considerou louco, inofensivo e não se vingou dele.

Fazendo uma oportuna aplicação do texto em tela, Richard Phillips diz que podemos encontrar quatro advertências proveitosas para os crentes na conduta de Davi: 1) nossos pecados de incredulidade têm consequências reais; 2) todo crente é susceptível a cair em pecado, ao dar ouvidos ao conselho do medo, da incredulidade e da autopiedade; 3) não apenas qualquer um de nós pode cair, mas, também, quão profundamente podemos cair e com que rapidez isso pode acontecer; 4) até mesmo pessoas muito piedosas enfrentam dúvidas, medos, ressentimentos e corações partidos.[18]

Davi foge para a caverna de Adulão (22:1,2)

Não encontrando lugar seguro no santuário nem na Filístia, Davi se esconde na caverna de Adulão, cujo significado é "refúgio", lugar bastante conhecido em Judá, cerca de dezesseis quilômetros de Gate e vinte e quatro quilômetros de Belém. Perto dali havia uma colina fortificada e famosa por suas cavernas, as quais serviram de abrigo natural para o desamparado. Dois pontos merecem destaque aqui:

Em primeiro lugar, *Davi tornou-se porto seguro de sua família* (22:1). Livre de Gate, ele fugiu para a caverna de Adulão, onde seus irmãos e toda a casa de seu pai deixaram Belém, certamente já sabendo de toda a fúria de Saul, e foram dar apoio a Davi, bem como buscar refúgio nele. Fica patente que seus irmãos desertaram do exército de Saul e tornaram-se fugitivos como ele. Nas palavras de Warren Wiersbe, "os irmãos de Davi sabiam que ele era o rei ungido de Deus, de modo que se ligaram ao futuro de sua nação".[19] Assim, enquanto a família de Saul se afasta dele, a de Davi junta-se a ele.

Em segundo lugar, *Davi tornou-se porto seguro dos amargurados de espírito* (22:2). Não apenas a família belemita vai a Davi, mas também ajunta-se a ele, na caverna de Adulão, todos os homens que se achavam em aperto, e todo homem endividado, e todos os amargurados de espírito, e Davi se fez chefe deles. Eram ao todo uns quatrocentos homens. Posteriormente, esse número subiu para seiscentos (23:13). Todos esses viram em Davi a única esperança de um reino bem-sucedido.

Concordo com Warren Wiersbe: "Os verdadeiros líderes atraem as melhores pessoas, que veem neles as qualidades de caráter que mais admiram".[20] Davi tornou-se um ímã social e político. Joyce Baldwin corrobora dizendo que os dons de liderança de Davi foram desenvolvidos, à medida que ele e sua força "subterrânea" de quatrocentos homens preparavam-se para a ação.[21] Robert Chisholm diz que Davi já havia sido comandante do exército de Saul (18:13), agora é comandante de um grupo desordenado de párias.[22] Porém, esses homens tornaram-se leais e seus valentes guarda-costas durante seus longos anos de exílio, até que ele ascendeu ao trono como rei de Israel.

Richard Phillips diz que, como Davi em Adulão, Jesus reuniu um grupo de seguidores que o mundo descreveria como gentalha e que os fariseus ridicularizavam como "publicanos e pecadores" (Mt 9:11). Pescadores como Pedro, Tiago e João, um publicano como Mateus e joões-ninguém como Filipe, Bartolomeu, Tadeu e outros — para não mencionar o grupo de mulheres, liderado por uma mulher outrora possuída por demônios, Maria Madalena (Lc 8:2) — não eram o tipo de seguidores que tinham influência cultural ou que exerciam autoridade terrena. Muito semelhante era a situação de Davi, e do grupo sempre crescente de descontentes que se juntaram a ele no exílio. Sob sua influência, porém, esses seguidores formaram o núcleo inicial do que se tornaria um grande e glorioso reinado, cujo legado literalmente duraria para sempre.[23]

Davi foge para Moabe (22:3-5)

Davi agora não protege apenas sua própria vida das insanas perseguições de Saul, mas, também, a de sua família. Seus pais precisam de um lugar seguro para residir; daí a viagem pela região do mar Morto para o território de Moabe. Davi pede ao rei de Moabe para dar abrigo aos seus pais até o final do exílio. Destacamos, aqui, dois pontos:

Em primeiro lugar, *Davi pede proteção para seus pais* (22:3,4). Da caverna de Adulão, ele foge para o território de Moabe, terra de sua bisavó Rute (Rt 4:17-22) e pede proteção para seus pais, até entender melhor o que Deus haveria de fazer por meio dele nesse tempo de fuga. Ele e seus pais moraram com o rei de Moabe. Sendo um território estrangeiro, ali era um lugar seguro para sua família. Obviamente, sua confiança nos moabitas, inimigos do povo de Deus, era uma atitude errada que sinalizava sua falta de confiança no Senhor. Os moabitas eram descendentes de Ló, fruto de sua relação incestuosa com sua filha mais velha (Gn 19:30-38). Nos dias de Moisés, os moabitas não eram um povo estimado pelos israelitas (Dt 23:3-6).

Em segundo lugar, *Davi orientado a voltar a Judá* (22:5). O profeta Gade vai, portanto, a Moabe e diz a Davi para não permanecer naquele lugar seguro. Deveria voltar para a terra de Judá. Ele, então, saiu de Moabe e foi para o bosque de Herete, cujo significado é "mata fechada".

Notas

[1] MACDONALD, William. *Believer's Bible Commentary*. 1995, p. 313.
[2] CHISHOLM JR., Robert B. *1 & 2Samuel*. 2017, p. 143.
[3] WIERSBE, Warren W. *Comentário bíblico expositivo*. Vol. 2. 2006, p. 259.
[4] Idem.
[5] PINK, A. W. *A life of David*. Vol. 2. Grand Rapids, MI: Baker. 1981, p. 176.
[6] MACDONALD, William. *Believer's Bible Commentary*. 1995, p. 313.
[7] CHESTER, Tim. *1Samuel para você*. 2019, p. 160.
[8] CHISHOLM JR., Robert B. *1 & 2Samuel*. 2017, p. 141.
[9] BALDWIN, Joyce G. *I e II Samuel: introdução e comentário*. 2006, p. 155.

[10] CHISHOLM JR., Robert B. *1 & 2Samuel*. 2017, p. 142.
[11] PHILLIPS, Richard D. *1Samuel*. 2016, p. 350.
[12] PHILLIPS, Richard D. *1Samuel*. 2016, p. 350.
[13] Idem, p. 350,351.
[14] WIERSBE, Warren W. *Comentário bíblico expositivo*. Vol. 2. 2006, p. 260.
[15] CHESTER, Tim. *1Samuel para você*. 2019, p. 162.
[16] CHISHOLM JR., Robert B. *1 & 2 Samuel*. 2017, p. 142.
[17] MELLISH, Kevin J. *Novo comentário bíblico Beacon – 1 e 1 Samuel*. 2015, p. 174.
[18] PHILLIPS, Richard D. *1 Samuel*. 2016, p. 352,353.
[19] WIERSBE, Warren W. *Comentário bíblico expositivo*. Vol. 2. 2006, p. 260.
[20] Idem.
[21] BALDWIN, Joyce G. *I e II Samuel: introdução e comentário*. 2006, p. 157.
[22] CHISHOLM JR., Robert B. *1 & 2Samuel*. 2017, p. 142.
[23] PHILLIPS, Richard D. *1Samuel*. 2016, p. 359.

Capítulo 23

Um espetáculo de horror

(1Samuel 22:6-23)

NESTE EPISÓDIO, O FOCO muda brevemente de Davi para Saul. O enredo retorna à cidade de Nobe, que foi o foco de 1Samuel 21:1-10. O texto em tela retrata a crueldade desumana de Saul, que movido de inveja e ódio, sacrifica, impiedosamente, os sacerdotes de Deus e inunda a cidade de sangue inocente. Richard Phillips tem razão em dizer que o engano leva à mentira, e a mentira leva a uma acusação falsa, que leva ao ódio e à violência.[1]

Destacamos alguns pontos para a nossa reflexão.

A informação (22:6)

Saul recebe de seus informantes a notícia acerca do paradeiro e esconderijo de Davi e seus homens. É bem provável que esse esconderijo fosse a fortaleza perto do mar Morto (22:4,5). O rei está em Gibeá, debaixo de uma árvore, com sua lança na mão e seus servos ao redor. É um homem desconfiado, inquieto e perturbado. Com essa lança já tentara matar Davi, seu genro, duas vezes (18:10,11; 19:9,10), e a lançara contra Jônatas, seu próprio filho (20:33). Na sua insanidade e obcecado em tirar Davi do seu caminho, ele é uma ameaça concreta para quem cair na malha de suas suspeitas. Porque é um homem cheio de medo, vive tramando.

Joyce Baldwin diz que a falta de ação de Saul lhe dá condições de ficar remoendo a deslealdade que ele suspeita existir entre seus servos de longa data.[2]

A chantagem (22:7)

Saul estava cercado de servos benjamitas, a tribo da qual procedia. Ele apela para seus oficiais com base em sua lealdade tribal. Ao se concentrar em identidade tribal, Saul ameaça a unidade de Israel, como haviam feito, outrora, os benjamitas em Gibeá (Jz 19—21). Nas palavras de Robert Chisholm, "Saul lembra seus oficiais que era vantajoso para eles ter um compatriota benjamita no trono".[3] Purkiser corrobora: "Saul apelou para os próprios interesses dos seus homens e as posições que mantinham a seu serviço como a base para o apoio ao seu regime".[4] Ele honra a tribo de Benjamim com presentes de terras e posições de liderança. Ele deixa implícito que o filho de Jessé, da tribo de Judá, não terá tal compromisso com Benjamim.[5] Concordo com Warren Wiersbe, quando escreve: "Davi atraiu homens dispostos a arriscar a vida por ele, mas Saul usou de suborno e de medo para manter seus soldados unidos a ele".[6]

O governo de Saul era de favorecimento aos correligionários e companheiros. Chantageia seus servos, dizendo que, sendo Davi da tribo de Judá, não garantiria a eles as mesmas vantagens que tinham no seu governo, como terras, vinhas e promoções militares. Saul era um rei corrupto. Comprava a lealdade de seus servos com gordos benefícios. Tim Chester diz que isso ecoa a advertência do profeta Samuel (8:10-14), segundo a qual o rei tiraria de alguns e daria a outros a fim de fortalecer seu poder. O que Samuel previu que o rei faria, Saul agora está prometendo fazer. Ele está se tornando o tipo de rei injusto, guiado pelos próprios interesses, que Samuel temia. E ainda se gaba disso![7]

A autopiedade (22:8)

Richard Phillips diz que autopiedade e medo haviam se apossado totalmente do coração de Saul: ele só consegue se sentir confortável se aqueles que estavam à sua volta sentissem pena dele e participassem de sua conspiração pervertida.[8] Como uma criança mimada e pirracenta, Saul acusa seus soldados de conspiração. Ele colocou a culpa em seus homens por não o informar da aliança de Davi com Jônatas, a quem culpou por incitar Davi contra ele. Saul jogou na cara deles que não foi informado acerca da traição de Jônatas, que fez um acordo com o filho de Jessé para lhe armar ciladas. Cheio de resmungos, pergunta: "[...] e nenhum dentre vós há que se doa por mim e me participe que meu filho contra mim instigou a meu servo, para me armar ciladas, como se vê neste dia" (22:8).

O silêncio de seus soldados é uma prova evidente que o rei já não era mais o comandante-chefe das suas forças armadas. Seus servos não repassavam ao rei todas as informações. Sabiam que ele estava perturbado e sem equilíbrio para tomar decisões sensatas.

O delator (22:9,10)

Doegue, um gentio edomita que estava junto com os servos de Saul, abre o bico para fazer intriga e se autopromover. Com sua língua venenosa, semeia a contenda. Com informações enviesadas, distorce os fatos. Mas a Lei exigia: "Pelo depoimento de duas ou três testemunhas, se estabelece o fato" (Dt 19:15). Saul, porém, age cruelmente com base no testemunho de um fofoqueiro. A língua de Doegue fere mais que sua espada. É um fogo que devastou toda uma cidade. Destacamos alguns pontos aqui:

Em primeiro lugar, *Doegue, um inimigo do povo de Deus* (22:9). Ele não era israelita, mas edomita. Os edomitas não eram filhos da aliança, mas descendentes do profano Esaú (Gn 25:30; 36:9). Historicamente foram inimigos do povo de Deus (Is 34:5-17; 63:1-16; Ob 1-21). Eles se recusaram a deixar os israelitas passar pelo seu território após o êxodo (Nm 20:14-21). Sempre se opuseram ao povo de Deus e se alegravam quando este estava sendo atacado pelas hordas inimigas. Doegue imita Saul no uso dessa referência depreciativa a Davi, deixando claro que se aliou à perspectiva e aos objetivos do rei.

Em segundo lugar, *Doegue, um fofoqueiro maligno* (22:9,10). A Bíblia diz que o amor cobre multidão de pecados. Porém, o homem de coração perverso e língua solta produz intrigas e guerras e expõe pessoas a grandes perigos. Doegue não informa, mas deforma. Suas palavras são carregadas de veneno e insinuações. Passa a ideia de que o sumo sacerdote Aimeleque e Davi estão mancomunados numa conspiração contra o rei.

A acareação (22:11,12)

Saul intimou Aimeleque e toda a casa de seu pai, ou seja, todos os sacerdotes que estavam em Nobe, para virem ao seu encontro. Todos compareceram à audiência. Saul, então, disse: "Ouve, peço-te, filho de Aitube! Este respondeu: 'Eis-me aqui, meu senhor!'" (22:12). É digno de nota que Saul não chama Aimeleque pelo nome, como também não chamava Davi pelo nome. Era uma forma de humilhar o sumo sacerdote. O interrogatório ameaçador já estava na contramão da Lei, pois ela requeria pelo menos duas testemunhas e Saul acolheu a acusação de um estrangeiro contra toda a classe sacerdotal.

A acusação (22:13)

Kevin Mellish diz que a suspeita de Saul sobre Davi também o levou a presumir que todos estavam conspirando contra ele: seu filho, seus servos, e agora Aimeleque, o sacerdote.[9] O rei acusa os sacerdotes de traição, de estarem contra ele, envolvidos num conluio conspiratório com Davi. Na acusação, Saul enumera três atitudes de Aimeleque que supostamente comprovariam sua denúncia: primeiro, o sacerdote deu a Davi pão; segundo, deu-lhe espada; terceiro, consultou ao Senhor a favor dele, a fim de que este se levantasse contra Saul para lhe armar ciladas.

A defesa (22:14,15)

Aimeleque, inocente quanto às acusações, faz brilhante defesa de Davi. Em contraste com a referência depreciativa de Saul ao belemita como "filho de Jessé", Aimeleque, como Jônatas, chama-o pelo nome (20:27,28). O sumo sacerdote, como Jônatas, dá testemunho da lealdade de Davi a Saul (19:4,5).[10] Destacamos dois pontos importantes:

Em primeiro lugar, *ele defende a inocência de Davi* (22:14). Aimeleque defende sua inocência, dizendo que Davi era o mais fiel servo de Saul; que era genro do rei, portanto, membro da família real; que era o chefe da guarda pessoal do rei; e, finalmente, que Davi era honrado na casa do rei.

Em segundo lugar, *ele defende sua própria inocência* (22:15). Aimeleque defende a si mesmo, afirmando que não era a primeira vez que Davi o procurava para buscar a direção divina. Essa era, portanto, uma prática comum. Ademais, Aimeleque e os demais sacerdotes não tinham conhecimento das celeumas e intrigas do palácio, sendo, portanto, inocentes das acusações assacadas contra eles.

A sentença de morte (22:16,17a)

Irado, não convencido da inocência de Aimeleque e tomado por um ódio selvagem, de forma sumária o rei ordenou sua execução e de toda a casa de seu pai. Todos foram condenados à pena de morte. Ele, que já tinha tentado matar Davi e o próprio filho, agora dá mais um passo rumo ao abismo e decreta a morte dos servos de Deus, os sacerdotes. Ele usa seu poder para destruir os sacerdotes do Senhor. Na verdade, Saul está aqui, de forma insolente, declarando guerra ao próprio Deus. Nas palavras de Robert Chisholm, "ao ordenar a execução dos sacerdotes do Senhor, Saul posiciona-se contra o próprio Senhor".[11] Ele profana o sagrado, tornando-se uma espécie de anticristo.

Tim Chester lança luz sobre o assunto:

> Saul se elevou como o soberano supremo a quem todos devem lealdade. Elevou-se tanto que se colocou no lugar de Deus — como todos os tiranos fazem. Saul era o *cristo*. Mas agora Davi

é o *cristo,* o ungido de Deus, e Saul se tornou o *anticristo,* no sentido de que se opõe a Davi, o verdadeiro *cristo.* E ele é o *anticristo* porque veio a personificar o oposto do que significa ser um rei em Israel. Saul é um *anticristo* conduzindo uma guerra profana.[12]

A ordem de execução está baseada numa mentira. O rei justifica seu veredito injusto, dizendo que os sacerdotes estavam de mãos dadas com Davi, acoitando suas fugas e sonegando ao rei as informações.

Robert Chisholm diz que o contraste entre Saul e Davi não poderia ser mais nítido. Enquanto Saul assassina os sacerdotes do Senhor, Davi procura protegê-los. Ademais, se Saul é capaz de matar sacerdotes do Senhor, ninguém está seguro, muito menos Davi.[13] O mesmo autor alerta: "A obsessão com o poder por vezes distorce a realidade e faz pessoas ver inimigos onde eles não existem".[14]

A desobediência civil (22:17b)

Saul dá ordens aos soldados da guarda para matarem os sacerdotes do Senhor, porém, estes enfrentaram o rei, com desobediência às suas ordens tresloucadas. Está escrito: "Porém, os servos do rei não quiseram estender as mãos contra os sacerdotes do Senhor" (22:17b). Essa cena traz à memória um incidente anterior no qual os homens de Saul não permitiram que ele matasse o próprio filho Jônatas (14:45). A obediência às autoridades tem limites. Quando um rei se torna cruel e injusto e suas ordens, opressoras e criminosas, cabe aos seus súditos resistir e desobedecer. O mesmo preceito é ensinado no Novo Testamento: "Antes, importa obedecer a Deus do que aos homens" (At 5:29).

A chacina (22:18,19)

Em virtude da recusa dos soldados da guarda em cumprir as ordens nefastas de Saul, este ordena a Doegue, o delator, a ser o carrasco executor. Doegue volve sua espada e mata oitenta e cinco sacerdotes do Senhor. Além de matar os sacerdotes, entrou em Nobe e fez uma chacina, passando ao fio da espada: homens, mulheres, meninos, crianças de peito, bois, jumentos e ovelhas. Toda a cidade foi arrasada e todos os seus habitantes foram assassinados. Nem os animais foram poupados. Foi um banho de sangue. Um crime bárbaro. Uma crueldade sem limites. Falando sobre Doegue, Warren Wiersbe escreve: "Mentiroso e homicida (Jo 8:44), Doegue foi além das ordens de Saul, dirigindo-se até Nobe, onde exterminou toda a população bem como os animais domésticos".[15] Antônio Neves de Mesquita diz, com razão, que aqui está uma das páginas mais escuras, mais cruéis e mais sádicas da vida de um homem renegado: a imolação de uma cidade inocente, afogada em sangue e de todos os sacerdotes do Senhor.[16]

Como a história se repete, vemos na História vários líderes mundiais que dizimaram países e, de forma truculenta, mataram milhares de pessoas, como Stalin, Mussolini, Hitler, Fidel Castro e Idi Amin.

O sobrevivente (22:20,21)

Por providência divina, Abiatar, filho de Aimeleque, conseguiu escapar do massacre e fugiu para Davi, informando-o da matança promovida por Saul em Nobe. Robert Chisholm destaca que Doegue havia realizado o massacre, mas o sacerdote sobrevivente atribui o crime corretamente a Saul, pois vieram dele as ordens para que se cometesse essa atrocidade (22:18,19).[17]

O culpado (22:22)

Ao receber a notícia da tragédia em Nobe, Davi confirmou suas suspeitas acerca de Doegue e chamou para si a culpa da chacina. Ao mentir para Aimeleque em sua fuga de Saul, não teve a perspicácia de saber que isso poderia custar um preço muito alto para os sacerdotes do Senhor. Ele reconhece que esse banho de sangue era culpa sua. Concordo com Robert Chisholm, quando escreve: "Nesse caso, fica implícito que Davi, debaixo de pressão, se mostra disposto a sacrificar o bem-estar e até a vida de outros para salvar a própria pele".[18]

O protetor (22:23)

Davi, depois de atribuir a si a culpa da morte dos sacerdotes, acolhe a Abiatar, oferecendo-lhe abrigo e proteção, uma vez que ambos eram ameaçados de morte por Saul. Mais do que isto, a preocupação de Davi com o sacerdote mostra que ele é um aliado do Senhor, ao contrário do rei, que se tornou seu inimigo.

Abiatar foi instrumental na ascensão do filho de Jessé ao trono, servindo-o como principal sacerdote enquanto ele esteve em Hebrom e, mais tarde, haveria de compartilhar o sacerdócio com Zadoque, quando Davi se tornasse rei sobre todo o Israel.[19] Tim Chester diz que no bando perturbado na caverna de Adulão está incluído o rei Davi (22:1), o profeta Gade (22:5) e o sacerdote Abiatar (22:23). Tanto o profeta como o sacerdote permanecerão com Davi por toda a sua vida (1Cr 29:29). Richard Phillips corrobora, dizendo:

> Deus convocou Davi para aceitar o reinado e lhe deu um sacerdote e um profeta. Eles representam nossa grande necessidade: sermos defendidos por um Rei poderoso, reconciliados com Deus por um Sacerdote expiador e instruídos na fé e na salvação por um verdadeiro Profeta. Este é o refúgio do povo de Deus neste mundo: o reino real do poderoso Filho de Deus, o ministério sacerdotal do sangue expiatório de Cristo e o ministério profético da Sagrada Escritura. Unir-se a Jesus pela fé é unir-se sob o estandarte do grande Filho de Davi, a quem o Pai declara: "Pede-me, e eu te darei as nações por herança e as extremidades da terra por tua possessão" (Sl 2:8).[20]

Davi, hostilizado pelo mundo, perseguido por Saul, formado por um grupo de rejeitados e, no entanto, centrado em um rei, em um sacerdote e em um profeta: esse é um Israel alternativo em formação.[21] Esse mesmo padrão foi usado por Jesus, que chamou pescadores, publicanos e pecadores para formar a sua equipe. O apóstolo Paulo repete o mesmo modelo:

> Irmãos, reparai, pois, na vossa vocação; visto que não foram chamados muitos sábios segundo a carne, nem muitos poderosos, nem muitos de nobre nascimento; pelo contrário, Deus escolheu as coisas loucas do mundo para envergonhar os sábios e escolheu as coisas fracas do mundo para envergonhar as fortes; e Deus escolheu as coisas humildes do mundo, e as desprezadas, e aquelas que não são, para reduzir a nada as que são; a fim de que ninguém se vanglorie na presença de Deus (1Co 1:26-29).

Notas

1. PHILLIPS, Richard D. *1Samuel*. 2016, p. 358.
2. BALDWIN, Joyce G. *I e II Samuel: introdução e comentário*. 2006, p. 158.
3. CHISHOLM JR., Robert B. *1 & 2Samuel*. 2017, p. 147.
4. PURKISER, W. T. *Os livros de 1 e 2Samuel*. *In* Comentário bíblico Beacon. Vol. 2. 2015, p. 217.
5. BALDWIN, Joyce G. *I e II Samuel: introdução e comentário*. 2006, p. 158.
6. WIERSBE, Warren W. *Comentário bíblico expositivo*. Vol. 2. 2006, p. 262.
7. CHESTER, Tim. *1Samuel para você*. 2019, p. 164,165.
8. PHILLIPS, Richard D. *1Samuel*. 2016, p. 361.
9. MELLISH, Kevin J. *Novo comentário bíblico Beacon – 1 e 2Samuel*. 2015, p. 177.
10. CHISHOLM JR., Robert B. *1 & 2Samuel*. 2017, p. 147.
11. CHISHOLM JR., Robert B. *1 & 2Samuel*. 2017, p. 147.
12. CHESTER, Tim. *1Samuel para você*. 2019, p. 165,166.
13. CHISHOLM JR., Robert B. *1 & 2Samuel*. 2017, p. 146.
14. Idem, p. 150.
15. WIERSBE, Warren W. *Comentário bíblico Beacon*. Vol. 2. 2006, p. 263.
16. MESQUITA, Antônio Neves. *Estudo nos livros de Samuel*. 1979, p. 91.
17. CHISHOLM JR., Robert B. *1 & 2Samuel*. 2017, p. 148.
18. CHISHOLM JR., Robert B. *1 & 2Samuel*. 2017, p. 148.
19. MELLISH, Kevin J. *Novo comentário bíblico Beacon – 1 e 2Samuel*. 2015, p. 178.
20. PHILLIPS, Richard D. *1Samuel*. 2016, p. 368.
21. CHESTER, Tim. *1Samuel para você*. 2019, p. 166.

Capítulo 24

Traições e livramentos
(1Samuel 23:1-29)

SAUL NÃO GOVERNA MAIS. Transformou seu reinado numa caçada insana a Davi. Sua perseguição ao genro é implacável. Porém, quanto mais Saul se enfraquece, mais Davi se fortalece. Quanto mais o último se aproxima do trono, mais o primeiro se desqualifica para governar. Quanto mais o belemita impõe derrota aos inimigos de Israel, mais o rei perde a batalha contra si mesmo.

Purkiser diz que é bem possível que o retorno de Davi de Moabe a Judá, ordenado pelo profeta Gade (22:5), estivesse relacionado com novos ataques dos filisteus contra as cidades de Judá. As batalhas eram travadas nas áreas de debulho dos israelitas, e a cidade de Queila estava sitiada (23:1).¹ Joyce Baldwin chega a dizer que enquanto Saul estava ocupado em achar e matar Davi, os filisteus puderam continuar tranquilamente seus ataques.²

Davi, o libertador de Queila (23:1-6)

Davi foi informado acerca da invasão dos filisteus à cidade de Queila, para saquear suas eiras. Prontamente, consulta ao Senhor se deveria ir e livrar a cidade dos invasores. Cinco fatos devem ser destacados aqui:

Em primeiro, *os filisteus saqueiam Queila* (23:1). A cidade de Queila era uma fortaleza amuralhada, com portas e ferrolhos. Era uma cidade fronteiriça e nenhuma segurança oferecia contra os filisteus. Nas palavras de Joyce Baldwin "Queila, pertencia a Judá e ficava bem atrás das linhas inimigas na ocasião desse ataque".³ Os filisteus, os filhos do mar, os piratas saqueadores, invadiram a cidade para saquear as eiras e roubar o povo. As eiras continham o grão que era ajuntado na época da colheita.

Em segundo lugar, *Davi consulta a Deus* (23:2). Sendo informado dessa invasão dos filisteus, antes de agir, ele consulta ao Senhor. Davi é um homem de oração e ao mesmo tempo um homem de guerra. Ele ora e age. Concordo com Warren Wiersbe, quando diz: "Davi não tomou nenhuma providência antes de descobrir qual era a vontade Deus, prática que todo líder precisa imitar, pois é fácil nossos interesses pessoais se colocarem no caminho daquilo que o Senhor deseja fazer".⁴

Em terceiro lugar, *os homens de Davi temem* (23:3). Embora seus homens sejam valentes, sabem do perigo de entrar numa cidade amuralhada, dominada por inimigos armados. O medo os torna relutantes. Apesar da resposta favorável de Deus à oração de seu servo, seus homens estão temerosos de entrar nessa missão de resgate. A. W. Pink é oportuno quando diz que Davi não se enfureceu com seus homens nem os chamou de covardes, nem argumentou ou tentou convencê-los. Colocando de lado sua própria sabedoria, sentindo sua total dependência de Deus, e, mais especificamente, para benefício deles, para dar-lhes um exemplo piedoso, foi mais uma vez consultar ao Senhor.[5]

Em quarto lugar, *Davi novamente consulta a Deus* (23:4). Diante da insegurança de seus homens, ele novamente consulta ao Senhor e mais uma vez o Senhor lhe dá a garantia de que entregaria em suas mãos os filisteus que estavam rapinando a cidade de Queila.

Em quinto lugar, *Davi vence os filisteus* (23:5,6). Estribado na promessa de Deus, Davi partiu com seus homens a Queila, e pelejou contra os filisteus. Tomou de volta o gado que haviam roubado. Fez grande morticínio entre eles e salvou os moradores da cidade.

Tim Chester diz que enquanto Davi vai a Queila para derrotar os filisteus, Saul se apressa para cercá-lo ali. Davi tem a estola sacerdotal e, assim, entende os propósitos de Deus. Saul não tem a estola sacerdotal e, assim, interpreta mal os desígnios divinos.[6] Kevin Mellish acrescenta que Abiatar só veio a Davi depois que Saul mandou assassinar os sacerdotes de Nobe. A ironia é que Saul, como resultado de suas próprias ações, inconscientemente forneceu a Davi o sacerdote com o qual poderia consultar ao Senhor. Isto não só ampliou o abismo entre os dois, mas continuou a martelar a cunha entre Saul e Deus.[7]

Davi traído pelo povo de Queila (23:7-14)

Os habitantes de Queila pagaram a Davi o bem com o mal. Com medo de que as atrocidades de Nobe acontecessem também em Queila, foram ingratos ao herói que os livrou das mãos dos filisteus e denunciaram Davi a Saul. Vejamos:

Em primeiro lugar, *os informantes de Saul* (23:7a). Foi anunciado a Saul que Davi, conhecido como fora da lei, tinha ido a Queila. A informação nada declara sobre o grande livramento das mãos dos filisteus. O rei tinha seus informantes e espias por todo lado. Eram asseclas que tentavam tirar vantagem dessas informações.

Em segundo lugar, *as maquinações de Saul* (23:7b,8). Saul tem a ilusão de que suas guerras são as guerras de Deus. Vê nesse ato de traição dos moradores de Queila uma providência divina para encurralar a sua presa ali e capturar Davi. O rei convocou o povo ostensivamente para a guerra contra os filisteus, mas, na verdade, queria mesmo era sitiar Queila e matar Davi. Nas palavras de Robert Chisholm, "Saul afirma contar com o auxílio divino (23:7), mas fica evidente que, na verdade, Deus está ajudando Davi. O Senhor entrega os filisteus nas mãos de Davi, mas também faz uso deles para desviar Saul de seu propósito e proteger Davi".[8] O fato é que o pecado cegou de tal modo Saul que ele estava iludido, imaginando que Deus era favorável a ele, enquanto Deus protegia Davi de suas mãos.

Em terceiro lugar, *os informantes de Davi* (23:9). Não apenas Saul tem informantes, mas Davi também os tem. Ele fica sabendo da maquinação de Saul contra si. Essas informações possibilitaram Davi a consultar o Senhor e criar um plano de fuga.

Em quarto lugar, *Davi consulta o Senhor* (23:10-12). Davi não convoca uma guerra santa contra Saul, mas ora ao Senhor, perguntando se os moradores de Queila o entregariam nas mãos do rei e se este desceria contra ele. Enquanto Saul, em suas atividades, havia afastado os profetas e matado os sacerdotes, Deus dera a Davi todo o aparato para o reinado. Ele é servido por um profeta fiel e por um verdadeiro sacerdote. Davi foi guiado e ajudado no seu papel real por ambos.

Em quinto lugar, *Davi foge para o deserto de Zife* (23:13, 14). Diante da resposta afirmativa de Deus à sua oração, Davi e seus seiscentos homens saíram de Queila e partiram sem rumo certo. Ao ser informado que ele havia fugido de Queila, Saul cessou de persegui-lo. Davi, então, permaneceu no deserto de Zife, nos lugares seguros. O rei buscava-o todos os dias, porém Deus não o entregou em suas mãos. Esta é a quinta vez que Davi "escapou" (19:10,12,18; 22:1; 23:13).

Tim Chester diz que Davi, o *cristo,* é traído duas vezes (em Queila e em Zife). Mas, embora seja rejeitado pelo povo, não é rejeitado por Deus. Deus o defende. A rejeição de Jesus e a traição de Judas talvez pareçam refutar sua afirmação de que Ele é rei. Na verdade, porém, tais fatos confirmam que Ele é o verdadeiro descendente de Davi. Na cruz, Jesus foi condenado como um impostor e blasfemador. Morreu sob o título zombeteiro: *Rei dos Judeus.* Mas, por meio da ressurreição, Deus o vindicou. Sua ressurreição é a confirmação de que Ele é "Senhor e Cristo" (At 2:36).[9]

Davi fortalecido por Jônatas (23:15-18)

Ao mesmo tempo que Saul buscava, sem trégua, matar Davi, Jônatas, seu filho, buscava aproximar-se dele. Antônio Neves de Mesquita diz que os dois amigos se encontraram e a confissão de Jônatas é a mais nobre e a mais altruísta que se pode encontrar em toda a literatura humana. Confessa que Davi será o rei de Israel e que ele seria o segundo no reino. Ambos reafirmaram a sua velha aliança de amizade e auxílio perante o Senhor.[10]

Destacamos três verdades aqui:

Em primeiro lugar, *uma palavra de encorajamento* (23:15,16). Jônatas vai a Horesa, no deserto de Zife, onde Davi estava escondido, numa demonstração clássica de amizade para fortalecer sua confiança em Deus. Ele era um encorajador. Sabia das muitas investidas de seu pai para matar Davi e por isso vai reanimar o amigo e fortalecer-lhe a fé. Ele se expôs ao perigo que Davi estava vivenciando. Nas palavras de Richard Phillips, "Jônatas, do conforto da provisão real, foi para a privação do deserto em busca do seu amigo. Mas isso é o que amizade exige. Um amigo que não está disposto, e até mesmo ansioso a sacrificar tempo, trabalho e privilégios não é digno desse nome".[11]

Concordo com Joyce Baldwin quando diz que não foi apenas o calor da amizade humana que fortaleceu Davi, porém, muito mais a certeza de Jônatas quanto ao propósito de Deus para o futuro.[12] Nessa mesma direção Richard Phillips escreve: "A intervenção de Jônatas foi um ponto de virada para Davi. Jônatas ajudou seu amigo fortalecendo sua confiança em Deus para que não fosse tomado pelo medo. Jônatas ajudou Davi a perseverar na fé. Davi precisava não apenas crer na salvação do Senhor, mas também continuar crendo e agindo com base nessa fé".[13]

Em segundo lugar, *uma atitude de abnegação* (23:17). Jônatas fala para Davi não ter medo porque a mão de Saul não vai achá-lo. E mais, reafirma que ele reinará sobre Israel. Confirma-lhe, com inabalável confiança, que ele reinará e hipoteca-lhe sua lealdade. Como herdeiro do trono, Jônatas, de forma abnegada, abre mão da sucessão, contentando-se em ser o segundo no reino.

Em terceiro lugar, *uma aliança renovada* (23:18). Jônatas e Davi fizeram aliança perante o Senhor e se despedem para não mais se encontrarem. Esta é a terceira vez que eles entram em aliança. Robert Chisholm traz luz sobre o tema ao escrever:

> Essa é a terceira aliança entre Davi e Jônatas. Na primeira ocasião, Jônatas tomou a iniciativa de fazer o acordo (20:8). Ele jurou ser leal a Davi e prometeu protegê-lo (18:3; 20:8,9). Na segunda ocasião, Jônatas reafirmou sua lealdade à "casa" de Davi, e Davi jurou lealdade a Jônatas e a seus descendentes (20:16,17,42). Os termos dessa terceira aliança (23:18) não são fornecidos, mas podemos supor com segurança que ela reafirma os compromissos anteriores. Talvez se refira à afirmação de Jônatas de que ele será o segundo no reino de Davi (23:17). Isso implicaria uma garantia por parte de Davi de dar a Jônatas esse cargo na corte e uma reafirmação por parte de Jônatas de sua lealdade a Davi.[14]

Davi traído pelo povo de Zife (23:19-23)

Zife era uma cidade pequena, cerca de vinte e quatro quilômetros a sudeste de Queila, no "deserto de Zife", que fazia parte do deserto de Judá. Três fatos são destacados aqui:

Em primeiro lugar, *a traição dos zifeus* (23:19,20). Mais uma vez, Davi é vítima de traição. Os zifeus subiram a Gibeá e informaram a Saul que ele e seus homens estavam escondidos entre eles, nos lugares seguros de Horesa, no outeiro de Haquila, ao sul de Jesimom. Além de informarem ao rei acerca do paradeiro de Davi, os zifeus também prometeram a ele que o entregariam em suas mãos. Richard Phillips diz que os zifeus estavam ativamente negociando com Saul a sua traição. Sem enfrentar qualquer ameaça específica de sua parte, os zifeus entraram em contato com o rei motivados por ganância, dando informações detalhadas sobre o paradeiro de Davi e oferecendo entregá-lo.[15]

Em segundo lugar, *o engano de Saul* (23:21). Os valores espirituais de Saul estão invertidos. Na sua espiritualidade distorcida, honrou a impiedade dos zifeus com sua suposta bênção do Senhor: "Benditos sejais vós do Senhor, porque vos compadecestes de mim". Saul abençoa os zifeus por terem traído Davi. Viu nessa atitude execranda dos zifeus uma espécie de compaixão por ele e demonstrou alegria e apreço ao povo que permanecia fiel a ele a despeito de suas loucuras.

Em terceiro lugar, *a investigação meticulosa* (23:22,23). Saul envia os zifeus de volta com a missão de fazerem uma varredura por todos os lugares possíveis onde Davi poderia estar escondido. Com esses dados em mãos, promete ir com eles e caçá-lo até encontrá-lo. Concordo com Richard Phillips, quando escreve: "Os verdadeiros líderes espirituais não são aqueles que motivam o povo de Deus pela personalidade dinâmica, recorrendo a benefícios terrenos ou por meio de manipulações coercitivas de culpa ou abuso. Em vez disso, a verdadeira liderança cristã é baseada na clara afirmação da palavra de Deus".[16]

Davi encurralado no deserto de Maom (23:24-29)

Os zifeus saíram, sem detença, para cumprir a missão dada pelo rei Saul. Davi e seus homens, porém, estavam no deserto de Maom, na planície, ao sul de Jesimom. Destacamos quatro fatos aqui:

Em primeiro lugar, *a perseguição implacável* (23:24,25). Saul e seus homens partiram com o propósito de capturarem Davi. Seus informantes, no entanto, deram-lhe conhecimento dessa caçada humana e ele escapou. Em 1Samuel 23—26, Davi está no deserto tanto literalmente como no sentido metafórico. Doze das quinze referências a deserto em 1Samuel estão nestas passagens: 23:14,15,24,25; 25:1,4,14,21; 26:2,3. Maom estava no topo da montanha a uns doze quilômetros de Hebrom, e o acampamento de Davi estava na abertura do vale, no lado leste da cidade. Quando Saul soube que ele tinha se deslocado para esse território, apressou a perseguição para lá.[17]

Em segundo lugar, *o cerco mortal* (23:26). Saul e seus soldados cercaram Davi e seus homens para os prender. Parecia ter chegado o fim da linha. Não havia como escapar e fugir do cerco mortal. O estrategista belemita não conseguiu enxergar nenhuma porta de escape, nenhuma rota de fuga, nenhum caminho de livramento.

Em terceiro lugar, *a providência em tempo oportuno* (23:27,28). Quando os recursos de Davi se esgotaram para fugir de Saul, Deus, na sua providência, criou um fato novo. Um mensageiro veio ao rei informando-o que os filisteus haviam invadido a terra e ele precisava se apressar para combater os inimigos. Por esta causa, desistiu de perseguir Davi e se foi contra os filisteus. O filho de Jessé batizou o lugar com o nome "Pedra de escape". Joyce Baldwin diz que o ataque filisteu exige a atenção de Saul; sua contenda pessoal não pode se sobrepor à ameaça da segurança nacional, e assim Davi experimenta alívio por alguns momentos.[18]

Em quarto lugar, *o escape da morte* (23:29). Davi saiu do cerco da morte no deserto de Maom e subiu para os lugares seguros de Em-Gedi, nas proximidades do mar Morto. Quando os recursos da terra se esgotam, Deus abre um caminho de livramento desde o céu. O livramento não veio da experiência militar de Davi, mas da providência oportuna de Deus.

Notas

[1] PURKISER, W. T. *Os livros de 1 e 2Samuel. In* Comentário bíblico Beacon. Vol. 2. 2015, p. 218.
[2] BALDWIN, Joyce J. *I e II Samuel: introdução e comentário.* 2006, p. 160.
[3] Idem.
[4] WIERSBE, Warren W. *Comentário bíblico expositivo.* Vol. 2. 2006, p. 265.
[5] PHILLIPS, Richard D. *1Samuel.* 2016, p. 372.
[6] CHESTER, Tim. *1Samuel para você.* 2019, p. 172.
[7] MELLISH, Kevin J. *Novo comentário bíblico Beacon – 1Samuel.* 2015, p. 179.
[8] CHISHOLM JR., Robert B. *1 & 2Samuel.* 2017, p. 152.
[9] CHESTER, Tim. *1Samuel para você.* 2019, p. 173.

10 MESQUITA, Antônio Neves. *Estudo nos livros de Samuel.* 1979, p. 92.
11 PHILLIPS, Richard D. *1Samuel.* 2016, p. 382.
12 BALDWIN, Joyce G. *I e II Samuel: introdução e comentário.* 2006, p. 161.
13 PHILLIPS, Richard D. *1Samuel.* 2016, p. 385.
14 CHISHOLM JR., Robert B. *1 & 2Samuel.* 2017, p. 154,155.
15 PHILLIPS, Richard D. *1Samuel.* 2016, p. 386.
16 Idem, p. 372.
17 MELLISH, Kevin J. *Novo comentário bíblico Beacon – 1Samuel.* 2015, p. 181.
18 BALDWIN, Joyce G. *I e II Samuel: introdução e comentário.* 2006, p. 162.

Capítulo 25

Lições da caverna

(1Samuel 24:1-22)

Saul, o rei de fato, está louco; Davi, o rei de direito, está em rota de fuga para poupar a própria vida. O rei, dominado pelo ciúme, não cessa de perseguir o rival; Davi, o escolhido de Deus, não se deixa vencer pelo ódio e continua fugindo de Saul. Logo depois que o rei voltou da perseguição aos filisteus, voltou à carga, com toda força, para matar o genro.

Muitas foram as fugas de Davi, buscando escapar da insana caçada de Saul:

- Naiote, em Ramá (19:18). Esta foi a cidade de Samuel.
- Gibeá (20:1). Esta era cidade de Jônatas.

- Nobe (21:1). Esta era a cidade dos sacerdotes.
- Adulão (22:1). Esta era a caverna do vale de Elá.
- Mispá, em Moabe (22:3). Esta cidade ficava do outro lado do mar Morto.
- A fortaleza (22:4). Talvez, Massada.
- Queila (23:1). A cidade em que Davi lutou contra os filisteus.
- Deserto de Zife (23:14). No sul de Hebrom.
- Deserto de Maom (23:24). Sul de Zife.
- En-Gedi (24:1). Parte ocidental do mar Morto.
- Fortaleza (24:22). Talvez, Massada.
- Deserto de Maom (25:1). Onde Davi casou-se com Abigail.
- Deserto de Zife (26:2). Ele encontra Saul novamente.
- Gate (27:2). Davi retorna à cidade dos filisteus.
- Ziclague (27:5-7). Davi permanece no local por quatro meses.

Richard Phillips diz que Saul, ao perseguir Davi por todos os lados, escolheu o caminho da sua própria vontade em vez da vontade de Deus. Ele é um retrato de todos, hoje, que conhecem a verdade de Deus, mas suprimem essa verdade. Saul pensava que, como rei de Israel, podia adiar as consequências da sua rebelião contra Deus, assim como o homem pós-moderno se convence de que pode ignorá-lo e reescrever normas milenares de moralidade e acerca da sociedade humana, confiando em sua tecnologia, prosperidade e lazer para viver de maneira bem-sucedida em oposição à palavra de Deus. Saul aprendeu, contudo, que o dia do ajuste de contas pode vir repentinamente, mesmo no que parece ser um momento de triunfo.[1]

Vejamos:

Uma obsessão implacável (24:1,2)

A despeito da loucura de Saul, ele tinha cortesãos bajuladores que lhe traziam informações sobre o paradeiro de Davi. Esses informantes lhe disseram que Davi estava no deserto de En-Gedi, nos arredores do mar Morto. Essa era uma área pontilhada de despenhadeiros e de cavernas. Essa região de rochas de xisto tinha inúmeras cavernas e uma fonte perene de água fresca, o que a torna um lugar excelente para o descanso de pastores e de seus rebanhos. Saul reuniu três mil homens, escolhidos a dedo, e partiu para os penhascos conhecidos como as penhas das cabras montesas com o propósito de matar Davi.

Richard Phillips diz que assim como Faraó persistiu em oposição a Deus depois de sucessivas pragas sobre o Egito, Saul persistiu nos seus esforços assassinos contra Davi.[2]

Uma demonstração de autocontrole (24:3-6)

Quis a providência divina que Saul, sozinho, para aliviar o ventre, entrasse dentro da caverna onde estavam escondidos Davi e seus homens. Se ele tivesse se tornado num Saul II, o rei estaria morto. Porém, todo esse treinamento de Deus foi para que Davi não se tornasse um monarca parecido com Saul. Vejamos:

Em primeiro lugar, *uma armadilha fatal* (24:3). En-Gedi é um deserto cheio de cavernas. Saul, precisando aliviar o ventre, distancia-se de seus soldados, e entra sozinho exatamente na caverna onde estavam escondidos Davi e seus homens. Agachado e sem guarda-costas, ele estava completamente vulnerável, numa armadilha fatal. Se Davi fosse um homem do mesmo estofo moral do rei, este estaria morto.

Em segundo lugar, *uma sugestão tentadora* (24:4a). Os homens de Davi tentaram induzi-lo a matar Saul. Viram nas circunstâncias uma providência divina. Disseram que era Deus quem o estava entregando nas suas mãos. Antônio Neves de Mesquita disse que os homens de Davi o incriminaram por não ter liquidado o seu inimigo, mas ele tinha outra cartilha.[3] Concordo com Kevin Mellish, quando diz que Davi não cedeu ao impulso da vingança, mas se levantou acima da tentação de se vingar. Ao retratá-lo desta maneira, o texto o apresenta como um indivíduo justo, alguém que era mais nobre que seus companheiros e que Saul.[4] Concordo com o que diz Warren Wiersbe: "Os homens de Davi consideraram a situação uma oportunidade de vingança, enquanto Davi considerou a mesma situação uma oportunidade de demonstrar misericórdia e provar que não havia dolo em seu coração".[5]

Concordo com Richard Phillips quando diz que Deus testa seus servos para revelar o verdadeiro estado do coração deles. Quando Jonas chegou a Jope e encontrou um navio que ia para Társis já no porto, Deus não estava facilitando sua rebelião, mas testando sua fidelidade. Na providência de Deus, as circunstâncias não substituem o princípio que Ele revelou em sua Palavra.[6]

Em terceiro lugar, *uma ação precipitada* (24:4b,5). Davi não deu ouvidos aos seus homens, porém, furtivamente, chegou por trás de Saul e cortou a orla de seu manto. Esse gesto em vez de lhe trazer um senso de superioridade, pesou-lhe no coração. Sua consciência o perturbou, pois esse era um ato simbólico que representava a tomada do reino. Ele sabia que o manto real era um símbolo da autoridade de Saul como rei de Israel. Nas palavras de Robert Bergen, "o confisco feito por Davi de uma porção do manto real significava a transferência de poder da casa de Saul para a casa de Davi".[7] Ele não queria subir ao trono pelo caminho dos homens, usurpando o poder, mas conduzido por Deus, no tempo de Deus.

Concordo com Tim Chester quando diz que naquela caverna Davi teve a oportunidade de pular sua vida de sofrimento para chegar ao trono. Mas esse não é o caminho de Deus. Não era o plano divino. Portanto, não era o dele.[8] Nessa mesma linha de pensamento A. W. Pink comenta:

> Um golpe de sua espada e Davi sobe ao trono. Adeus, pobreza! Adeus, vida de animal perseguido. Reprovações, desprezo e derrotas cessariam; adulações, triunfos e riquezas seriam seus. Mas ele faz o sacrifício da fé, o sacrifício de uma vontade humilde, sempre esperando o tempo de Deus; o sacrifício de mil experiências preciosas do cuidado de Deus, da provisão de Deus, da orientação de Deus, da ternura de Deus. Não, até mesmo um trono a esse preço é caro demais. A fé espera.[9]

Tim Chester explica por que Davi sentiu seu coração pesado ao cortar a orla do manto de Saul.

> Por que Davi sente o coração bater de remorso quanto a cortar um pedaço do manto de Saul? Quando Deus rejeita Saul no capítulo 15, Saul agarra o manto de Samuel. Quando ele se rasga, Samuel lhe diz que o reino dele também será rasgado

> dele e dado a alguém melhor do que ele (15:28). Depois, em 18:4 Jônatas dá o seu manto a Davi como sinal da entrega do reino. Em 20:15, Jônatas suplica a Davi: "Nem tampouco cortarás jamais da minha casa a tua bondade; nem ainda quando o Senhor desarraigar da terra todos os inimigos de Davi". Agora Davi corta a ponta do manto de Saul, cortando simbolicamente o reino dele. Mas Davi fica com a consciência pesada porque se recusa a agarrar o reino. Está disposto a viver às margens até Deus lhe dar o reino. Ele repreendeu seus homens por sugerirem que ele deveria arrancar o reino de Saul.[10]

Em quarto lugar, *uma decisão sensata* (24:6). A atitude de Davi causou uma espécie de decepção em seus homens, porém ele justificou sua decisão, dizendo que não atentou contra a vida de Saul porque ele era o ungido do Senhor, portanto, lutar contra o rei era lutar contra Deus. Certo dessa convicção, ele não apenas se explicou aos homens, mas insistiu com eles para impedi-los de causar dano a Saul.

Uma prova de inocência (24:7-11)

Destacamos três verdades preciosas aqui:

Em primeiro lugar, *a sabedoria evita desastres* (24:7a). As palavras e as atitudes sábias de Davi foram um freio para impedir o ímpeto de seus homens. O verdadeiro líder inspira com seu exemplo. A postura sensata de Davi evitou uma tragédia dentro daquela caverna. Conforme diz Robert Chisholm, ele não está se rebelando contra o rei; pelo contrário, não permite sequer que seus homens se levantem contra ele.[11]

Em segundo lugar, *a humildade é prova da inocência* (24:7b,8). Saindo ambos da caverna, Saul e Davi, este gritou ao rei, chamando-o de "meu Senhor" e inclinando-se até ao chão, prestou-lhe reverência, demonstrando respeito e submissão. Em vez de cair sobre Saul num ataque assassino, Davi caiu sobre o solo, falando com o rei pacificamente e com o devido respeito. Sua humildade era uma prova eloquente de sua inocência. Davi não estava buscando o trono de Saul.

Em terceiro lugar, *a verdade coerente é a melhor defesa* (24:9-11). Davi acusa o rei de ouvir os falsos rumores de seus cortesãos bajuladores, que o incitam contra ele, para o matar sem causa. Nas palavras A. W. Pink, "muito graciosamente Davi lançou a culpa sobre os cortesãos de Saul, não sobre o próprio rei".[12] Ele dá provas de que não tem má intenção, pois teve a vida do rei em suas mãos e, mesmo assim, não atentou contra ele, por saber que é o ungido do Senhor. Davi, depois de chamá-lo de "meu pai", dá a prova cabal de sua inocência, ao mostrar-lhe a orla do manto. Se ele não o matou, essa era uma prova cabal de sua inocência e a sua defesa mais robusta.

Robert Chisholm diz que Davi faz todo o esforço possível para expressar a autoridade de Saul sobre ele. Dirige-se a ele como "meu senhor" três vezes (24:6,8,10), "rei", uma vez (24:8), "rei de Israel", uma vez (24:14), e "ungido do Senhor", três vezes (24:6,10). Aqui, usa ainda outro título — "meu pai", que sugere sua dependência do rei.[13]

Uma reivindicação da justiça divina (24:12-15)

Em seu discurso de autodefesa, Davi evoca a justiça divina e apela para Deus, o justo juiz, vingar-se dele, caso haja em seu coração alguma intenção má contra o rei. Ele ainda cita a Saul um provérbio conhecido: "Dos perversos procede a perversidade". Ou seja, o caráter determina a conduta. O que o homem é, isso ele faz. Nas palavras de Jesus: "Por seus frutos os conhecereis" (Mt 7:16).

Davi desce ao mais profundo estágio da humildade, quando se compara a um cão morto e a uma pulga. O cão já era um animal desprezível naquele tempo, e um cão morto era absolutamente sem valor. A pulga vive pulando de um lugar para o outro sem qualquer descanso. Ela é difícil de apanhar, mas sem nenhum valor quando capturada. Assim Davi se via diante das campanhas militares de Saul com o propósito de caçá-lo pelas cidades, desertos e cavernas.

Ele conclui sua defesa apelando mais uma vez para Deus ser o seu juiz, pleitear sua causa, fazer-lhe justiça e livrá-lo das mãos de Saul. Nas palavras de Joyce Baldwin, "o raciocínio de Davi é que, em última instância, Saul se opôs ao Senhor, que mostrará que Davi está correto".[14] Concordo com Robert Chisholm, quando diz que a determinação de Davi de deixar a vingança nas mãos de Deus (24:12) contrasta com o retrato anterior de Saul, que se mostra obcecado em vingar-se de seus inimigos (14:24; 18:25).[15]

Uma constatação inevitável (24:16-21)

Diante do discurso eloquente e convincente de Davi, Saul dá a mão à palmatória e reconhece que o genro é inocente, admite que este é mais justo do que ele, confessa que o belemita ascenderá ao trono e fará um reinado firme, e termina pedindo-lhe para poupar sua família ao chegar ao poder. Vejamos:

Em primeiro lugar, *um choro sem arrependimento* (24:16). Saul está como que dopado pelo ódio e cego pelo ciúme. Mesmo conhecendo Davi, e chamando-o de "meu filho" pergunta, se é a voz mesmo do belemita que está ouvindo.

Então desata a chorar. Porém, este não é o choro do arrependimento. Saul não foi transformado. Ele ainda voltará a intentar contra a vida de Davi.

Em segundo lugar, *um reconhecimento sem consistência* (24:17-19). Saul forçosamente precisa admitir que Davi é mais justo do que ele, pois recompensou-lhe o mal com o bem e roga a bênção do Senhor sobre ele, dizendo: "O Senhor, pois, te pague com bem, pelo que hoje me fizeste".

Em terceiro lugar, *uma convicção sem atitude* (24:20). Jônatas havia dito a Davi que Saul tinha consciência de que Davi reinaria (23:17). Agora, pela primeira vez, o rei reconhece publicamente que seu genro está destinado a reinar sobre Israel e chega a afirmar essa convicção de modo enfático. Saul confessa ter certeza de que Davi será rei e estabelecerá sua dinastia, e que o reino de Israel será firme em suas mãos. Joyce Baldwin diz que uma declaração assim tem quase a natureza de uma confissão, pois foi a rejeição de seu próprio reinado que gerou em Saul um amargo ressentimento e a atitude irracional de planejar a morte de Davi.[16]

Em quarto lugar, *um pedido cheio de temor* (24:21). Com base nessa convicção, só resta a Saul pedir a Davi para jurar-lhe pelo Senhor que não eliminará sua descendência nem desfará seu nome da casa de seu pai, quando assumir o trono. Concordo com Kevin Mellish, quando escreve: "As declarações de Saul nos versículos 16—21 fornecem um tipo de apologia que não só antecipava a ascensão de Davi ao trono, mas o inocentava de qualquer erro durante este processo. A importância das declarações de Saul do ponto de vista da propaganda política não há como ser superestimada".[17]

Um juramento solene (24:22)

Davi assume o compromisso, com juramento, de proteger a família de Saul ao ascender ao trono de Israel. Concordo com Robert Chisholm quando diz que, se ele tivesse planos de depor Saul e tomar o trono, não haveria concordado com seu pedido. Usurpadores costumam matar os descendentes do rei anterior a fim de consolidar seu poder.[18] É oportuno trazer à memória Provérbios 16:32: "Melhor é o longânimo do que o herói de guerra, e o que domina o seu espírito, do que o que toma uma cidade". Richard Phillips tem razão em dizer que, na caverna de En-Gedi, observamos Davi num dos mais elevados pináculos espirituais de toda a sua vida. Fez uma grande diferença para seu futuro que ele tivesse honrado o Senhor durante seu tempo de provação.[19]

A passagem bíblica termina dizendo que o rei voltou para sua casa, em Gibeá, e o filho de Jessé procurou lugar mais seguro. São dois homens e dois polos. Um desvairado e um sensato. O apreço que Saul mostrou naquele instante não convenceu Davi de que era para valer, e ele tinha razão. A invocação a Deus para que lhe pagasse segundo a generosidade que havia praticado não perdurou.[20] Concordo com Joyce Baldwin, quando diz que nenhum dos dois esperava que a reconciliação restabelecesse o relacionamento perdido; cada um segue seu próprio caminho.[21]

Valho-me das palavras de Robert Chisholm para concluir este capítulo. O renomado escritor traz à lume dois princípios: o primeiro é — quando o cumprimento da promessa de Deus é postergado, os servos escolhidos por Ele precisam resistir à tentação de apressar os acontecimentos; antes, devem fazer o que é certo e esperar pelo seu tempo.

O segundo princípio é — quando os servos de Deus sofrem opressão enquanto esperam sua promessa se concretizar, devem voltar-se para Ele em busca de justiça.[22]

Notas

[1] PHILLIPS, Richard D. *1Samuel*. 2016, p. 391,392.
[2] PHILLIPS, Richard D. *1 Samuel*. 2016, p. 392.
[3] MESQUITA, Antônio Neves. *Estudo nos livros de Samuel*. 1979, p. 93.
[4] MELLISH, Kevin J. *Novo comentário bíblico Beacon – 1 e 2 Samuel*. 2015, p. 185.
[5] WIERSBE, Warren W. *Comentário bíblico expositivo*. Vol. 2. 2006, p. 268.
[6] PHILLIPS, Richard D. *1Samuel*. 2016, p. 395.
[7] BERGEN, Robert D. *1, 2Samuel, New American Commentary*. Nashville, TN: Broadman & Holman. 1996, p. 239.
[8] CHESTER, Tim. *1Samuel para você*. 2019, p. 183.
[9] PINK, A. W. *A life of David*. Vol. 2. Grand Rapids, MI: Baker. 1981, p. 114.
[10] CHESTER, Tim. *1Samuel para você*. 2019, p. 181,182.
[11] CHISHOLM JR., Robert B. *1 & 2Samuel*. 2017, p. 160.
[12] PINK, A. W. *Life of David*. Vol. 2. 1981, p. 120.
[13] CHISHOLM JR., Robert B. *1 & 2Samuel*. 2017, p. 160.
[14] BALDWIN, Joyce G. *I e II Samuel: introdução e comentário*. 2006, p. 164.
[15] CHISHOLM JR., Robert B. *1 & 2Samuel*. 2017, p. 160.
[16] BALDWIN, Joyce G. *I e II Samuel: introdução e comentário*. 2006, p. 164.
[17] MELLISH, Kevin J. *Novo comentário bíblico Beacon – 1 e 2 Samuel*. 2015, p. 187.
[18] CHISHOLM JR., Robert B. *1 & 2Samuel*. 2017, p. 161.
[19] PHILLIPS, Richard D. *1 Samuel*. 2016, p. 401.
[20] MESQUITA, Antônio Neves. *Estudo nos livros de Samuel*. 1979, p. 93.
[21] BALDWIN, Joyce G. *I e II Samuel: introdução e comentário*. 2006, p. 164.
[22] CHISHOLM JR., Robert B. *1 & 2Samuel*. 2017, p. 162.

Capítulo 26

Entre a loucura e a sensatez

(1Samuel 25:1-44)

O TEXTO EM APREÇO pode ser sintetizado em quatro frases: 1) a morte de um profeta; 2) a loucura de um homem; 3) a fúria de um rei; 4) a sabedoria de uma mulher. Ao examinarmos essas quatro biografias: Samuel, Nabal, Davi e Abigail, navegamos entre a loucura e a sensatez.

A morte de um profeta

A morte e o sepultamento de Samuel são registrados sem nenhum aparato (25:1). Era o fim de uma era, o epílogo do reinado de Saul e o alvorecer da ascensão de Davi. O profeta foi o maior líder de Israel depois do comandante

Josué, sucessor de Moisés. Sua morte selou uma transição decisiva no governo divinamente designado de Israel, dos juízes capacitados pelo Espírito para as dinastias reais.[1]

Ele foi o último e o maior de todos os juízes de Israel. Também foi o fundador da escola de profetas. Coube a ele ungir Saul e Davi, os dois primeiros reis de Israel. Richard Phillips diz que a passagem de 1Samuel 24 conclui com Saul admitindo a Davi: "Tenho certeza de que serás rei e de que o reino de Israel há de ser firme na tua mão" (24:20). Somente depois disso lemos: "Faleceu Samuel" (25:1).

Era um homem amado e respeitado em toda a nação. Sua morte provocou um grande ajuntamento em Ramá e todos os filhos de Israel o prantearam e o sepultaram em Ramá, sua terra natal. Davi saiu e foi para o deserto de Pará, no sul de Canaã, na parte noroeste da península do Sinai.

A loucura de um homem

Nabal vivia em Maom, e sua propriedade estava situada no Carmelo, que fica cerca de dezesseis quilômetros ao sul de Hebrom (15:12). Ele tinha tudo para ser um homem bem-aventurado: tinha riqueza, o bom nome da família calebita, uma linda e sábia esposa; mas ele não tinha caráter. Richard Phillips diz que, em relação ao dinheiro, Nabal era o que Saul era em relação ao poder: era corrupto a tal ponto que seu nome significa "insensato". Viveu para defender sua propriedade e morreu numa orgia, desfrutando de sua herdade.[2] Era um homem egoísta, avarento, incomunicável, beberrão e farrista. Vejamos as características desse rico fazendeiro:

Em primeiro lugar, *Nabal procedia de uma família nobre e piedosa* (25:3a). Era da família de Calebe, que foi um grande homem, um grande líder e um grande exemplo para sua nação, sendo um dos espias que ousou crer em Deus e que, ao lado de Josué, foi o único que saiu do Egito e entrou na Terra Prometida. Nabal era um ramo podre de um tronco saudável. Ele procedia de uma família piedosa, mas desprezou e pisou na herança e no legado recebido de sua família. Ele escarneceu dos valores espirituais e morais dela. Seguiu um caminho de trevas, mesmo tendo luz em sua linhagem. Deixou o exemplo dos pais e enveredou-se pelos atalhos do erro. Há muitas pessoas ainda hoje que jogam fora os princípios em que foram criadas. Abandonam a igreja, desobedecem aos pais e colhem os frutos amargos de sua semeadura infeliz.

Em segundo lugar, *Nabal era casado com uma mulher maravilhosa* (25:3). Abigail era uma mulher sensata e formosa. Era bela por fora e por dentro. Tinha beleza e caráter, conhecimento e piedade. A Bíblia diz que a esposa prudente vem do Senhor (Pv 19:14) e que uma mulher virtuosa vale mais do que riquezas (Pv 31:10,11). Nabal não valorizou sua mulher. Há muitos homens que não valorizam a esposa. Tratam-na com amargura. Agridem-na com palavras e atitudes. Outros só valorizam o cônjuge depois que o perdem.

Em terceiro lugar, *Nabal era um homem rico* (25:2). Ele tinha o privilégio de ser o homem mais rico da sua região. Era um grande fazendeiro. Tinha três mil ovelhas e mil cabras. Vivia no conforto e no luxo. A Bíblia diz, porém, que a vida de um homem não consiste na quantidade de bens que ele possui (Lc 12:15). Há famílias mais apegadas ao dinheiro do que às pessoas. Destroem relacionamentos para alcançar mais bens. O dinheiro hoje é um dos principais motivos da guerra na família. Coisas não substituem relacionamentos.

A vida de Nabal foi uma tragédia. Ele, tendo tantos motivos para ser grato a Deus e viver feliz, estragou tudo com suas próprias mãos. Podemos ver alguns traços da sua personalidade:

Nabal era um homem rude na comunicação (25:3,17). Nabal era duro e maligno em todo o seu trato. Ele era filho de Belial, e ninguém podia falar-lhe. Diríamos hoje que Nabal era casca grossa, mal-educado e incomunicável.

Nabal tinha um temperamento insuportável (25:3,7). Era como um porco-espinho. Quem se aproximava dele, se espetava. Suas palavras eram ácidas, seu temperamento, explosivo e seu caráter, maligno.

Nabal era um homem avarento, egoísta e ingrato (25:11,14,21). Davi e seus homens serviram de muro protetor aos pastores de Nabal, impedindo que os terroristas do deserto invadissem suas propriedades e roubassem suas ovelhas. Porém, quando Davi precisou de uma ajuda para o sustento de seus homens, Nabal a negou, disparatou os mensageiros do belemita, pagando o bem com o mal. As palavras *eu* e *meu* ocorrem com frequência em suas palavras (25:11). Assemelha-se ao rico insensato da parábola de Jesus (Lc 12:18-21). Nabal, ainda, empilha falsas acusações contra Davi — denunciando-o como um bandido qualquer, um desertor rebelde. Warren Wiersbe destaca que enquanto Abigail reconheceu Davi como rei (25:28,30) e o chamou "meu senhor", Nabal o comparou a um servo rebelde, um renegado político, que abandonou seu senhor (25:10).[3]

Nabal tinha mania de grandeza (25:36). Ele não ofereceu nenhuma ajuda a Davi e a seus homens, mas egoisticamente fez em sua casa um banquete, como banquete real. Davi, sendo rei, foi privado de sustento; Nabal não sendo rei, deu um banquete de ostentação para refestelar-se. Não apenas se via como um rei, mas, também, nos lembra um rei específico: o rei Saul.

Nabal era um homem beberrão (25:36). A alegria de Nabal era apenas etílica. Ela decorria de sua embriaguez. Ele usava todos os seus bens para si mesmo, para entregar-se aos excessos da comilança e da bebedeira. Nabal festeja, à semelhança do rei Belsazar (Dn 5:1-31), enquanto o julgamento estava prestes a lhe sobrevir. Esse fazendeiro fanfarrão nos lembra o homem rico da parábola de Jesus, que "todos os dias, se regalava esplendidamente", enquanto se recusava a dar até mesmo as migalhas da sua mesa ao pobre Lázaro, que mendigava à sua porta (Lc 16:19-21). A. W. Pink é oportuno em seu alerta: "O insensato Nabal retrata vividamente o caso de multidões ao nosso redor. A maldição da quebra da lei de Deus está sobre eles; no entanto, festejam como se tudo estivesse bem com sua alma pela eternidade".[4]

Nabal era um homem louco, filho do maligno (25:17,25). Abigail, sua mulher, admite publicamente que o caráter do esposo é uma extensão de seu nome. Ele é um homem louco. Ele é filho de Belial, dominado pelo demônio.

Mediante esse perfil, queremos extrair algumas lições:

A primeira lição é que apenas dinheiro não constrói uma família feliz. Nabal era um homem rico e abastado (25:2). Ele era próspero e tinha muitos bens (25:6). Mesmo sendo o homem mais rico da região, ainda queria aparentar mais do que era. Ele tinha a síndrome de rei (25:36). Tinha muito e gastava muito, dando banquetes reais, sem ser rei. Ele ostentava sua riqueza e tentava passar a imagem que tinha mais do que na verdade possuía. Ele tinha muito e esbanjava muito quando se tratava de desfrutar de conforto e prazer. A Bíblia diz que o amor ao dinheiro é a raiz de todos os males. Quem quer ficar rico cai em muitas ciladas e atormenta sua alma com muitos flagelos. As pessoas mais felizes não são as mais ricas. O dinheiro divide, o dinheiro separa. Pessoas casam, divorciam, matam, morrem, corrompem e são corrompidas por causa do dinheiro. Pessoas abafam a voz da consciência e até vendem a alma ao diabo por causa do dinheiro. Ninguém é mais feliz por morar numa casa maior ou andar num carro mais bonito. Nabal era rico, mas infeliz. Ele desprezava Deus, amava o dinheiro e pisava nas pessoas. O dinheiro era o seu deus.

A segunda lição é que viver de aparência é uma grande tolice (25:36). Nabal deu festa real sem ser rei. Era o tipo de gente que gosta de impressionar, que vive de aparência, que gasta o que não tem para mostrar o que não é. Seu dinheiro só servia para ele fazer farra. Só pensava em si mesmo. Era avarento. Tudo o que possuía era dele e para ele (25:11). Há pessoas que estão mais preocupadas com a opinião dos outros do que com sua própria vida. Estão mais preocupadas em impressionar os de fora do que cuidar dos familiares. Há pessoas que vivem ostentando uma vida que não podem levar, colocando o chapéu num lugar que não podem alcançar, vivendo um padrão para além do que podem pagar. Há pessoas que se atolam em dívidas, perdem o equilíbrio financeiro comprando o que não precisam, com o dinheiro que não têm, para impressionar as pessoas que não conhecem.

A terceira lição é que sem comunicação a família se arrebenta. Há duas coisas que merecem destaque na vida de Nabal: 1) *Ele tinha um temperamento insuportável* (25:3). Era duro e maligno em todo o seu trato. Nabal era um homem azedo, sem óleo, nervoso e explosivo. Ele era um tipo casca grossa. Algumas pessoas conseguem ser hipócritas em público, mas são duros em casa. Outros são duros com os de fora, e amáveis em casa. Mas Nabal era duro em todo o seu trato. Ele era duro em todo o tempo, com todas as pessoas. 2) *Ele era um homem incomunicável* (25:17). Não há quem lhe pudesse falar. Era um homem rude e indelicado. Vivia dando patadas para todo lado. Não havia diálogo com ele. Só abria a boca para amaldiçoar, gritar, xingar, falar impropérios, acusar, humilhar e ferir as pessoas. O livro de Provérbios diz: "A morte e a vida estão no poder da língua" (Pv 18:21).

A quarta lição é que a ingratidão, a injustiça e a avareza pavimentam o caminho do desastre (25:14,21). Davi e seus seiscentos homens haviam abençoado Nabal, protegendo seus homens e seus rebanhos (25:7,15,16). Haviam sido muros de proteção para seus homens e suas ovelhas. Agora, Davi gentilmente lhe pede ajuda (25:8). Nabal trata os seus emissários com grosseria, humilhando-os (25:10,11). Ele tem prazer em aviltar a imagem das outras pessoas. Apesar de ter recebido o bem de Davi, aproveita para humilhá-lo e jogar lama no seu rosto, sendo um homem ingrato. Ele paga o bem com o mal (25:21), sendo um homem injusto. Ele disparatou, destratou e humilhou os homens de Davi (25:14).

É duro você conviver com uma pessoa que não valoriza o bem que recebe. Gente que não sabe dizer "Obrigado!". Filhos que nunca agradecem aos pais. Maridos que nunca reconhecem o trabalho da esposa. Esposas que só sabem cobrar do marido. Gente que só vive reclamando da casa que mora, da roupa que veste, da comida que come, da família que tem, da igreja que frequenta. A ingratidão machuca as pessoas. Tem gente que só gosta de ser abençoada, mas não gosta de abençoar. Gosta de receber ajuda, mas não gosta de ajudar. Gosta de ser elogiada, mas não gosta de elogiar.

Nabal era um homem avarento (25:11). Toda sua riqueza é dele, para ele, para esbanjar consigo mesmo. Não usa o que tem para abençoar os outros. Não socorre ninguém na aflição. Não estende a mão para ajudar o necessitado à sua porta. O dinheiro é seu deus. Tudo que tem é dele e para ele: "Meu pão, minha água, minhas reses". Deus nos dá em abundância não para armazenarmos com usura, mas para repartirmos com generosidade. A semente que se multiplica não é a que comemos, mas a que semeamos. "Mais bem-aventurado é dar do que receber" (At 20:35).

A quinta lição é que a bebedeira é uma porta de entrada para a tragédia (25:36). Nabal associa a embriaguez com gastos excessivos. Esses dois comportamentos arrasam qualquer família. Morar com uma pessoa alcoolista dentro de casa é um inferno. Ter que carregar um pai, um filho, um irmão, um marido bêbado do botequim para casa é humilhante. Nabal bebe sem controle. Ele estava muito embriagado. O álcool é um ladrão de cérebro. Ele deprime. Tira o bom senso, destrói a pessoa por dentro e por fora e inunda toda a família num charco de sofrimento. Nabal bebe na hora da crise. Muitos tentam fugir dos problemas mergulhando-se no fundo de uma garrafa. A morte estava sendo lavrada para ele e sua casa, e ele estava farreando.

A sexta lição é que a falta do temor de Deus é o caminho da loucura e da morte (25:3,17,37-39). Nabal era filho de Belial. O apóstolo Paulo traduziu a palavra "Belial" como "filho do maligno" (2Co 6:15). Na *Septuaginta* o termo é traduzido por "homem do cão". Nabal era um homem possesso (25:17). Ele já não coordenava mais seus pensamentos com lucidez. Era um homem louco (25:25), um homem propenso para o mal — era maligno (25:3). Ele atraía maldição para a família — todos seriam mortos se sua mulher não agisse com pressa e sabedoria (25:17). Nabal era um homem dominado pelo maligno. O diabo tem entrado em muitas famílias e destruído a alegria, o diálogo, o respeito, a saúde e a paz da família.

O fim de Nabal foi trágico (25:36-39). A notícia de que Davi estava vindo com quatrocentos homens armados para matá-lo e eliminar os homens de sua casa deixou-o aturdido, a ponto de sofrer um ataque do coração. Como diz Kevin Mellish, "o texto pode indicar que ele teve um infarto ou alguma outra disfunção cardíaca".[5] Mesmo assim, ele não se arrependeu. Então, Deus o matou. Richard Phillips está correto quando diz que Nabal não morreu simplesmente de "causas naturais" como resultado de sua convulsão anterior. Foi o Senhor que lhe tirou a vida. Deus havia feito vingança pelo pecado de Nabal contra Davi, o rei ungido de Deus, assim como certamente fará no juízo final contra todos que desprezam Jesus Cristo, de quem o reino de Davi era um tipo. O pecado de Nabal havia sido cometido pessoalmente contra Deus, e seu juízo havia sido executado pessoalmente por Deus contra ele.[6]

Nabal colheu o que plantou. Diferentemente do que ocorreu em relação a Samuel (25:1), ninguém chorou sua morte (25:38,39). Tudo aquilo que ele juntou de nada lhe valeu. Ele não levou sequer uma ovelha. Ele se negou a dar a Davi uma refeição e agora toda a sua riqueza pertence a ele, pois este se casou com Abigail, sua mulher. O ímpio acumula para o justo. Reter mais do que é justo é pura perda. A avareza empobrece, mas a alma generosa prosperará.

A fúria de um rei

Davi vive há vários anos como um fugitivo. Precisa fugir de um lado para o outro, entre montes e cavernas, cidades e desertos para livrar-se das mãos de Saul. Eles e seus seiscentos homens, com as respectivas famílias estão, agora, em Maom, enfrentando grandes problemas de logística, sobretudo de alimentação para tanta gente. É nessa conjuntura que Davi encontra os servos de Nabal, um homem abastado que possuía três mil ovelhas e mil cabras (25:2). Como um bom vizinho, ele e seus homens protegeram os pastores de Nabal.

Destacamos sete fatos que ocorreram na vida de Davi nessa região:

Em primeiro lugar, *Davi, o benfeitor* (25:4-9,15,16). Enquanto ele e seus homens estiveram em Maom, foram os protetores dos servos de Nabal, o fazendeiro mais rico da região. Naquele tempo, os invasores filisteus e os amalequitas, terroristas do deserto, espalhavam terror na região. Porém, Davi e seus valentes, como tutores do próximo, protegeram os pastores do esposo de Abigail, impedindo que tivessem qualquer agravo ou falta. Ele e seus homens fizeram bem aos servidores de Nabal, serviram de muro ao redor deles e protegeram aos pastores de Nabal, oferecendo-lhes ampla segurança. Nas palavras de Richard Phillips, "a propriedade de Nabal foi extraordinariamente preservada, de modo que seu lucro aumentou".[7]

Em segundo lugar, *Davi, o injustiçado* (25:10,11,14,21). No deserto, quando Davi soube que Nabal tosquiava suas ovelhas e que aquele era um tempo de generosidade, enviou dez de seus homens ao fazendeiro, com palavras elogiosas e com súplicas humildes, pedindo alguma provisão para seus soldados. Nabal, mesmo tomando conhecimento do bem recebido das mãos de Davi, disparatou com seus mensageiros, fazendo um discurso preconceituoso e hostil: "Quem é Davi, e quem é o filho de Jessé? Muitos são, hoje em dia, os servos que fogem ao seu senhor. Tomaria eu, pois, o meu pão, e minha água, e a carne das minhas reses que degolei para os meus tosquiadores e o daria a homens que eu não sei donde vêm?" (25:10,11). Nabal pagou o mal por bem (25:21).

Em terceiro lugar, *Davi, o vingador* (25:13,17,22,26). Quando os moços de Davi o informaram acerca do tratamento hostil de Nabal e de sua recusa em atender seu pedido, ele ordenou que quatrocentos de seus homens cingissem a espada e marchassem com ele para uma vingança sangrenta contra o fazendeiro. Sua intenção era fazer vingança com as próprias mãos, derramar sangue e eliminar até ao amanhecer todos os membros do sexo masculino da casa de Nabal. Fica patente que Davi não reagiu bem aos insultos. Sua decisão de eliminar a casa do ofensor assemelha-se à atitude de Saul, que eliminou os sacerdotes de Nobe. A atitude de Davi, esperando reconhecimento, foi muito diferente da atitude de Jesus, que não revidou ultraje com ultraje (1Pe 2:21-23). Concordo com Warren Wiersbe, quando escreve: "Se Davi tivesse levado a cabo o que intentava, teria cometido um pecado terrível e causado grande estrago em seu caráter e em sua carreira, mas, em sua misericórdia, o Senhor o deteve".⁸

Em quarto lugar, *Davi, o aconselhado* (25:24-26,28-31). Abigail, sendo uma mulher prudente, ao saber da decretação de morte sobre sua casa, prepara farta provisão e se apressa a encontrar-se com Davi. Ao encontrá-lo, apeia do jumento e se prostra diante dele, proferindo um dos mais sublimes discursos registrados nas Escrituras (25:24-31). Ela chama a culpa para si, admite a loucura de seu marido, presenteia Davi, exorta-o a não manchar suas mãos com o sangue da vingança, roga perdão para sua casa e declara profeticamente que o Senhor fará firme a casa dele, pois será estabelecido príncipe sobre Israel.

Em quinto lugar, *Davi, o pacificado* (25:32-35). As palavras de Abigail, sendo uma mulher sábia, não só edificaram a sua casa, mas evitaram, também, que a casa de Davi fosse manchada de sangue. Ele bendisse ao Senhor, Deus de Israel, por ter enviado Abigail ao seu encontro e bendisse a prudência dela e a ela mesma, por desviá-lo de um caminho sangrento de vingança pessoal. Davi recebeu a provisão das mãos de Abigail, atendeu o seu pleito e, pacificado, ordenou-a a voltar em paz para sua casa.

Em sexto lugar, *Davi, o recompensado* (25:39-42). A morte de Nabal, diferente da morte de Samuel (25:1), não trouxe nenhuma lágrima. Ao contrário, Davi bendisse ao Senhor ao saber que ele estava morto e enviou mensageiros a Abigail, revelando seu desejo de tomá-la como esposa. O Nabal que não deu sequer uma ovelha para saciar a fome de Davi, agora morre e toda sua riqueza é transferida para ele, pois tomou Abigail como esposa. Ela, viúva de um fazendeiro rude, avarento e fanfarrão, casa-se com Davi, o maior rei de Israel, saindo do anonimato para ser mãe de príncipes. Davi recebe a riqueza de Abigail e ela recebe dele a projeção multimilenar.

Em sétimo lugar, *Davi, o bígamo* (25:43,44). O texto termina com uma nota nada promissora. Davi, além de casar-se com Abigail, em virtude de sua mulher Mical ter sido dada a outro homem, toma também por mulher a Ainoã, a jezreelita. A bigamia, embora não rara naquele tempo, nunca foi projeto de Deus. Davi pagou um preço muito alto por ter se casado com várias mulheres.

A sabedoria de uma mulher

Abigail era uma mulher bonita por fora e por dentro (25:3). Mas fez um casamento errado. Por que ela se casou com Nabal? Por que seus pais a entregaram para este homem? Será porque ele era rico? Por que ela não viu quem ele era antes de se casar? É um ledo engano pensar que dinheiro pode fazer um casamento feliz. Casar-se por interesse financeiro é uma insensatez. Concordo com Richard Phillips, quando diz que é lamentável quando jovens cristãs entregam seu coração a homens ímpios, simplesmente por causa de seus atrativos terrenos, enfrentando, como resultado, uma vida inteira de desunião espiritual e discórdia matrimonial.[9]

Abigail, porém, mesmo tendo um marido avarento, briguento, louco, bêbado, e possesso, age com sabedoria e urgência para salvar sua família. A Bíblia elenca várias virtudes dessa mulher:

Em primeiro lugar, *Abigail é uma mulher sensata e formosa* (25:3). É digno de nota que o caráter precede a performance. A beleza interior precede a beleza exterior. A sensatez vem antes da formosura. Abigail é bela por dentro e por fora. Robert Chisholm diz que a palavra "sensata" (*sekel*) descreve uma qualidade moral, e não apenas aptidão mental (Sl 111:10; Pv 3:4; 12:8).[10]

Em segundo lugar, *Abigail é uma mulher acessível e tratável* (25:14). Quando a crise se instalou e a morte foi decretada sobre a família de Nabal, um de seus moços não o procurou para resolver o problema, mas foi a Abigail, pois esta era acessível, tratável e confiável.

Em terceiro lugar, *Abigail é uma mulher sábia* (25:18,24). Ela não recorre a seu marido, mas com toda pressa, toma medidas cabíveis para evitar uma tragédia sobre sua família. Qualquer demora seria potencialmente suicida. Ela aplaca a ira de Davi com presentes e com gestos de humildade. Nas palavras de Kevin Mellish, "Abigail entendeu que enviar os presentes adiantados apaziguaria Davi e amenizaria as coisas para o seu encontro pessoal com ele. A cena é alusiva à ocasião em que Jacó enviou mensageiros e presentes a Esaú antes que os dois se encontrassem (Gn 32:3-21)".[11] Abigail se lança aos pés de Davi, chamando para si a culpa e exortando Davi a dar ouvidos às suas palavras. Ela se apresenta como conselheira de Davi, para livrá-lo de um crime de sangue. Ele chegou a fazer voto de destruir a casa de Nabal (25:22). Porém, ela o adverte a não reagir ao marido, tornando-se como ele. Nas palavras de Richard Phillips, "em vez de Davi agir como o ímpio Nabal, Davi deveria agir como o servo do Senhor que era e, especialmente, exibir as características graciosas daquele que é marcado e favorecido pelo Senhor".[12] A. W. Pink resume: "Abigail pediu a Davi que deixasse sua glória futura regular suas ações presentes, de modo que, naquele dia, sua consciência não o reprovaria por tolices anteriores".[13]

Em quarto lugar, *Abigail é uma mulher discreta* (25:19,36). Ela preparou farta provisão e enviou os seus moços à sua frente com os presentes, a fim de apaziguar Davi e seus homens. Porém, nada disse a seu marido. Sabia que ele não tinha sabedoria para lidar com a situação de crise. Demonstra, com isso, discrição e prudência.

Em quinto lugar, *Abigail é uma mulher humilde* (25:23,41). Quando encontrou-se com Davi, apressou-se, desceu do jumento e prostrou-se sobre o rosto diante de Davi, inclinando-se até à terra. A humildade é o portal da honra. Ela desarma as bombas do ódio, pavimenta o caminho da reconciliação. A humildade de Abigail foi o remédio eficaz para livrar sua casa da morte. Ela apresentou a Davi apenas um pedido para si mesma: que ele se lembrasse dela quando entrasse em seu reino (25:31). Mais tarde, depois da morte de Nabal, quando Davi enviou a ela mensageiros, com proposta de casamento, Abigail não se ensoberbeceu, mas humildemente disse: "Eis que a tua serva é criada para lavar os pés dos criados de meu senhor" (25:41).

Em sexto lugar, *Abigail é uma mulher de visão espiritual* (25:25-27,30,31). Abigail torna-se conselheira de Davi. Sua prudência aplaca a ira de um homem furioso e de um exército fortemente armado, evitando, assim, uma chacina sangrenta. Ela reconhece a culpa de Nabal, ao mesmo tempo que relembra a Davi que ele será levantado como príncipe de Israel e não faria bem ao seu coração nem ao seu reinado ter as mãos manchadas de sangue, uma vez que só a Deus pertence a vingança. Ela ainda relembra ao futuro rei de Israel que o Senhor lhe tinha dado uma "casa firme", ou seja, uma dinastia permanente, de modo que ele não precisa temer o futuro. Kevin Mellish destaca que o discurso de Abigail representa a terceira vez que alguém faz alusão ao iminente reinado de Davi. Primeiro, Jônatas admitiu isso, dando ao filho de Jessé os símbolos da autoridade real (18:4) e por meio das palavras dirigidas a Davi no deserto (23:17). Segundo, Saul fez uma proclamação de que o amigo seria rei quando estava em En-Gedi (24:20). Aqui, Abigail reiterou a mesma mensagem (25:28,30).[14]

Em sétimo lugar, *Abigail é uma mulher temente a Deus* (25:32,33). Joyce Baldwin diz que, graças à intervenção de Abigail, Davi foi lembrado de seu compromisso de viver pela fé no Senhor Deus e não de acordo com seus próprios impulsos.[15] O próprio Davi, ao acolher os conselhos de Abigail, reconhece que ela é uma mulher de Deus. Assim, ele declara: "Bendito o Senhor, Deus de Israel, que, hoje, te enviou ao meu encontro. Bendita seja a tua prudência, e bendita sejas tu mesma, que hoje me tolheste de derramar sangue e de que por minha própria mão me vingasse" (25:32,33).

Destacamos algumas lições importantes sobre a sabedoria de Abigail.

A primeira é que na hora da crise não se pode negociar o princípio da fidelidade conjugal. Ela voltou para Nabal (25:36). Abigail é fiel a seu marido. Ela não perde a cabeça nem negocia seus valores. Você já pensou em sair de casa, abandonar tudo e acabar com o seu casamento? Você acha que ela tinha motivos para abandonar Nabal, um homem avarento, briguento, louco, bêbado, ingrato e insolente? O que ela fez? Fugiu? Traiu seu marido? Não, ela voltou para ele. Você ficaria com um homem assim? Maligno, incomunicável, beberrão, farrista, genioso e ingrato? Hoje, por razões muito menores as famílias estão se desintegrando.

A segunda lição é que na hora da crise é preciso ter pressa para salvar a família (25:18,23,34,42). Todos os versículos aqui mencionados referem-se à pressa de Abigail para resolver o problema. Quando Abigail ouviu dizer que a tragédia estava decretada sobre o seu lar, começou a agir com prontidão. Ela pensou rápido, agiu com pressa, correu para salvar sua família. Muitos, na crise, racionalizam, dizendo: "Agora não tem mais jeito". "Eu estou decepcionado(a) com meu cônjuge". "Eu fui muito ferido(a) e não posso perdoar o meu cônjuge". "O amor secou, morreu e não faz mais sentido investir no meu casamento". Abigail elaborou um plano. Correu. Agiu. Intercedeu. Assumiu a culpa. Reconheceu o problema. Aplacou a ira de Davi. Impediu que uma tragédia desabasse sobre sua casa. Evitou a morte do seu marido. A Escritura diz que a mulher sábia edifica a sua casa (Pv 14:1).

A terceira lição é que na hora da crise é preciso ter uma postura de humildade (25:23,24,41). Abigail se prostrou e disse a Davi: "Caia a culpa sobre mim" (25:24). Mas não era Nabal o culpado? Não era ele o beberrão, o incomunicável, o maligno? Geralmente quando ouvimos hoje o problema da família, a culpa é dos outros. Estamos sempre transferindo a culpa para alguém. Abigail não chega pedindo para Davi dar uma surra no seu marido nem chega repreendendo o filho de Jessé pelo seu exagero de sair com quatrocentos homens armados para matar seu esposo (25:23). No texto, Abigail usa seis vezes a expressão "tua serva" e oito vezes a expressão "meu senhor". Embora ela conhecesse os graves erros do marido, se identifica com ele, chama a culpa para si e o protege para salvá-lo. Você tem sido humilde assim para salvar seu casamento e sua família?

A quarta lição é que na hora da crise é preciso ter uma atitude de sabedoria, discrição e prudência (25:33). Abigail era um compêndio de sabedoria. A loucura do seu marido não destruiu a sua sensatez. Na hora das dificuldades da família ela é procurada (25:17). Era uma mulher acessível, aberta ao diálogo. Os servos de Nabal não vão procurá-lo na hora da crise, mas correm para Abigail para buscarem nela uma orientação. Ela age com pressa e com discrição (25:18,19). Abigail não se apavora, não fica inativa e petrificada como o marido diante da crise. Ela age e age com pressa e discrição. Sabe a hora certa de falar e a hora certa de agir. Sabe quando deve falar, como deve falar e quando deve guardar silêncio. Ela saiu calada (25:19) e voltou em silêncio (25:36). Demonstrou controle emocional.

Abigail faz um discurso eloquente e irresistível (25:24-26) diante de Davi. Nabal era incomunicável e duro no trato. Sua língua era um veneno. Mas Abigail tem palavras de sabedoria. Seu discurso foi planejado. Ela demonstrou conhecimento da palavra de Deus, dos acontecimentos da história e da psicologia humana.

Abigail demonstrou profunda generosidade (25:18,27). Enquanto seu marido era avarento e egoísta, ela era uma mulher generosa. Reconhece que nenhum sacrifício é grande demais quando se trata de salvar a família. Ela oferece a Davi o que seu marido negou a ele (Pv 18:16).

Abigail se põe na brecha como pacificadora (25:26,28). Ela jogou água na fervura. Apagou as chamas do ódio de Davi. Acalmou os ânimos de quatrocentos homens que estavam com gosto de sangue na boca. Aplacou a ira de um exército. Ela desfez uma guerra iminente. Deu conselhos sábios ao rei. Evitou uma tragédia. Impediu o derramamento de sangue. Ela salvou seu marido e sua casa. Levou Davi de volta à sensatez e aos preceitos das Escrituras, que impedem a vingança pessoal: "A mim me pertence a vingança, a retribuição, a seu tempo, quando resvalar o seu pé; porque o dia da sua calamidade está próximo, e o seu destino se apressa em chegar" (Dt 32:35). Richard Phillips retrata esse fato assim:

> Pouco antes da chegada da mulher de Nabal, Davi havia se gabado diante dos seus homens de que, pela manhã, não teria restado nem um só homem vivo em toda a casa de Nabal. Agora, lembrando-se do Senhor, Davi agradeceu a Deus e a Abigail por livrá-lo desse sentimento violento (25:32,33). Davi sentiu-se muito aliviado quando foi afastado do seu caminho pecaminoso (25:34).[16]

Abigail alcançou êxito em seu propósito de salvar sua família da tragédia (25:32-35). A intervenção de Abigail salva a todos. Salva o seu presente marido de dano e o seu futuro marido de culpa de sangue.[17] Ela é elogiada (25:33). Deus é exaltado (25:32). O mal é estancado (25:33) e a paz é estabelecida (25:35). A palavra de Deus nos ensina que a única maneira de vencer o mal é com golpes de bondade. Devemos vencer o mal com o bem. Estou de acordo com o que escreve Richard Phillips: "De acordo com a Bíblia, embora Deus seja o único que tem competência para executar vingança, todos somos capacitados e autorizados a exercer misericórdia".[18]

A quinta lição é que na hora da crise é preciso colocar a confiança plenamente em Deus (25:26,30). Abigail podia confiar no seu dinheiro (25:2). Ela era a mulher do homem mais rico da região. Na sua casa havia abundância de bens.

Mas sua confiança não estava no dinheiro. Ela podia confiar na sua beleza (25:3). Sabia que vã é a graça e a formosura, mas a mulher que teme ao Senhor essa será louvada (Pv 31:30). Abigail cuidava mais da sua beleza interna do que da sua beleza externa. Há mulheres que gastam mais tempo diante do espelho do que diante da Palavra. Que cuidam mais da aparência do que do coração. Ela coloca sua confiança unicamente em Deus (25:26-33). Ela sabia que é Deus quem faz a casa ficar firme (25:28); é Deus o nosso refúgio nas turbulências da vida (25:29). Abigail sabia que Deus é fiel em suas promessas (25:30). Ela é uma mulher de fé que toma posse da vitória antecipadamente (25:26,33). Para ela, Deus é o Deus vivo (25:26). Ele é o Senhor que intervém (25:26,28).

Enquanto seu marido viveu, Abigail o honrou. Não o traiu nem o abandonou. Porque seu marido não se arrependeu, Deus o tirou do caminho dela. Deus o feriu e ele morreu. Davi a pediu em casamento. Ela se casou ele, o maior rei de Israel. Deus honrou a sua fé e ao mesmo tempo supriu a necessidade de Davi. Ela se humilhou e Deus a exaltou. Tornou-se mãe de príncipes. A história termina com um final feliz. Nabal não valorizou sua mulher. Ele não deu o valor que ela merecia. Então, o rei a viu e a valorizou. E Abigail é hoje uma mulher conhecida no mundo inteiro, mesmo depois de três mil anos de história.

Se houve esperança para Abigail, também há esperança para você. Como Davi disse para ela, também lhe digo: "Sobe em paz para a tua casa" (25:35).

Notas

1. PHILLIPS, Richard D. *1Samuel*. 2016, p. 403.
2. PHILLIPS, Richard D. *1Samuel*. 2016, p. 406.
3. WIERSBE, Warren W. *Comentário bíblico expositivo*. Vol. 2. 2006, p. 272.
4. PINK, A. W. *A life of David*. Vol. 2. 1981, p. 152.
5. MELLISH, Kevin J. *Novo comentário bíblico Beacon – 1 e 2Samuel*. 2015, p. 191.
6. PHILLIPS, Richard D. *1Samuel*. 2016, p. 420.
7. PHILLIPS, Richard D. *1Samuel*. 2016, p. 405.
8. WIERSBE, Warren W. *Comentário bíblico expositivo*. Vol. 2. 2006, p. 273.
9. PHILLIPS, Richard D. *1Samuel*. 2016, p. 422.
10. CHISHOLM JR., Robert B. *1 & 2Samuel*. 2017, p. 165.
11. MELLISH, Kevin J. *Novo comentário bíblico Beacon – 1 e 2Samuel*. 2015, p. 189.
12. PHILLIPS, Richard D. *1Samuel*. 2016, p. 412.
13. PINK, A. W. *A life of David*. 1981, p. 147.
14. MELLISH, Kevin J. *Novo comentário bíblico Beacon – 1 e 2Samuel*. 2015, p. 190.
15. BALDWIN, Joyce G. *I e II Samuel: introdução e comentário*. 2006, p. 171.
16. PHILLIPS, Richard D. *1Samuel*. 2016, p. 417,418.
17. CHESTER, Tim. *1Samuel para você*. 2019, p. 187.
18. PHILLIPS, Richard D. *1Samuel*. 2016, p. 418.

Capítulo 27

Vingança não; misericórdia!

(1Samuel 26:1-25)

Este capítulo trata de traição, coragem, confissão e reconhecimento. Mais uma vez os zifeus se mostram traidores. Mais uma vez Saul reúne sua seleta tropa para matar Davi. Mais uma vez o Senhor coloca Saul em suas mãos. Mais uma vez Davi poupa a vida do rei. Mais uma vez Saul admite sua culpa e enaltece o belemita. Mais uma vez Saul e Davi seguem caminhos diferentes. Nos dois incidentes, o narrador revela a inocência do filho de Jessé e a culpa de Saul.

Alguns críticos desmerecem este texto, afirmando que se trata do mesmo episódio relatado no capítulo 23:19-29. Mas, como diz Richard Phillips, "temos boa razão para aceitar os acontecimentos de 1Samuel 26 não apenas como verdadeiros, mas também como instrutivos para nossa fé".[1] Warren Wiersbe corrobora, dizendo que as evidências se mostram contrárias a essa interpretação de que o relato deste capítulo não passa de uma adaptação da narrativa encontrada nos capítulos 23 e 24. Há diferenças em termos de localização, de hora, de atividades, de reação de Davi e de suas palavras.[2]

Uma traição contumaz (26:1-4)

Assim como Nabal, os zifeus eram parentes de Calebe (1Cr 2:42), mas como membros da tribo de Judá, deveriam ter sido leais a Davi. Porém os zifeus entraram para a história como um povo traidor. Por interesses escusos, para receber benesses de um rei decadente, se dispuseram a exercer o papel de informantes, traindo Davi mais uma vez. Três fatos merecem destaque aqui:

Em primeiro lugar, *uma denúncia maldosa* (26:1). Os zifeus foram novamente a Gibeá, para informar Saul que Davi estava escondido no outeiro de Haquilá, defronte de Jesimom. Na primeira denúncia, estavam dispostos a entregar Davi (23:19,20). Vendo o plano deles malogrado, reincidem na mesma maldade e, novamente, denunciam Davi, informando a Saul o esconderijo de seu desafeto.

Em segundo lugar, *uma caçada implacável* (26:2). Saul, que tivera sua vida poupada por Davi, na caverna, em En-Gedi, e reconhecera sua inocência, mais uma vez se rende ao ciúme doentio, e com força total marcha com três mil homens para buscar seu rival. Trata-se de uma caçada implacável. Davi sente-se como um cão morto sem valor ou uma pulga, que pula de um lado para o outro para poupar sua vida (24:14). Agora, Davi sente-se novamente como uma pulga ou como uma perdiz, que não consegue alçar voos altos (26:20).

Em terceiro lugar, *um acampamento estratégico* (26:3,4). Saul deixa Gibeá com seus três mil homens escolhidos a dedo e acampa-se no estreito de Haquilá, defronte de Jesimom. Por ter chegado à noite, horário impróprio para uma caçada humana no deserto, todos puseram-se a dormir, cercados de carros e de bagagens, inclusive Saul e seu comandante Abner. Saul e seus homens dormiam, mas Davi estava vigiando e monitorando o lugar. Ele envia espias e estes o informam que o rei já estava acampado com seu exército nas mediações.

Uma atitude destemida (26:5-12)

Davi, mesmo chamando a si mesmo de cão morto, pulga e perdiz, é um guerreiro experimentado. É valente e muito corajoso. Ele se levanta e vai ao lugar onde Saul estava acampado e, com precisão, investiga o lugar onde Saul e Abner estavam deitados. O povo, agarrado no sono, estava ao redor deles no acampamento. Destacamos seis fatos aqui:

Em primeiro lugar, *uma investigação ousada* (26:5). Davi demonstra robusta galhardia ao se levantar e ir até ao acampamento onde seus desafetos estavam reunidos. Ele era um estrategista. Precisava tirar proveito de algum ponto falho do inimigo. Então descobre que Saul, seu comandante e o povo estavam dormindo.

Em segundo lugar, *uma consulta oportuna* (26:6). Davi volta do acampamento e pergunta a Aimeleque, o heteu, e a Abisai, seu sobrinho (1Cr 2:13-16), filho de sua irmã Zeruia e irmão de Joabe, seu futuro comandante, quem desceria com ele a Saul, no arraial. Abisai se prontificou a ir com Davi. Essa era uma missão impossível. Uma investida arriscada. Uma ação audaciosa.

Em terceiro lugar, *uma prontidão corajosa* (26:7). Quando Davi e Abisai chegaram de noite no acampamento, perceberam que Saul estava dormindo ao lado de sua lança, fincada na terra à sua cabeceira; Abner e o povo estavam deitados ao redor de Saul. Esses três mil homens, comandados por Saul e Abner, sentiam-se donos da situação, seguros, invulneráveis.

Em quarto lugar, *uma proposta ímpia* (26:8). Abisai, sobrinho de Davi, agindo de forma ímpia, viu nesse cenário uma providência divina. Disse a Davi que Deus estava entregando em suas mãos o seu inimigo. Pediu, inclusive, a oportunidade de matar Saul com sua própria lança, de uma só tacada. Alexander Maclaren interpreta essa cena assim: "Abisai representa o impulso natural de todos nós — golpear nossos inimigos quando pudermos, pagar ódio com ódio e fazer ao outro o mal que ele queria fazer a nós".[3]

Em quinto lugar, *uma resposta firme* (26:9-11). Enquanto Abisai via Saul como inimigo que deveria ser morto, Davi o via como o ungido do Senhor que devia ser protegido. Conforme diz Warren Wiersbe, "a decisão de Davi era baseada em princípios e não em circunstâncias".[4] Ele não só impediu Abisai de matar Saul, mas declarou que estender a mão contra o ungido do Senhor era tornar-se culpado. Acrescentou que não precisaria mover sua mão para matar Saul, pois Deus, no tempo certo, poderia matá-lo de uma das três maneiras: 1) Deus mesmo o feriria; 2) o dia da sua morte chegaria de forma natural; 3) ele morreria no campo de batalha, pelas mãos do inimigo. Nas palavras de

Tim Chester, "Deus tem muitas opções para alcançar seus propósitos e fazer justiça. Não cabe a Abisai ou a Davi escolher a opção e buscar forçar a mão de Deus".⁵

Davi rogou ao Senhor para guardá-lo de cometer esse desatino, todavia, tomou a lança e a bilha da água de Saul. Elas representavam a capacidade de Saul de se sustentar e de se proteger (26:12). A provisão e a proteção de Saul tinham chegado ao fim. Assim, simbolicamente, Davi desarma Saul. Vale destacar que a lança do rei já usada duas vezes para matar Davi, simbolizava a hostilidade do monarca contra ele. Warren Wiersbe diz que, quando Davi cortou a orla do manto de Saul na caverna, lembrou-o de que seu reino seria separado dele, mas ao tomar-lhe a lança, humilhou o rei e tirou dele o símbolo de sua autoridade.⁶

Em sexto lugar, *uma providência divina* (26:12). Davi só conseguiu entrar no acampamento de Saul e tirar, às escondidas, sua espada e sua bilha de água, porque todos estavam rendidos a um sono profundo, sono este procedente do Senhor. Se não faltou a Davi e a Abisai coragem, a investida deles no território do inimigo só foi possível e só logrou êxito por causa da providência divina. O sono pesado de três mil homens, num acampamento a céu aberto, foi obra divina. O mais poderoso aliado de Davi para conduzi-lo ao trono era o próprio Senhor.

Um confronto necessário (26:13-16)

Estando Davi, em lugar distante e seguro do acampamento de Saul, ergueu sua voz para acusar Abner e os soldados do rei. Vejamos:

Em primeiro lugar, *Davi confronta Abner* (26:13,14). Depois que Davi ganhou longa distância, estando no cume da outra banda do monte, bradou ao povo e a Abner, dizendo: "'Não respondes, Abner?' Então, Abner acudiu e disse: 'Quem és tu, que bradas ao rei?'" (26:14). Davi tem um trunfo na mão, a lança de Saul e a bilha de água. O confronto tem a finalidade de mostrar a incompetência dos aliados de Saul de protegê-lo, ao mesmo tempo que tem o propósito de destacar sua inocência diante dos olhos do rei.

Em segundo lugar, *Davi acusa Abner e os soldados de Saul* (26:15,16). Davi humilha Abner, o comandante de Saul, mostrando que ele sequer protegeu o rei, em campo aberto, mesmo tendo ao seu dispor três mil homens preparados para a batalha. Davi diz a Abner que ele deve morrer, porque não guardou o rei, seu senhor, o ungido de Deus. Como prova da acusação, Davi mostra a lança do rei e a bilha de água, que estavam à sua cabeceira.

Uma defesa irrefutável (26:17-25)

Robert Chisholm diz, com acerto, que Davi faz todo esforço para expressar sua lealdade e submissão a Saul. Ele se dirige a Saul como "meu senhor" três vezes (26:17-19), chama-o "rei" seis vezes (26:15-17,19,20,22), refere-se a ele como "ungido" do Senhor duas vezes na presença de Saul (26:16,23) e descreve a si mesmo como seu "servo" duas vezes (26:18,19).[7] Destacamos cinco pontos importantes aqui:

Em primeiro lugar, *Davi defende sua inocência* (26:17-20). Saul reconheceu a voz de Davi e o chamou de filho, porém Davi não o chamou de pai, mas apenas "rei, meu senhor". Mais uma vez Davi pleiteia sua causa e defende sua inocência, mostrando que não havia maldade em suas mãos. Ele declara que só há duas possibilidades de o rei estar contra ele: o Senhor estaria incitando-o contra Davi ou os filhos dos homens. No primeiro caso, a ira de Deus poderia ser aplacada com uma oferta de manjares. No segundo caso, esses promotores da discórdia deveriam ser considerados malditos perante o Senhor, pois estavam eliminando Davi da comunidade da aliança e empurrando-o para território pagão, onde outros deuses eram servidos. O belemita não quer ver seu sangue derramado longe de sua terra, por isso pergunta a Saul por que o perseguia como uma perdiz nos montes.

Hipoteco apoio ao que diz Kevin Mellish: "A vingança pessoal não realiza os propósitos redentores de Deus no mundo. O desejo de acertar as contas com aqueles que nos causaram dor, angústia ou sofrimento é um sintoma da condição humana, mas não de um indivíduo pio".[8] O ensino do Novo Testamento é que devemos vencer o mal com golpes de bondade e buscar ativamente não pagar o mal com o mal, mas vencer o mal com o bem (Rm 12:21).

Em segundo lugar, *Saul admite sua própria culpa* (26:21). Ele admite sua culpa e confessa seu pecado. Pediu para Davi voltar e prometeu não lhe fazer mal novamente, uma vez que havia poupado sua vida. Saul faz uma pungente confissão: "[...] eis que tenho procedido como um louco e errado excessivamente" (26:21b). Robert Chisholm diz que esta declaração de Saul — "pequei" — e aquela feita em 24:17 constituem as provas mais importantes da inocência de Davi em toda a narrativa. Juntas formam a base para a sua defesa pelo narrador. Saul o acusou de traí-lo e de tramar contra ele, mas essas duas confissões desmentem essas acusações falsas. Pela terceira vez na história, a palavra "pequei" sai da boca de Saul. Quando confrontado por Samuel por não ter exterminado os amalequitas, ele admitiu duas vezes que havia pecado (15:24-30). Seu filho Jônatas o advertiu de que tirar a vida de Davi seria pecado (19:4,5), e agora o rei reconhece que isso é verdade.[9]

Em terceiro lugar, *Davi interpreta os acontecimentos* (26:22-24). Ele não volta a Saul. Era tarde demais para se restabelecer a confiança. Suas promessas não eram confiáveis. O filho de Jessé diz ao rei para enviar um de seus moços para buscar sua lança, o símbolo de suas intenções para matar Davi. Não sabemos se ele mandou buscar a lança. Se de fato tivesse se arrependido, deveria ter dito para o belemita destruí-la. Davi aproveita o ensejo para recorrer à justiça divina, uma vez que só Deus pode aplicar a vingança, com retidão. Assim como Davi tinha poupado a vida de Saul, esperava que Deus poupasse sua vida e o livrasse de toda tribulação. Suas últimas palavras ao rei, segundo Richard Phillips, encerram três conselhos: 1) um chamado sincero para que seu perseguidor se arrependa; 2) um chamado à verdadeira religião; 3) uma advertência sobre o perigo das más companhias.[10]

Em quarto lugar, *Saul reconhece a legitimidade do reinado de Davi* (26:25a). Diante do discurso eloquente de Davi, Saul passou a bendizê-lo e a reconhecer seu reino vitorioso com palavras vívidas: "Bendito sejas tu, meu filho Davi; pois grandes coisas farás e, de fato, prevalecerás".

Em quinto lugar, *Saul e Davi seguem caminhos diferentes* (26:25b). Essas foram as últimas palavras de Saul dirigidas a Davi e os dois se separaram para nunca mais se encontrarem. Cada um seguiu o seu caminho. Saul desceu a ladeira do fracasso e mergulhou nas sombras da morte, e Davi escalou um caminho ascendente de glória rumo ao trono de Israel. Concordo com Richard Phillips, quando diz: "A recompensa de Davi pela boa-fé e obediência à palavra de Deus não foi o fim da perseguição maldosa de Saul, mas uma consciência limpa diante de Deus e uma fé firme na vingança de Deus".[11]

Duas aplicações, segundo Robert Chisholm, podem ser extraídas da passagem em apreço: 1) quando o cumprimento da promessa de Deus é postergado, os servos escolhidos por Ele precisam resistir à tentação de apressar os acontecimentos; antes, devem fazer o que é certo e esperar pelo tempo de Deus; 2) quando os servos de Deus sofrem opressão enquanto esperam sua promessa se concretizar, eles devem voltar-se para o Senhor em busca de justiça.[12]

Notas

[1] PHILLIPS, Richard D. *1Samuel*. 2016, p. 427.
[2] WIERSBE, Warren W. *Comentário bíblico expositivo*. Vol. 2006, p. 275.
[3] MACLAREN, Alexander. *Expositions of Holy Scripture*. Vol. 17. Grand Rapids, MI: Baker. 1982, p. 369.
[4] WIERSBE, Warren W. *Comentário bíblico expositivo*. Vol. 2. 2006, p. 276.
[5] CHESTER, Tim. *1Samuel para você*. 2019, p. 188.
[6] WIERSBE, Warren W. *Comentário bíblico expositivo*. Vol. 2. 2006, p. 276.
[7] CHISHOLM JR., Robert B. *1 & 2Samuel*. 2017, p. 171.
[8] MELLISH, Kevin J. *Novo comentário bíblico Beacon – 1 e 2Samuel*. 2015, p. 195.
[9] CHISHOLM JR., Robert B. *1 & 2Samuel*. 2017, p. 172.
[10] PHILLIPS, Richard D. *1Samuel*. 2016, p. 433-435.
[11] Idem, p. 435.
[12] CHISHOLM JR., Robert B. *1 & 2Samuel*. 2017, p. 174.

Capítulo 28

Davi, o incrédulo

(1Samuel 27:1-12)

Este capítulo revela o temor de Davi e sua decisão precipitada de fugir de Israel para buscar abrigo debaixo das asas dos filisteus. Na contramão de todas as promessas de Deus, Davi toma seu destino nas próprias mãos e age como um incrédulo. Richard Phillips diz que o pecado de Davi com Bate-Seba mostra sua fraqueza no período de força e poder, enquanto este capítulo mostra sua fraqueza num período de ansiedade e aflição.[1]

Joyce Baldwin diz que por causa de seu desespero, Davi estava pronto a considerar a hipótese de abordar os próprios inimigos que, com sucesso, havia combatido em nome de Israel, oferecendo-lhes agora seus préstimos. Não que ele tivesse qualquer intenção de se tornar um traidor de sua amada Judá, mas precisava dar essa impressão a fim de tranquilizar seus aliados filisteus.[2]

Concordo com Warren Wiersbe, quando diz que ele tinha motivos de sobra para continuar em Israel e confiar que Deus iria protegê-lo e suprir suas necessidades. (25:27-31; 26:25).[3] Segundo o autor aos Hebreus, a fim de receber as promessas de Deus, é preciso ter fé e paciência (Hb 6:12) e Davi aqui, vacilou nesses dois elementos essenciais. Diferente dele, agiu Jesus. Quando estava prestes a enfrentar a cruz, não contornou essa estrada, mas resolutamente caminhou para o calvário como um rei caminha para sua coroação (Jo 12:20-33).

O exílio político de Davi (27:1-4)

A resolução de deixar sua terra e unir-se aos ímpios filisteus, inimigos de Israel, ultrapassou todos os limites do bom senso e cruzou uma linha que nunca deveria ter sido cruzada. Nas palavras de John Woodhouse, "naquele dia Davi cruzou uma fronteira que não era apenas geográfica. Ele passou para o outro lado".[4] Tim Chester chama a atenção para o fato de que o exílio era a punição suprema pela infidelidade à aliança.[5] Certamente, o exílio foi algo pesaroso para ele (26:19,20).

Richard Phillips enfatiza que, anteriormente, Davi era conhecido pelos filisteus como o assassino deles (21:11), mas agora ele era famoso como o fugitivo do rei Saul, de Israel. Além disso, Davi agora apareceu com uma formidável força de combate para fortalecer Aquis. Provavelmente, por essas razões Davi foi bem recebido em Gate, e seu estabelecimento na antiga cidade natal de Golias logo teve o resultado desejado: "Avisado Saul que Davi tinha fugido para Gate, desistiu de o perseguir" (27:4). Davi havia conseguido, finalmente, se livrar das perseguições de Saul, mas a que preço?[6]

Destacamos quatro lições aqui:

Em primeiro lugar, *o coração é um mau conselheiro* (27:1a). Davi não ouviu as palavras sábias endereçadas a ele por meio de Samuel, Jônatas e Abigail. Não ouviu nem mesmo as últimas palavras de Saul. Cansado de fugir e achando que sua proteção provinha de seus próprios recursos, ausculta seu próprio coração, e em vez de renovar sua fé nas promessas, foge para a Filístia para buscar abrigo político entre os inimigos de Israel. Richard Phillips esclarece este ponto assim:

> No capítulo 23, Saul estava prestes a estender a mão e agarrar Davi quando um ataque repentino dos filisteus fez com que o exército fosse desviado (23:27,28). No capítulo 24, quando Saul estava caçando Davi, o Senhor o colocou à mercê de Davi na caverna de En-Gedi. Pouco antes, Deus fez cair um profundo sono sobre todo o exército de Saul para que Davi pudesse entrar no acampamento e apanhar a lança de Saul. Tudo isso era forte evidência da impotência de Saul contra a promessa de Deus de elevar Davi ao trono. Quando Abigail interveio para afastar Davi dos seus planos contra seu marido, Nabal, ela falou dessas coisas como sendo de conhecimento comum: "Se um homem se levantar para te perseguir e buscar a tua vida, então, a tua vida será atada no feixe dos que vivem com o SENHOR, teu Deus" (25:29). Como, então, Davi agora conclui "pode ser que algum dia venha eu a perecer nas mãos de Saul"? (27:1). O capítulo começa dizendo que Davi "disse [...] consigo mesmo". Davi aconselhou seu coração com palavras incrédulas, de modo que não é de admirar que ele tenha respondido não com fé, mas com insensatez e incredulidade.[7]

Em segundo lugar, *a falta de fé desconfia do cuidado divino* (27:1b). Davi, que experimentara diversos livramentos divinos, está esgotado, como um animal encurralado e, por um momento, imagina que não escapará de uma nova investida de Saul. Por isso, rendendo-se à incredulidade, foge de Israel para o território do inimigo. Repentinamente, ele deixou de crer nas promessas de Deus e agiu como um incrédulo. Ele já havia fugido para os filisteus no começo da perseguição de Saul e o resultado havia sido desastroso (21:10-15). Naquela época, Davi se salvou fingindo-se de louco. Como agora pode pensar que encontrará segurança entre os arqui-inimigos de seu povo? Tim Chester, nesta mesma linha de pensamento, escreve:

> Em 26:10, Davi disse a Abisai que Saul poderia ser morto em batalha; literalmente, "ser varrido". Agora, usa a mesma palavra para se referir a seu próprio destino: "Algum dia serei morto [varrido] por Saul" (27:1). Davi parece vacilar em sua fé em que Deus por fim lhe dará o reino. O diálogo de Davi consigo mesmo é revelador; o estado do nosso coração é muitas vezes moldado pelo que dizemos ao nosso coração. Aqui, o que Davi diz ao seu coração enfraquece sua confiança em Deus, pois se opõe à palavra de Deus como à sua experiência com ele.[8]

Richard Phillips tem razão em dizer que é em vão que pesquisamos a Bíblia em busca de um exemplo de israelitas buscando salvação fora da terra da promessa, recorrendo ao cuidado dos ímpios, sem que estes os enredem em pecado e nas maldições da desobediência. Quando Abraão buscou refúgio no Egito, rapidamente caiu em pecado e perigo (Gn 12:10-20). Ló destruiu sua família ao levá-la para Sodoma (Gn 12:10-13), assim como o marido de Noemi, quando levou sua família para Moabe no tempo da fome (Rt 1:2,3). Considerando esses exemplos bíblicos, não podemos esperar que a fuga de Davi de Israel para a Filístia resultasse em bênção.[9]

Nessa mesma toada, Warren Wiersbe alerta para o fato de que os filhos de Deus devem ter o cuidado de não se entregar ao desalento. Moisés ficou desanimado com o peso de seu trabalho e quis morrer (Nm 11:15), e Elias fugiu do dever por causa do medo e do desânimo (1Rs 19). Quando começamos a olhar para Deus através de nossas circunstâncias em vez de olhar para nossas circunstâncias com os olhos de Deus, perdemos a fé, a paciência e a coragem e damos a vitória ao inimigo.[10]

Em terceiro lugar, *unanimidade nem sempre é sinal de que a decisão é certa* (27:2). Davi consegue a adesão de todos os seiscentos homens que o acompanham, com suas respectivas famílias. Nenhuma voz discordante. Nenhuma oposição. Todos estão alinhados com a sua decisão, e prontos a fugir de Israel, ainda que para o território filisteu. É claro que Davi tem preocupações com sua família e com as famílias de seus valentes. A prudência lhe mostrava que não tinha mais lugares seguros nos desertos e nas cavernas para se esconder de Saul e de seus asseclas. A fé não requer fanatismo suicida. Porém, os fins não justificam os meios. Davi acabou cruzando uma linha divisória que comprometeu sua honra e sua fé, ao passar para o lado dos filisteus.

Em quarto lugar, *o término das perseguições de Saul não significa o fim dos problemas de Davi* (27:4). Quando Saul ouviu que Davi havia fugido para Gate, desistiu de o perseguir. Porém, outros problemas surgiram no caminho do futuro rei da nação. Nas palavras do apóstolo Paulo: "[...]

a nossa luta não é contra o sangue e a carne e sim contra os principados e potestades, contra os dominadores deste mundo tenebroso, contra as forças espirituais do mal, nas regiões celestes" (Ef 6:12). Concordo com Richard Phillips, quando diz que Davi cruzou a linha da deslealdade quando partiu de Israel para Gate. Por isso não lemos sobre pessoas orando a Deus pedindo sabedoria, nem sobre consulta à palavra de Deus, nem pedido de conselho a amigos piedosos.[11]

O controle de Ziclague (27:5-7)

Não há sequer a menção do nome de Deus neste capítulo 27 de 1Samuel. Davi está articulando e tramando o tempo todo. Ao chegar em Gate, mesmo desfrutando da hospitalidade do rei Aquis, percebe que não pode ficar no centro nevrálgico do poder filisteu sem ser desmascarado. Sua intenção não era virar de lado, abandonar seus projetos e aliar-se aos inimigos de Israel. Não tem qualquer desejo de trair seu povo nem mesmo de tramar a morte de Saul. Seu propósito é continuar lutando as guerras do Senhor, mas para isso precisará dissimular, disfarçar-se, enganar e mentir. Ele precisará negociar princípios e valores. Sua ética ficará abalada. Seu caráter ficará manchado. Sua imagem, arranhada.

Destacaremos, aqui, alguns pontos:

Em primeiro lugar, *um pedido estratégico* (27:5). O pedido de Davi ao rei Aquis tem aparência de bom senso. Ele usa de grande diplomacia ao elaborar seu pedido. O grupo que o acompanha gira em torno de duas mil pessoas. É muita gente para ser cuidada sob os auspícios do rei filisteu. Davi pede uma cidade de refúgio, um quartel general, onde pudesse viver e realizar, com seus valentes, suas incursões. Nas palavras de Joyce Baldwin, "Davi precisava de liberdade, a fim de realizar seus próprios planos independentes, sem ser observado muito de perto".[12]

Em segundo lugar, *uma dádiva favorável* (27:6). Aquis lhe deu a cidade de Ziclague, cerca de quarenta quilômetros a sudoeste de Gate, na fronteira com a tribo de Simeão, que passou a pertencer aos reis de Judá até o tempo em que o livro de 1Samuel foi escrito. Longe dos espiões de Aquis e sem qualquer interferência estrangeira, Davi usou essa cidade como cabeça de ponte para suas investidas contra os inimigos de Israel.

Como já afirmamos, Ziclague era uma cidade fronteiriça nos contrafortes entre o território filisteu e o simeonita; embora reservada a Simeão (Js 19:5; 1Cr 4:30), em Josué 15:31 ela está relacionada entre as cidades de Judá, mas nunca foi ocupada, ou então foi reconquistada pelos filisteus. Joyce Baldwin esclarece: "Na opinião de Davi, Ziclague tinha a vantagem de estar bem afastada do território de Saul e isolada das cinco cidades filisteias. Sua principal desvantagem era que tendia a ser o alvo de bandos saqueadores vindos do deserto, especialmente os amalequitas".[13]

Em terceiro lugar, *uma temporada no exílio político* (27:7). Ao todo, foram dezesseis meses, ou um ano e quatro meses, o tempo que Davi permaneceu na terra dos filisteus. Esse tempo que Davi permaneceu em Ziclague foi suficiente para ele estabelecer relações com israelitas que viviam no extremo sul de Judá (30:26-31). Por causa de sua habilidade de ir a Aquis e voltar, o rei filisteu jamais desconfiou de Davi.

As incursões de Davi contra os inimigos de Israel (27:8,9)

Joyce Baldwin diz que Davi dirigiu seus ataques contra os saqueadores que despojavam cidades, tanto de Judá como da Filístia. Sua política de extermínio protegia-o de informantes que poderiam ter dito a Aquis que ele estava jogando dos dois lados.[14] Vejamos:

Em primeiro lugar, *Davi ataca os inimigos de Israel* (27:8). Ele conduz ataques contra os inimigos tradicionais do povo de Deus (27:8), mas diz a Aquis que está atacando Israel (27:10). Davi subia com seus homens e dava contra os gesuritas, os gersitas e os amalequitas, todos inimigos de Israel que deveriam ter sido eliminados quando da conquista de Canaã.

Os gesuritas faziam parte da lista dos povos que os israelitas deveriam conquistar (Js 13:2). Os gersitas são mencionados apenas aqui em todas as Escrituras. Os amalequitas são os odiados inimigos que Deus pretendia aniquilar (15:1-3). Davi está fazendo o papel de um novo Josué, fazendo o que Saul deixou de fazer com os amalequitas. Ele está em território filisteu, mas cuidando da agenda de um israelita. Aquis imagina que Davi está guerreando as guerras filisteias, como um desertado de Israel. Ele, porém, estava cumprindo a guerra santa pela qual Saul havia sido punido por não tê-la realizado (15:3). Aquis confiava em Davi, crendo que este estava se afastando de seu próprio povo por lealdade aos filisteus, de quem ele parecia ser vassalo (Dt 15:17), porém ele estava comprometido com outra agenda.

Em segundo lugar, *Davi extermina os inimigos de Israel* (27:9). Em suas incursões militares, ele era impiedoso. Por onde passava, deixava um rastro de mortes e rapinagem. Por meio de um genocídio sistemático, Davi foi engenhosamente bem-sucedido em fazer seu povo prosperar, ganhando a aprovação de Aquis e evitando a traição formal ao seu país.[15] Matava homens e mulheres, saqueando campos e cidades, tomando ovelhas, bois, jumentos, camelos e vestes. Ele apresentava todo o saldo de suas conquistas a Aquis, numa forma de prestar relatório de suas façanhas. Davi era totalmente eficaz em eliminar seus inimigos e encobrir seus rastros.

A dissimulação de Davi (27:10-12)

Destacamos três pontos aqui:

Em primeiro lugar, *Davi mente ao rei Aquis* (27:10). Quando Aquis perguntou a Davi: "Contra quem deste hoje?", ele dissimulou e mentiu para o rei filisteu, afirmando que tinha atacado o sul de Judá, e o sul dos jerameelitas, e o sul dos queneus. Davi faltou com a verdade, ocultando de Aquis as suas campanhas sangrentas contra os inimigos de Israel.

Robert Chisholm diz que, embora Davi tenha se mudado para território filisteu e tenha afirmado para o rei Aquis que havia matado judaítas e queneus, na verdade, estava matando os inimigos de Israel.[16] Richard Phillips, citando Gordon Keddie, escreve: "Davi foi brilhante e bem-sucedido, mas matou comunidades inteiras e mentiu a Aquis no processo. Ele havia deixado seus princípios nas montanhas de Judá e se colocado num canto em que engano e crueldade era o que o mantinha vivo".[17]

Concordo com Robert Chisholm, quando escreve: "Embora Davi permaneça leal a Israel e seu ardil seja bem-sucedido, ele comprometeu sua identidade".[18] Nas palavras de Kevin Mellish, "Aquis acreditava que Davi estava se tornando odioso para com o povo de Israel, mas como uma raposa astuta, Davi estava avultando sua posição enquanto enganava o rei filisteu".[19] É conhecida a expressão: "Crer é viver sem tramar". Porém, Davi continuou tramando e usando de dissimulação. Enganou Aquis em três coisas: ao pedir uma cidade, ao fazer referência aos ataques que seus homens realizaram e ao declarar seu desejo de lutar as batalhas do rei.[20]

Em segundo lugar, *Davi elimina as provas de sua mentira* (27:11). Além de mentir para Aquis, para eliminar possíveis provas contra si mesmo, não deixava com vida nem homem nem mulher que pudesse trazer informação ou denúncia a Gate. Esse proceder enganoso fez parte da agenda de Davi todos os dias em que viveu entre os filisteus. Como diz Richard Phillips, "o lema de Davi em Ziclague saiu direto de um filme faroeste: Homens mortos não contam histórias".[21] O que é digno de nota é que essa matança foi feita não para a glória e o serviço de Deus, mas para assegurar que não houvesse sobreviventes que pudessem expor suas mentiras aos líderes filisteus.

Em terceiro lugar, *Davi engana o rei Aquis* (27:11). Aquis confiava em Davi, imaginando que ele tinha se tornado odioso para os israelitas, quando, na verdade, Davi estava consolidando sua base política, combatendo os inimigos de Israel. Aquis, enganado pelas mentiras do belemita, resolveu nomeá-lo seu servo para sempre. Richard Phillips alerta para o fato de que a única justificativa real para as ações de Davi é argumentar que os fins justificam os meios. Essa, porém, não é a ética proposta em seus salmos (Sl 34:13,14). Não é de admirar que, durante todo o período em que ele passou na Filístia, nada lemos sobre oração, adoração e ministério de sacerdotes ou palavra de Deus. Lutando para efetuar sua própria salvação, Davi estava comprometendo os valores que havia protegido tão cuidadosamente em dias anteriores, dando um exemplo que possivelmente não serviria bem ao seu povo quando finalmente tomasse posse do seu reino.[22]

As consequências imprevistas das ações enganosas (28:1,2)

A Bíblia diz que zombar do pecado é loucura. O homem será achado pela sua transgressão. Davi não foi capaz de lidar com as consequências imprevistas de suas ações enganosas. Aquis concluiu que ele havia se separado para sempre de seu povo; portanto, merecia a sua confiança.[23] O rei filisteu estava se preparando para ir à guerra e conquistar a supremacia sobre Israel. Davi se viu acuado quando Aquis incumbiu o seu exército de lutar contra Saul e o encarregou de ser o principal em sua guarda pessoal. A resposta de Davi, visando evitar uma resposta direta, satisfez Aquis, mas o deixou imaginando como sairia desse dilema.[24]

Ele está numa sinuca de bico, num beco sem saída. Se ele se recusar a se juntar ao exército filisteu, suas alianças serão reveladas, e a aceitação e a proteção de que ele usufrui desaparecerão. Se ele se juntar a Aquis, será forçado a lutar contra seu próprio povo. Esse é um momento de suspense. Mas, antes de qualquer resolução, o autor volta nossa atenção para Saul (28:3-25).[25] É digno de nota que foi nessa batalha que Saul e seus filhos morreram (31:1-6), e foi a mão providente do Senhor que impediu Davi e seus homens de participarem desse fatídico combate.

Destacamos, aqui, três lições:

Em primeiro lugar, *uma convocação alarmante* (28:1). A dissimulação de Davi volta-se contra si. O que ele jamais podia esperar aconteceu, ou seja, os filisteus declararam guerra contra Israel, reunindo todos os seus exércitos nessa campanha militar. Aquis convoca Davi e seus homens para se juntarem a ele nessa batalha contra Israel. A máscara caiu. O que ele escondeu por um ano e quatro meses não pode mais se sustentar. Sua aparente lealdade aos filisteus é colocada à prova. Sendo ungido para guerrear as guerras de Israel, agora é forçado a entrar numa peleja contra sua nação.

Em segundo lugar, *uma resposta evasiva* (28:2). Acuado, Davi enfrenta, agora, uma situação mais adversa do que as perseguições de Saul. Nesse fogo cruzado, ele dá uma resposta evasiva ao rei Aquis "[...] assim saberás quanto pode o teu servo fazer". A única resposta adequada para Davi é o ditado destinado a advertir os filhos contra a mentira: "Tecemos uma rede emaranhada quando começamos a enganar".[26]

Em terceiro lugar, *uma promoção desonrosa* (28:2b). Sem nada desconfiar, Aquis promove Davi da posição de servo permanente do rei (27:12) para guarda pessoal perpétuo do rei (28:2). Ele está preso no cipoal de suas tramas. Robert Chisholm diz que, certo da lealdade de Davi, Aquis promete nomeá-lo seu guarda-costas (em hebraico, "um guarda para minha cabeça"). A essa altura, as palavras de Aquis são repletas de ironia. Davi, que certa vez decapitou o herói de Gate e levou a cabeça dele como troféu de guerra (17:51,54), agora será responsável por guardar a cabeça do governante de Gate.[27]

Richard Phillips diz que da insensata incredulidade de Davi em cruzar a fronteira para a Filístia e da emaranhada rede de mentiras e concessões que resultou disso, há pelo menos duas lições para nós hoje: 1) nossa atitude de fé ou de incredulidade depende, em grande parte, de quais pensamentos cultivamos e de quais sermões pregamos ao nosso coração (27:1); 2) o plano de Davi de fugir para a Filístia pode ser avaliado recorrendo-se a Provérbios 14:12: "Há caminho que ao homem parece direito, mas ao cabo dá em caminhos de morte". A sabedoria é sempre alcançada pela submissão aos preceitos e fundamentos da palavra de Deus.[28]

Concluo este capítulo com duas lições práticas mencionadas por Robert Chisholm: 1) quando a fé vacila diante da perseguição, por vezes os servos escolhidos do Senhor comprometem sua identidade; 2) quando a fé vacila, os servos escolhidos pelo Senhor recorrem, por vezes, a medidas imprudentes que os colocam em situações delicadas.[29] Vigiemos nosso próprio coração!

Notas

[1] PHILLIPS, Richard D. *1Samuel*. 2016, p. 439.
[2] BALDWIN, Joyce G. *I e II Samuel: introdução e comentário*. 2006, p. 176.
[3] WIERSBE, Warren W. *Comentário bíblico expositivo*. Vol. 2. 2006, p. 278.
[4] WOODHOUSE, John. *1Samuel: Looking for a leader*. Wheaton, IL: Crossway. 2008, p. 500.
[5] CHESTER, Tim. *1Samuel para você*. 2019, p. 196.
[6] PHILLIPS, Richard D. *1Samuel*. 2016, p. 444.

7. Idem, p. 440.
8. CHESTER, Tim. *1Samuel para você*. 2019, p. 195.
9. PHILLIPS, Richard D. *1Samuel*. 2016, p. 442,443.
10. WIERSBE, Warren W. *Comentário bíblico expositivo*. Vol. 2. 2006, p. 278.
11. PHILLIPS, Richard D. *1Samuel*. 2016, p. 443.
12. BALDWIN, Joyce G. *I e II Samuel: introdução e comentário*. 2006, p. 177.
13. BALDWIN, Joyce G. *I e II Samuel: introdução e comentário*. 2006, p. 177
14. Idem.
15. PHILLIPS, Richard D. *1Samuel*. 2016, p. 445.
16. CHISHOLM JR., Robert B. *1 & 2Samuel*. 2017, p. 176.
17. PHILLIPS, Richard D. *1Samuel*. 2016, p. 445.
18. CHISHOLM JR., Robert B. *1 & 2Samuel*. 2017, p. 179.
19. MELLISH, Kevin J. *Novo comentário bíblico Beacon*. 1 e 2Samuel. 2015, p. 198.
20. WIERSBE, Warren W. *Comentário bíblico expositivo*. Vol. 2. 2006, p. 279.
21. PHILLIPS, Richard D. *1Samuel*. 2016, p. 445.
22. Idem, p. 446.
23. PURKISER, W. T. *Os livros de 1 e 2Samuel*. *In* Comentário bíblico Beacon. Vol. 2. 2015, p. 225.
24. BALDWIN, Joyce G. *I e II Samuel: introdução e comentário*. 2006, p. 178.
25. CHESTER, Tim. *1Samuel para você*. 2019, p. 198.
26. PHILLIPS, Richard D. *1Samuel*. 2016, p. 446.
27. CHISHOLM JR., Robert B. *1 & 2Samuel*. 2017, p. 179.
28. PHILLIPS, Richard D. *1Samuel*. 2016, p. 446-448.
29. CHISHOLM JR., Robert B. *1 & 2Samuel*. 2017, p. 179,180.

Capítulo 29

Saul e a necromante
(1Samuel 28:3-25)

MARK BUBECK, EM SEU livro *O reavivamento satânico,* fala sobre a rápida corrida do Ocidente rumo ao ocultismo. A humanidade tem obedecido a ensino de demônios (1Tm 4:1). Mais e mais pessoas recorrem ao ocultismo e à necromancia para buscar respostas para suas angústias. Tim Chester diz: "Há informação de que na Itália, a sede do Catolicismo Romano, há mais médiuns do que padres católicos".[1]

O Brasil é um canteiro fértil onde tem florescido o misticismo. Prova disso é o sucesso literário de Paulo Coelho. Até algumas igrejas chamadas evangélicas estão eivadas de crendices. O misticismo está presente na vida de políticos, artistas e cantores.

A necromancia, ou a comunicação com os mortos, é a alma do espiritualismo. Pessoas feridas pela dor do luto querem saber como estão seus entes queridos. A crença na comunicação com os mortos está em franca ascensão.

O sincretismo religioso do Brasil é fruto do fetichismo africano, fetichismo ameríndio, espiritismo kardecista e Catolicismo Romano. Mais de 2,6 milhões de escravos vieram para o Brasil. Esses escravos perderam sua liberdade, mas não sua crença. Os colonizadores portugueses tiraram sua cidadania, mas não suas convicções religiosas. Seus corpos foram subjugados, mas não sua consciência.

Quando chegaram no Brasil, os escravos foram proibidos de expressar suas crenças e precisaram se tornar católicos por força de lei, pois essa era a religião oficial. Mas não se muda a religião de um povo por decretos. Os senhores subjugaram seus braços, mas não seus corações.

Os escravos, durante as noites, se reuniam nas senzalas, praias, florestas, e ao som de tambores e de atabaques invocavam seus deuses e os espíritos de seus ancestrais. A Igreja Católica percebendo que não podia mudá-los, aliou-se a eles. Os santos católicos e os orixás começaram a coexistir nos mesmos altares. São Jorge é Ogum; Maria é Iemanjá; Santa Bárbara é Iansã e São Jerônimo é Xangô. Hoje, muitos daqueles que professam as crenças espíritas são católicos. O Brasil é o maior país católico e o maior país espírita do mundo.

Retornando ao texto em pauta, Tim Chester destaca o fato de que Saul está apavorado por causa do exército filisteu que está avançando (28:4,5). Ele quer uma palavra de Deus, mas Deus está quieto. Samuel morrera (28:3). Saul consulta o Senhor, mas não obtém resposta (28:6). Ele não tem Urim e Tumim, que estão com Davi, juntamente com o sacerdote que sobreviveu ao massacre de Saul (23:6). E, assim, Saul dá o passo fatídico de achar e visitar uma médium (28:7,8). Ele viola suas próprias regras (28:9,10).[2]

Concordo com Richard Phillips, quando diz que, embora Saul tenha usado os mecanismos para buscar o Senhor, seu coração nunca se abriu o mínimo que fosse para o arrependimento e a fé. A Escritura diz que ele consultou não o Senhor, por isso Ele o matou (1Cr 10:14). Saul buscou consolo, mas não orientação, e seu coração inflexível encontrou a rejeição inflexível de Deus.[3] Nas palavras de William Blaikie, "Saul era incapaz desse exercício de alma que teria salvado a ele e ao seu povo. Esse é o efeito mais terrível do pecado alimentado. Ele seca as fontes de contrição e elas não fluem. Ele endurece os joelhos e eles não se dobram. Ele paralisa a voz e ela não clama. Ele cega os olhos e eles não veem o Salvador".[4]

Robert Chisholm diz que o capítulo 28 de 1Samuel traz o ponto culminante da autodestruição de Saul.[5] Tendo em vista que esta passagem é um dos textos mais polêmicos da Bíblia e sabendo que alguns escritores no cenário protestante defendem que, para exercer juízo sobre Saul, Deus permitiu que Samuel retornasse dos mortos para falar com ele, lavrando sua derrota final; sabendo, ainda, que outros creem que um demônio personificou Samuel e; finalmente, outros, que toda a cena não passou de uma armação de uma mulher perspicaz,[6] quero aqui defender a tese de que não foi Samuel quem apareceu naquela sessão mediúnica em En-Dor. O contato que os necromantes realizam com o além não é um encontro com os entes queridos que faleceram. O encontro é com demônios. Os mortos não falam.

Elencaremos, a seguir, alguns argumentos para provar essa tese.

A palavra de Deus condena a comunicação com os mortos

A Bíblia é meridianamente clara, quando considera a invocação de mortos uma abominação aos olhos de Deus:

- **Êxodo 22:18:** "A feiticeira não deixarás viver".
- **Levítico 19:31:** "Não vos volteis para os necromantes, nem para os adivinhos; não os procureis para serdes contaminados por eles. Eu sou o Senhor, vosso Deus".
- **Deuteronômio 18:9-14:** "[...] nem encantador, nem necromante, nem mágico, nem quem consulte os mortos; pois todo aquele que faz tal coisa é abominação ao Senhor; e por essas abominações o Senhor, teu Deus, os lança de diante de ti...".
- **Isaías 8:19,20:** "Quando vos disserem: 'Consultai os necromantes e os adivinhos, que chilreiam e murmuram', acaso, não consultará o povo ao seu Deus? A favor dos vivos se consultarão os mortos? À lei e ao testemunho! Se eles não falarem desta maneira, jamais verão a alva".
- **Lucas 16:26,29-31:** "'E além de tudo, está posto um grande abismo entre nós e vós, de sorte que os que querem passar daqui para vós outros não podem, nem os de lá passar para cá' [...]. Respondeu Abraão: 'Eles têm Moisés e os profetas; ouçam-nos'. Mas ele insistiu: 'Não, pai Abraão; se alguém dentre os mortos for

ter com eles, arrepender-se-ão'. Abraão, porém, lhe respondeu: 'Se não ouvem a Moisés e aos profetas, tampouco se deixarão persuadir, ainda que ressuscite alguém dentre os mortos'".

O escorregadio caminho que leva à necromancia

O rei Saul, de queda em queda, tornou-se rebelde ao Senhor e desceu ao fundo do poço, a ponto de ir consultar uma feiticeira. Nas palavras de Richard Phillips, "Saul está disposto a se empenhar em atividades externas com o intuito de manipular o auxílio de Deus. Mas o ouvido do Senhor está atento somente àqueles que têm o coração quebrantado e o espírito contrito".[7] Kevin Mellish esclarece: "Já que Saul não recebeu nenhuma resposta do Senhor, ele ordenou aos seus servos que encontrassem uma necromante (28:7). A ordem de Saul não só ressaltava seu completo desespero, mas também simbolizava sua separação de Deus, quando ele tentava se engajar em uma prática que Ele havia proibido (28:3).[8]

Quais foram os passos da queda de Saul?

Em primeiro lugar, *ele deu mais valor à voz do povo do que à voz de Deus* (13:8-14). Saul desobedeceu à orientação do profeta Samuel e cedeu à pressão do povo, ocupando o lugar de um sacerdote. Quando confrontado, começou a dar desculpas (1Sm 13:11,12). Samuel o repreendeu e lhe fez quatro censuras: "Tu procedeste nesciamente; não guardaste o mandamento; não subsistirá o teu reino; o Senhor buscou para si um homem que lhe agrada" (13:13,14).

Em segundo lugar, *a obediência de Saul foi parcial* (15:1-3,8-23). Obediência parcial é desobediência total. A rebelião contra Deus é como o pecado da feitiçaria (15:23).

Ao ser confrontado, Saul volta a dar desculpas. Antes de o Senhor aceitar nossa oferta, precisa aceitar nossa vida. Saul não se interessava pela vontade divina, pois desejava fazer as coisas a seu modo. É por isso que Deus o abandonou. Salomão retrata essa realidade assim:

> Então, me invocarão, mas eu não responderei; procurar-me--ão, porém não me hão de achar. Porquanto aborreceram o conhecimento e não preferiram o temor do Senhor; não quiseram o meu conselho e desprezaram toda a minha repreensão. Portanto, comerão do fruto do seu procedimento e dos seus próprios conselhos se fartarão. Os néscios são mortos por seu desvio, e aos loucos a sua impressão de bem-estar os leva à perdição. Mas o que der ouvidos habitará seguro, tranquilo e sem temor do mal (Pv 1:28-33).

Em terceiro lugar, *Saul nutriu um ciúme descontrolado* (18:6-16). Ele arruinou sua vida com as próprias mãos e depois quis arruinar Davi, o homem que Deus escolhera para reinar em seu lugar. Uma música em Israel perturbou Saul (18:7,8). O ódio é uma porta de entrada para os demônios (Ef 4:26,27). Foi isso que aconteceu com Saul (19:9). Tornou-se possesso e sedento de sangue. Mandou matar a população de toda uma cidade, a cidade de Nobe (22:18,19).

Em quarto lugar, *no auge de seu desespero, Saul foi procurar uma necromante* (28:1-25). Saul não quis ouvir a voz de Deus por intermédio do profeta Samuel. Não quis corrigir sua vida. Deus, então, o abandonou e não falava mais com ele. Mesmo sabendo que a consulta aos mortos era uma prática abominável, no auge de sua angústia, quando os filisteus vinham contra ele, foi procurar uma necromante.

Ele se torna não apenas rebelde, mas contraditório, pois ele mesmo já havia expulsado de sua terra os necromantes (28:3). Na sua rebeldia, tenta desafiar Deus: "Se Deus não me ouve nem me responde, então procuro o diabo". Porque os céus estavam em silêncio, ele se apressou para bater nos portões do inferno.

Os sugestionamentos que levaram Saul à necromante

O que leva as pessoas a consultar os mortos é a angústia. Querem saber como estão seus mortos ou querem alguma orientação para seu futuro. Antes de Saul ir à feiticeira, já estava sugestionado. Vejamos:

Em primeiro lugar, *Saul estava vivendo uma profunda falência espiritual* (28:6). Porque Saul se afastou de Deus, Deus afastou-se dele e não falava mais com ele. Antes disso, ele era tomado por alucinações de ódio e um espírito maligno o atormentava. Sua mente perturbada e seu espírito em trevas pavimentaram o caminho para essa queda.

Em segundo lugar, *Saul estava em meio a uma crise psicológica avassaladora* (28:5). Os exércitos filisteus o encurralavam e o apertavam por todos os lados. Seu coração desmaiado de medo, virou água. A síndrome do pânico o assaltou.

Em terceiro lugar, *Saul estava sofrendo um processo de esgotamento físico* (28:20). Ele faz uma viagem à noite, trajando a máscara da mentira e do disfarce, perto das linhas inimigas, sem ter se alimentado durante todo o dia. Foi uma viagem a pé de mais de vinte quilômetros. "[...] e faltavam-lhe as forças, porque não comera pão todo aquele dia e toda aquela noite" (28:20b).

As tensões de Saul ao se envolver com a necromante

A batalha não estava travada apenas no campo de guerra, mas, sobretudo, no coração de Saul. Ele era uma guerra ambulante. Destacamos, aqui, algumas de suas tensões.

Em primeiro lugar, *Saul age contra a própria consciência* (28:3). Deus se afastou de Saul porque ele nunca se arrependeu. Queria manipulá-lo em vez de ouvi-lo. Mesmo tendo desterrado os necromantes, agora vai atrás de uma médium. Tenta se disfarçar, mas ele era indisfarçável, uma vez que era o homem mais alto de Israel (9:2; 10:23; 28:8).

Em segundo lugar, *Saul perde completamente o temor de Deus* (28:10). Ele faz juramento em nome de Deus, prometendo o que não pode cumprir. Ele jura por Deus, invocando o diabo. Ao mesmo tempo que jura por Deus como supremo referencial da vida; ele se rebela contra o Senhor. Richard Phillips diz que temos aqui outro sinal da condição espiritual endurecida de Saul; para violar a lei de Deus e garantir proteção a uma ocultista sob a condenação divina, Saul jura em nome do Senhor.[9]

Em terceiro lugar, *Saul age com insolência* (28:8,11). Samuel se afastara de Saul por sua rebelião contra Deus (15:35). Agora, Saul quer trazer o santo Samuel para uma sessão espírita. Queria que Samuel pecasse contra Deus mesmo depois de morto, para atender sua vontade. Como Saul queria estar com Samuel de qualquer jeito, mesmo por meio de um "espírito de feitiçaria", o diabo lhe produziu um, o falso Samuel.

Em quarto lugar, *Saul age com credulidade excessiva* (28:12-14). Ora, se Saul era um homem indisfarçável em Israel, também o era Samuel. Qualquer criança poderia descrevê-lo. Saul não viu nada. Sua credulidade era tola e sua fé morta. Tinha a mente desesperada, confusa e predisposta a crer na necromante. Todo o diálogo que se trava entre o suposto Samuel e Saul é fruto do que está escrito: "[...] entendendo Saul que era Samuel, inclinou-se com o rosto em terra e se prostrou" (28:24b).

Em quinto lugar, *Saul age com total desrespeito a Deus e a Samuel* (28:15). Saul quer colocar Samuel contra Deus ou acima de Deus. Já que o Senhor não lhe respondeu, o rei quer pegar um atalho e usar Samuel para satisfazer seus caprichos. "Já que Deus não quer falar comigo, eu quero que você fale. Você fica, então, acima de Deus. Se Deus não quer fazer minha vontade, eu quero que você a faça".

Richard Phillips recorre à história da Igreja para responder à seguinte pergunta: o profeta Samuel subiu mesmo da sepultura para falar com Saul?

A resposta dos expositores da Escritura é variada. A maioria deles, no curso da história da Igreja, nega que Samuel tenha sido verdadeiramente invocado. Uma interpretação popular da Igreja Primitiva era que a mulher ímpia havia invocado Satanás para aparecer como se fosse o profeta Samuel. Tertuliano escreveu: "Deus proibiu que creiamos que uma alma, muito menos a de um profeta, possa ser invocada por um demônio". No tempo da Reforma, Martinho Lutero argumentou: "Quem poderia crer que as almas dos crentes, que estão na mão de Deus e no seio de Abraão, estivessem sob o poder do diabo?" João Calvino acrescentou que "Deus nunca teria permitido que seus profetas fossem submetidos a essa conjuração diabólica, como se o diabo tivesse poder sobre o corpo e a alma dos santos que estão sob a guarda de Deus". Com base nisso, Lutero afirmou que a suposta aparição foi um engano de Satanás, enquanto Calvino suspeitou de uma ilusão da mente de Saul e da abominável mulher.[10]

Kevin Mellish diz que em vez de receber uma palavra de encorajamento ou de direcionamento do ilusório fantasma de Samuel, Saul foi confrontado com o conhecimento de sua queda pessoal e com o fim de seu reinado.[11]

Argumentos contra a necromancia

Muito embora alguns estudiosos como Orígenes, Justino, o Mártir, Agostinho e o outros contemporâneos como Antônio Neves de Mesquita, Tim Chester, Richard Phillips, Robert Chisholm, Joyce Baldwin e Warren Wiersbe, dentre outros, tenham defendido a tese que Deus permitiu que Samuel aparecesse naquela cessão espírita, queremos refutar essa tese, usando alguns argumentos.

Em primeiro lugar, *os mortos não se comunicam com os vivos*. Esse é o ensino geral das Escrituras, que não podem falhar, não podem se contradizer nem serem contraditadas. A palavra de Deus não está contra a palavra de Deus. As Escrituras não entram em contradição. Vejamos:

- **Lucas 16:28-31:** depois da morte só há dois destinos. Para um morto falar com um vivo teria que primeiro ressuscitar. Tanto Moisés como os profetas combateram a necromancia.
- **2Samuel 12:23:** quando o filho de Davi morreu, ele entendeu que iria a seu filho, mas seu filho não voltaria a ele.

- **Isaías 8:19:** "[...] a favor dos vivos, se consultarão os mortos?"
- **Gálatas 1:8:** "Mas, ainda que nós ou mesmo um anjo vindo do céu vos pregue evangelho que vá além do que vos temos pregado, seja anátema".
- **Salmo 146:4** "Sai-lhes o espírito, e eles tornam ao pó; nesse mesmo dia, perecem todos os seus desígnios".
- **Mateus 17:1-13:** o texto coloca Cristo, e não os mortos, como Mestre. "A ele ouvi!"

Em segundo lugar, *o Senhor não respondeu Saul por meio de profetas* (28:6). Se fosse o verdadeiro Samuel que teria aparecido na sessão mediúnica em En-Dor, Deus teria falado com ele por meio de profetas. A Bíblia é clara em informar que Deus matou Saul não porque consultou o Senhor por meio de um profeta, mas porque consultou uma necromante:

> Assim, morreu Saul por causa da sua transgressão cometida contra o Senhor, por causa da palavra do Senhor, que ele não guardara; e, também, porque interrogara e consultara uma necromante e não ao Senhor, que, por isso, o matou e transferiu o reino a Davi, filho de Jessé (1Cr 10:13,14).

Em terceiro lugar, *não há mudança de atitude depois da morte.* Em vida, Samuel sabia que a necromancia era abominação para Deus (Dt 18:11-13). Se Samuel foi íntegro durante a vida (12:3,4), pecaria contra Deus depois da morte? É possível morrer em santidade e transgredir depois de morto? O próprio Samuel disse que o pecado de rebelião é como o pecado de feitiçaria (15:23). Ele se rebelaria contra Deus, depois de morto, e se tornaria um feiticeiro?

Em quarto lugar, *uma pessoa salva não pode se corromper depois da morte*. Se Samuel tivesse aparecido naquela sessão mediúnica, seu pecado seria ainda muito mais grave, porque mesmo depois de ter entrado no céu, teria retrocedido e pecado contra Deus. Na hora da morte, o crente vai habitar com o Senhor (2Co 5:8), estar com Cristo (Fp 1:23), é recebido na glória (Sl 73:24). O espírito volta para Deus (Ec 12:7). Enquanto o salvo vai para o céu, o ímpio vai para o inferno, na hora da morte (Lc 16:19-31). O espírito do salvo é aperfeiçoado para entrar na glória (Hb 12:22,23). Será que Samuel pecaria contra Deus depois de ser aperfeiçoado e entrar na glória?

Em quinto lugar, *o descanso dos salvos não pode ser interrompido*. Essa ideia de comunicação com os mortos pressupõe que os vivos impõem sua vontade aos que partiram. Até mesmo os santos de Deus precisariam se submeter aos feiticeiros. O descanso dos salvos não pode ser interrompido (Ap 14:13). Se Deus não falava com Saul por meio dos profetas, falaria por meio do diabo? Deus permitiria que Samuel aparecesse ali para depois matar Saul por ter consultado uma necromante? (1Cr 10:14).

Em sexto lugar, *os que praticam a necromancia não serão salvos, a menos que se arrependam*. A necromancia é abominação para Deus (Dt 18:10,11). Os que consultam os mortos jamais verão a alva (Is 8:19,20). A feitiçaria é obra da carne e os que praticam as obras da carne não herdarão o reino de Deus (Gl 5:19-21). Os feiticeiros serão lançados no lago de fogo (Ap 21:8) e ficarão fora do céu (Ap 22:15). Deus matou Saul porque consultou uma necromante (1Cr 10:13,14).

Em sétimo lugar, *os salvos estão no céu e não no abismo.* O falso Samuel subiu da terra (28:11). Caso ele fosse o verdadeiro Samuel, desceria do céu (Ec 12:7). Para onde vai o espírito dos salvos? Não há purgatório. Não há sono da alma. Não há reencarnação. O espírito dos salvos vai para o céu (Fp 1:23; 2Co 5:8). O que apareceria na sessão mediúnica, o corpo morto ou o espírito de Samuel? Ora, o corpo foi feito do pó, é pó e volta ao pó e pó não fala. O espírito do verdadeiro Samuel não subiria, mas teria que descer. O falso Samuel precisou subir, porque estava no abismo.

Em oitavo lugar, *Saul não viu Samuel.* Ele não viu nada. A necromante foi quem conduziu o processo. Ela foi a mediadora e interlocutora. Saul apenas entendeu que era Samuel (1Sm 28:13-19). Não é a Bíblia que afirma que era Samuel, mas a necromante. A Bíblia apenas relata como se deu o fato. Quem está atrás da necromante, o servo de Deus ou os espíritos enganadores? Em 1Samuel 28:15 está escrito: "Samuel disse a Saul: 'Por que me inquietaste, fazendo-me subir?'". É digno de destaque que o verbo hebraico, traduzido por "*disse*", é a mesma palavra para a ventríloquo. O ventríloquo disfarça, aparentando ser quem não é.

Em nono lugar, *as profecias do falso Samuel não se cumpriram literalmente.* Quando uma profecia não se cumpre à risca, não é de Deus (Dt 18:22). As profecias do pretenso Samuel falharam em quatro aspectos:

- Elas falharam quanto ao tempo (28:19). Saul não morreu no dia seguinte a esse episódio (28:25; 29:11; 30:1,17; 31:1). Saul morreu alguns dias depois e não no dia seguinte à sua visita à pitonisa.

- Elas falharam quanto aos fatos (28:19). Saul não foi entregue nas mãos dos filisteus; Saul suicidou-se (31:4,5). Ele caiu em suas próprias mãos.
- Elas falharam em relação às pessoas (28:19). Não foram todos os filhos de Saul que morreram. Apenas três dos seus filhos morreram: Jônatas, Abinadabe e Malquizua. Não morreram Isbosete, Armoni e Mefibosete. Mesmo que a profecia do falso Samuel não tenha se cumprido literalmente, Deus colocou um ponto-final na dinastia de Saul, como fizera outrora com Eli e seus filhos (2:34).
- Elas falharam quanto ao lugar para onde foi Saul (28:19). O verdadeiro Samuel estava no céu, mas o rebelde Saul não deu provas de arrependimento. Saul foi para o mesmo lugar do falso Samuel.

Quem apareceu, afinal, naquela sessão mediúnica? Não foi Samuel, pois Deus condena a necromancia. Deus matou Saul porque consultou uma necromante. Não foi um simples embuste, pois a própria necromante ficou surpresa e atemorizada com a aparição (28:12). Concordamos com o reformador Lutero quando defendeu a tese de que foi um espírito enganador que apareceu naquela sessão mediúnica. Quem matou Saul não foi a guerra contra os filisteus, mas Deus, porque recorreu à necromancia!

São oportunas as palavras de Warren Wiersbe: "Apesar de todas as bênçãos que Deus deu a Saul e de todas as oportunidades que o rei teve de crescer espiritualmente, não estava preparado para liderar, nem para lutar e nem para morrer".[12] Richard Phillips diz que aquela foi a noite escura da alma de Saul, um prelúdio para uma escuridão mais longa, sem fim, que viria sobre ele na morte, por causa de sua incredulidade endurecida e do seu pecado não perdoado.[13]

Ironicamente, a última refeição de que Saul usufruiu antes de morrer foi na mesa de uma necromante, envolto no manto do disfarce e da rebelião. Dali saiu para um caminho de trevas, pavor e suicídio. Por outro lado, seu homônimo grego, Saulo, no Novo Testamento, levantou-se do chão, depois de ter um encontro com Cristo, para seguir um caminho de luz, salvação e serviço ao Rei dos reis e Senhor dos senhores.

Não esperemos notícias de encorajamento do mundo dos mortos. Não inclinemos nossos ouvidos à voz dos túmulos. Jesus, o Filho de Deus, é o único que entrou nas entranhas da morte, arrancou o seu aguilhão, matando-a, e ressurgiu vitoriosamente. Ele é o Deus Emanuel que trouxe salvação em suas asas. Ele prometeu estar conosco todos os dias, até à consumação dos séculos. A ele, devemos ouvir!

Notas

[1] CHESTER, Tim. *1Samuel para você*. 2019, p. 199.
[2] CHESTER, Tim. *1Samuel para você*. 2019, p. 198.
[3] PHILLIPS, Richard D. *1Samuel*. 2016, p. 452.
[4] BLAIKIE, William G. *Expository Lectures on the Book of First Samuel*. Birmingham, AL: Solid Ground. 2005, p. 406.
[5] CHISHOLM JR., Robert B. *1 & 2Samuel*. 2017, p. 182.
[6] PURKISER, W. T. *Os livros de 1 e 2Samuel*. *In* Comentário bíblico Beacon. Vol. 2. 2015, p. 226.
[7] PHILLIPS, Richard D. *1Samuel*. 2016, p. 452,453.

[8] MELLISH, Kevin J. *Novo comentário bíblico Beacon – 1 e 2Samuel.* 2015, p. 200.
[9] PHILLIPS, Richard D. *1Samuel.* 2016, p. 453.
[10] PHILLIPS, Richard D. *1Samuel.* 2016, p. 454.
[11] MELLISH, Kevin J. *Novo comentário bíblico Beacon – 1 e 2Samuel.* 2015, p. 201.
[12] WIERSBE, Warren W. *Comentário bíblico expositivo.* Vol. 2. 2006, p. 285.
[13] PHILLIPS, Richard D. *1Samuel.* 2016, p. 451.

Capítulo 30

Davi, o suspeito

(1Samuel 29:1-11)

A CENA DO CAPÍTULO 29 volta a Davi. A notícia da guerra resume o relato iniciado em 28:1,2, que foi suspenso para a narrar a visita de Saul à médium (28:3-25). No capítulo 27, Davi busca escapar da impiedade de Saul, voltando-se para os filisteus. No capítulo 28, Saul busca salvação da rejeição de Deus procurando uma médium ocultista. No capítulo 29, Davi é salvo dos filisteus; no capítulo 31, Saul é destruído pelos filisteus. Davi é salvo de seu erro pela graça de Deus.[1]

O disfarçado Davi entre os filisteus não passou despercebido pelos príncipes filisteus. Embora desfrutasse de plena confiança do rei Aquis, os príncipes filisteus não confiavam nele e tinham motivos de sobra para não fazê-lo. Ele dissimulava ao passar a ideia que havia desertado de Israel para aliar-se aos filisteus. Sua passagem de lado era apenas estratégica.

Algumas lições importantes devem ser aqui observadas:

Uma guerra à vista (29:1,2a)

Saul não tinha mais pique para perseguir Davi, desde que este buscou abrigo entre os filisteus. O rei não tinha pulso para comandar o seu exército. Ele não tinha mais orientação espiritual para enfrentar os dilemas do seu governo nem vigor espiritual para manter-se de pé. Era um homem arruinado psicológica e espiritualmente. Deus não falava mais com ele.

É nessa conjuntura que o rei Aquis prepara um ataque avassalador às tropas de Israel, numa guerra crucial, acampando com seus milhares de homens em Afeque, situada no norte de Efraim, na planície costeira, aproximadamente sessenta e cinco quilômetros a sudoeste de Suném (28:4). Em seguida, Aquis e seu exército marcharam para o nordeste, em direção a Jezreel, ao norte do monte Gilboa (29:2,11).[2] Purkiser diz que em Afeque ficava a estrada principal para o Egito a partir do nordeste, uma parada no curso para Suném e a planície do Megido, pela qual eles esperavam passar rapidamente pelo território de Israel (28:4).[3]

Os soldados israelitas acamparam-se, por sua vez, junto à fonte que está em Jezreel, uma cidade no lado noroeste do monte Gilboa. A menção de Afeque é agourenta, porque foi nessa região que os filisteus derrotaram Israel e capturaram a arca da aliança, depois que o sacerdote Eli morreu (4:1-22). Essa tragédia levou o povo de Israel a clamar por um rei, à semelhança das outras nações (8:20). Várias décadas depois, Saul, o primeiro rei de Israel, sofreria nessa mesma região acachapante derrota e sua vida seria ceifada. Richard Phillips diz: "O que aconteceu em Afeque antes de Saul se tornar rei aconteceria novamente e daria fim ao seu reinado. No fim, o rei 'como todas as nações' fracassou".[4]

Os filisteus eram um grupo distribuído em cinco cidades-estado. Quando eles lutavam, as forças dessas cinco cidades-estado se uniam para formar um só exército (29:1). É o que eles estão fazendo quando se reúnem em Afeque.

Uma retaguarda suspeita (29:2b,3a)

Davi, apanhado pelas cordas de seu próprio pecado, tem seu disfarce exposto quando Aquis o convoca juntamente com seus homens para engrossarem as fileiras de seu exército. O belemita estava se prestando ao papel de guardião do soberano filisteu, indo na retaguarda da tropa filisteia. O que parecia uma boa medida para Aquis, tornou-se uma suspeita radical dos príncipes filisteus. Perceberam que a presença de Davi não era um reforço militar, mas uma armadilha para eles. Os comandantes ficam indignados com a presença dele e de seus homens nas fileiras do exército filisteu. Não estão dispostos a lutar ao lado de alguém cuja principal reputação era ter matado dezenas de milhares de filisteus.

É notório que a tentativa de Davi de resolver suas questões do seu próprio modo em vez de esperar pelo Senhor custou-lhe um alto preço. Ao afastar-se de sua confiança no Senhor, ele havia feito seu futuro depender das suas próprias qualidades. Seu problema não é apenas ter sua vida ameaçada; precisava agora ser salvo da sua aliança com os inimigos de Deus. Davi passou dezesseis meses entre os filisteus, fazendo-os pensar que os estava ajudando contra Israel, quando, na verdade, estava atacando os inimigos de Israel e não causando nenhum dano ao povo de Deus.

Este é um dos mais negativos e desventurados episódios na vida de Davi até esta época. Está engrossando as fileiras daqueles que atacarão o povo de Deus. Está alistado no exército inimigo. Está afirmando que está disposto a lutar contra os inimigos dos filisteus, mas no seu coração deseja o contrário disso. Isso demonstra até que ponto um filho de Deus pode descer às profundezas da mentira quando se apoia sobre o braço da carne e não sobre a mão de Deus.

Ironicamente, quando aprouve a Deus livrar Davi da armadilha em que havia caído, ele usou os filisteus como instrumento para livrar seu servo dos próprios filisteus. Deus o livrou de si mesmo pelas mãos dos príncipes filisteus. É veraz que os verdadeiros homens de Deus podem fracassar por um momento, mas eles não se detêm nisso.

Uma convicção infundada (29:3b)

O rei Aquis saiu em defesa de Davi, julgando que os dezesseis meses que este esteve em Ziclague passou batalhando as suas guerras, enquanto estava batalhando as guerras de Israel. Aquis acreditava que Davi tinha desertado de Israel e passado para o seu lado. Essa convicção, porém, era infundada. Na verdade, ao mesmo tempo que fugia de Saul, ele estava lançando as bases para o seu futuro governo, combatendo com vigor os inimigos de Israel.

Se Davi mostrasse lealdade a Aquis, estaria lutando contra seu próprio povo. Ele estava jogando dos dois lados. Nas palavras de Richard Phillips, "se Davi lutasse as guerras filisteias contra Israel seria um apóstata".[5]

Uma reação contundente (29:4,5)

Os argumentos de Aquis, defendendo Davi, não convenceram os príncipes filisteus. Ao contrário, ficaram furiosos com o rei e determinaram que o hebreu fosse sumariamente dispensado de acompanhá-los na guerra contra Israel. Os príncipes tinham a folha corrida das façanhas de Davi. Sabiam de sua fama em Israel. Tinham a certeza de que ele poderia se voltar contra eles no campo de batalha, a fim de se reconciliar com Saul. Os príncipes filisteus usaram dois argumentos. O primeiro deles foi um apelo à prudência (29:4). A última coisa que eles queriam quando fossem para a batalha era um grupo de israelitas armados na sua retaguarda. O segundo argumento foi baseado na História (29:5). Davi era um afamado guerreiro em Israel. Seu nome estava nas paradas de sucesso, nas músicas entoadas pelas mulheres israelitas.

Os comandantes filisteus ficaram assaz irados com Aquis, em face de sua ingenuidade. Os príncipes não engoliram Davi. Não chegaram nem mesmo a tratá-lo pelo nome (29:3). Eles perguntaram: "O que estes hebreus fazem aqui?". O termo "hebreus" era usado com desprezo por parte dos filisteus. Kevin Mellish diz que, provavelmente, os filisteus os viam como mercenários e vagabundos que poderiam mudar de aliança em qualquer momento.[6] Ao temerem uma traição, os comandantes exigiram que o rei Aquis mandasse Davi de volta. Eles concluíram que o fugitivo poderia recuperar o favor de Saul, e voltar-se contra eles no calor da batalha, e talvez mudasse o curso da vitória para os israelitas (29:4). A reputação de Davi como um guerreiro era bem conhecida (29:5).[7]

Uma defesa sem provas (29:6,7)

Tim Chester diz que Aquis adoça a pílula, afirmando que considera Davi "leal" e pessoalmente não encontrava nada culpável no israelita (29:6,7), mas que eles não poderiam guerrear juntos. A ironia é que Davi não estava sendo leal. Ele tinha feito uma coisa — atacar cidades gentias — e tinha dito a Aquis que estava fazendo outra — atacando cidades israelitas — (27:8-12).[8]

Em face da reação tão vigorosa dos príncipes filisteus, Aquis chamou Davi para explicar as razões da dispensa. Ainda estava convencido de que a presença dele e de seus homens era um reforço inestimável para os filisteus na iminente batalha. Mesmo diante das suspeitas dos príncipes, fundamentou sua defesa, reafirmando sua convicção de que o hebreu tinha mesmo desertado e passado para seu lado. Como a decisão dos príncipes era tão forte, a contragosto, ordenou Davi voltar e voltar em paz, pois não seria prudente gerar um conflito interno com sua liderança, no aceso da conflagração.

É digno de nota que a única referência a Deus neste capítulo vem de um rei filisteu (29:6). Tim Chester diz que, talvez, você encontre poucas referências a Deus na sua vida e talvez até mesmo poucos sinais da atuação dele. Porém, há grande chance de que ele esteja fazendo mais na nossa vida do que agora conseguimos compreender.[9]

Uma resposta insincera (29:8)

Em três ocasiões anteriores, Davi se declarou inocente com a pergunta: "O que foi que eu fiz?" (17:29; 20:1; 26:18). Em todas essas ocasiões, ele era, de fato, inocente das acusações feitas contra ele. Nesse caso, porém, a pergunta é mais um elemento de sua dissimulação.[10] A pergunta de Davi não passa de um ardil.

A pergunta pode ter, também, o propósito de suscitar a ideia de protesto, a fim de parecer que, de fato, ele é leal aos filisteus. Afinal, se concordar muito prontamente com a avaliação dos príncipes, poderá dar a impressão de que estão certos. Além disso, Davi pode ter tido o propósito de saber se os líderes filisteus haviam descoberto suas façanhas em Ziclague e tomar então as devidas cautelas, fugindo com seus homens para um lugar seguro, enquanto os filisteus lutam contra Israel.[11]

A resposta de Davi evocando suas ações em território filisteu não passa de uma defesa infundada. Se as guerras que ele travou, a partir de sua base militar em Ziclague, fossem do pleno conhecimento de Aquis, ele não estaria desfrutando da confiança do rei.

Sua declaração, de que estava disposto a pelejar contra o povo de Israel, os inimigos de Aquis, era uma mentira deslavada. Davi está dissimulando. Sua boca está divorciada do seu coração. Ele fala uma coisa, mas sente, outra. Concordo com Richard Phillips, quando escreve: "Davi cometeu um erro clássico ao qual todos estamos inclinados: tentar levar uma vida dupla".[12] William MacDonald corrobora, dizendo: "A resposta de Davi parece indigna de um homem de Deus. Ele lamenta não ter a permissão de entrar na guerra contra os inimigos do rei Aquis, a quem chama de senhor, mesmo que esses inimigos sejam o seu próprio povo. Davi mentiu para Aquis antes (1Sm 27) e aqui, mui provavelmente, está se esforçando para enganar os filisteus novamente".[13]

Tim Chester diz que ele mantém o fingimento e simula decepção (29:8). Mas deve ter ficado imensamente aliviado. Precisava escolher entre trair seu próprio povo e trair o seu hospedeiro filisteu no meio de um exército estrangeiro fortemente armado.[14]

Uma dispensa pesarosa (29:9,10)

Aquis, mais uma vez, com voz embargada de emoção, tece os mais altos elogios a Davi, a ponto de compará-lo a um anjo de Deus, mas ao mesmo tempo, declara que não pode agir na contramão dos príncipes filisteus, que decisivamente não o queriam entre eles na peleja.

Davi é ordenado a partir com seus homens no raiar do dia. A dispensa, embora pesarosa, era peremptória. Concordo com Antônio Neves de Mesquita, quando diz: "Foi providencial a recusa dos chefes filisteus, pois assim o livraram de tremendo constrangimento: o de pelejar contra os seus irmãos ou de ser desleal ao seu amigo filisteu".[15]

Uma saída honrosa (29:11)

Davi escapou do beco sem saída, por divina providência. Ele seria considerado traidor de sua pátria se tivesse acompanhado o exército filisteu. Sua carreira estaria arruinada. Ele e seus homens se levantaram de madrugada e partiram de volta a Ziclague, enquanto o exército filisteu marchou resolutamente para impor a Saul e a seu exército uma acachapante derrota. Kevin Mellish diz que o texto percorre uma longa distância aqui para mostrar que Davi e os filisteus se dirigiram em sentidos opostos; Davi viajou para o sul, e os filisteus foram para o norte. A nota no versículo 11 convincentemente o coloca longe de Jezreel, o que prova incontestavelmente que ele não teve participação na morte de Saul.[16]

Notas

[1] PHILLIPS, Richard D. *1Samuel*. 2016, p. 462.
[2] CHISHOLM JR., Robert B. *1 & 2Samuel*. 2017, p. 188.
[3] PURKISERA, W. T. *Os livros de 1 e 2Samuel*. *In* Comentário bíblico Beacon. Vol. 2. 2015, p. 227.
[4] PHILLIPS, Richard D. *1Samuel*. 2016, p. 463.
[5] PHILLIPS, Richard D. *1Samuel*. 2016, p. 464.
[6] MELLISH Kevin J. *Novo comentário bíblico Beacon – 1 e 2Samuel*. 2015, p. 202.
[7] PURKISER, W. T. *Os livros de 1 e 2Samuel*. *In* Comentário bíblico Beacon. Vol. 2. 2015, p. 227.
[8] CHESTER, Tim. *1Samuel para você*. 2019, p. 213.
[9] Idem.
[10] CHISHOLM JR., Robert B. *1 & 2Samuel*. 2017, p. 190.
[11] Idem.
[12] PHILLIPS, Richard D. *1 Samuel*. 2016, p. 464.
[13] MACDONALD, William. *Believer's Bible Commentary*. 1995, p. 320.
[14] CHESTER, Tim. *1 Samuel para você*. 2019, p. 213.
[15] MESQUISTA, Antônio Neves. *Estudo nos livros de Samuel*. 1979, p. 104.
[16] MELLISH, Kevin J. *Novo comentário bíblico Beacon – 1 e 2 Samuel*. 2015, p. 204.

Capítulo 31

Tomando de volta o que o inimigo levou

(1Samuel 30:1-31)

Davi foi liberto providencialmente da situação mais constrangedora de sua vida, a dispensa do exército filisteu, mas ao chegar em Ziclague enfrenta a provação mais dura de sua jornada. Ziclague, a cidade de refúgio, onde estava sua família e as famílias de seus leais soldados, havia sido atacada pelos terroristas do deserto, os amalequitas. Esses nômades bandoleiros tinham queimado e ferido a cidade.

Enquanto Davi e seus homens marchavam para o norte com Aquis, os amalequitas do sul invadiram aquela região, capturaram e queimaram Ziclague, e levaram as mulheres e as crianças cativas, para submetê-las a uma escravidão pior que a morte.[1]

Os dezesseis meses que Davi passou na Filístia trouxeram-lhe muitos problemas. Ali, entre os inimigos, sua fé arrefeceu. Precisou mentir, dissimular e depender de seus ardis para não ser desmascarado pelos filisteus. Depois da dispensa do exército de Aquis e de três dias de jornada, de volta a Ziclague, é confrontado com a mais sombria realidade. A cidade está fumegando. O rastro de destruição deixado pelos amalequitas deixa Davi e seus homens atônitos. Estão enfrentando o pior dos pesadelos. Seus bens foram roubados e suas famílias estavam prisioneiras nas mãos do inimigo. Concordo com Joyce Baldwin, quando diz que esse foi o ápice dos ataques cruéis dos inimigos ao longo de seu período de preparação para o trono.[2]

O ataque dos amalequitas (30:1-3)

A distância entre Afeque, no norte (29:1), e Ziclague, no sul, não poderia ser percorrida rapidamente. Uma jornada de três dias separava Davi dos filisteus. Além do mais, o monte Gilboa, o cenário da última batalha de Saul, ficava a mais de cinquenta e cinco quilômetros ao nordeste de Afeque. Davi estava, portanto, bem distante dos filisteus e ainda mais longe da cena da última luta de Saul. A implicação é clara: ele não ajudou os filisteus na batalha contra os israelitas, nem teve sua mão envolvida na morte de Saul.[3]

Essa guerra é um retrato da batalha espiritual que travamos contra as forças espirituais do mal. Não vivemos em território pacificado. O mundo jaz no maligno. Hordas demoníacas nos espreitam. O ataque dos amalequitas pode ser caracterizado como segue:

Em primeiro lugar, *um ataque implacável* (30:1). Os amalequitas, aproveitando a ausência de Davi e de seus valentes em Ziclague, entraram na cidade e atacaram-na com ímpeto. Foi um ataque repentino, fulminante e arrasador. Assim também é o ataque do diabo e suas hostes. O inimigo é maligno, cruel e assassino. Ele vem para roubar, matar e destruir. Há muitas pessoas arrasadas pelo ataque perverso deste inimigo cruel. Certa feita, estava pregando em Vitória, capital do Espírito Santo. Enquanto pregava uma mulher chorava copiosamente. Ao término da mensagem, perguntei a ela o que estava acontecendo. Respondeu-me: "O diabo destruiu a minha vida". "O que isso significa?", indaguei. Ela me disse: "Eu tinha uma família. Um dia acordei assustada com o grito de meus dois filhos. Ao pular da cama, percebi que meu marido não estava do meu lado. Corri para a porta do quarto dos filhos, a porta estava trancada. Bati e a porta não se abriu. Arrombei a porta e me deparei com um quadro horrível. Meu marido estava apunhalando os meus filhos. Quando entrei no quarto, ele enterrou a faca no próprio peito e caiu ensanguentado sobre os corpos de meus filhos". Com dor na alma, ela me disse: "Pastor, eu levei toda a minha família para o cemitério". Há muitas pessoas que, ainda hoje, sofrem esse ataque implacável do inimigo.

Em segundo lugar, *um ataque desumano* (30:1). Os amalequitas queimaram e feriram a cidade, deixando-a completamente arrasada e deserta. Há aqui um prejuízo financeiro e uma agressão física. Há muitas pessoas hoje, de igual modo, que estão sendo feridas pelo inimigo. Estão feridas no corpo, na mente, nas emoções, na alma. Estava pregando num congresso, em Patrocínio, Minas Gerais, e uma jovem senhora sorridente, que cuidava da recepção, depois de ouvir minha primeira palestra, me procurou. Olhando nos meus olhos, me perguntou: "Você está vendo este belo sorriso que eu tenho?". Respondi: "Sim, claro! É impossível não ver". Ela, então, me disse: "Este sorriso é uma mentira. Por trás deste sorriso eu escondo uma alma ferida". Havia muitas pessoas feridas e sangrando debaixo da fumaceira provocada pelos amalequitas.

Em terceiro lugar, *um ataque à família* (20:2,3,5). Os amalequitas atacaram principalmente a família. Este é o alvo principal do inimigo. Nenhum marido pode estar bem, sabendo que sua mulher está nas mãos do inimigo. Nenhum pai e nenhuma mãe pode estar em paz, sabendo que seus filhos estão prisioneiros nas mãos do inimigo. Quando a família é atingida, todas as outras áreas da vida são afetadas. Há muitos cônjuges prisioneiros hoje. Prisioneiros do álcool, das drogas, da pornografia, das filosofias ateístas. Há muitos filhos nas mãos do inimigo.

Em quarto lugar, *um conflito interno* (30:6). Uma das artimanhas do inimigo é provocar um estrago no arraial dos filhos de Deus e depois jogar uns contra os outros. Os homens de Davi estão colocando a culpa desse desastre nas costas dele, considerando-o responsável pela catástrofe. Estão lançando contra ele toda raiva e indignação reprimidas. Os aliados de Davi, angustiados por causa de seus filhos e filhas, querem apedrejá-lo, como os israelitas quiseram apedrejar Moisés antes de uma vitória sobre os amalequitas (Êx 17:4). Em vez de se aliarem a Davi para enfrentarem o inimigo, estão fazendo dele o inimigo. Quando transformamos aliados em inimigos, fazemos dos inimigos aliados. É oportuno o destaque de Joyce Baldwin: "Em vez de culpar Deus por permitir a destruição da cidade, Davi considerou a retaliação dos amalequitas um fato da vida, em que ele poderia lançar mão dos recursos do Senhor fiel, do Deus da aliança".[4]

Em quinto lugar, *uma celebração pela vitória* (30:16). Os amalequitas estão festejando a retumbante vitória alcançada sobre os filhos Deus. Estão comendo, bebendo e farreando. Sempre que o inimigo consegue uma vantagem sobre os filhos de Deus, ele celebra. Isso aconteceu depois do incêndio de Ziclague e da tomada dos despojos. Isso aconteceu com Sansão, depois que seus olhos foram vazados e ele foi levado para o templo de Dagom.

A reação de Davi (30:4-20)

Diante das tragédias da vida, é preciso ter uma atitude. Quais foram as atitudes de Davi? Como ele reagiu a esse drama?

Em primeiro lugar, *Davi chorou copiosamente* (30:4). Richard Phillips diz que ele havia chegado ao limite de seus recursos. Esse golpe não foi demais apenas para ele, mas também foi a última gota para seus homens exaustos.[5] Davi e seus homens desataram a chorar e choraram até não ter mais forças para isso. Quem chora está dizendo que algo está errado. Quem chora não se conforma com o caos. Quem chora está deixando vazar sua dor. Davi não chora escondido, mas em público, para todo mundo ver. É preciso chorar pela nossa família, pelos nossos filhos.

Tim Cimbala é um reconhecido pastor batista no Brooklin, em Nova York. Seu ministério frutífero é conhecido em toda a América. Certo dia, sua filha primogênita disse-lhe: "Papai, eu vou sair de casa. Quero conhecer o que o mundo tem para me oferecer. Não quero mais saber da igreja. Vou viver minha vida". Por mais que o pai insistisse, ela saiu de casa. Um pastor amigo telefonou para ele e disse: "Pastor Tim Cimbala, esquece essa menina. Ela não está nem aí para você. Toca a sua vida e o seu ministério". Mas quem pode esquecer um filho ou uma filha? Tim Cimbala pensou até mesmo em abandonar o ministério. Estava sem ânimo para prosseguir.

Numa das reuniões de oração da igreja, uma mulher se levantou e disse: "Pastor Tim Cimbala, a nossa igreja nunca chorou pela sua filha. Nossa igreja nunca levantou um clamor em favor de sua filha". Naquela noite, os crentes deram as mãos e fizeram um grande círculo de oração ao redor dos bancos. O templo transformou-se numa sala de parto, num lugar de choro, gemidos e lágrimas. Quando o pastor voltou para casa de madrugada, disse à sua esposa: "Querida, eu não tenho dúvidas que Deus salvou nossa filha nesta manhã". Três dias depois, bem cedo, a menina bateu à porta. Quando a mãe foi atender, ela entrou rapidamente, abraçou as pernas do pai em lágrimas e disse-lhe: "Papai, o que aconteceu há três dias pela madrugada? Estava dormindo, quando fui sacudida pelo poder de Deus. Escamas parecem que caíram dos meus olhos. Eu estava embrutecida, mas Jesus quebrou a dureza do meu coração. Papai, estou de volta para minha família, para a minha igreja, para o meu Deus". Nunca podemos desistir de nossos filhos. Não os geramos para o cativeiro. Nossos filhos são herança de Deus. É preciso chorar e orar por eles até vê-los aos pés do Salvador.

Em segundo lugar, *Davi se angustiou* (30:6). Ele sentiu-se amassado como o barro nas mãos do oleiro. Nas palavras de Warren Wiersbe, "o verbo *angustiou* significa que foi espremido contra um canto, da mesma forma que um oleiro aperta a argila dentro de um molde".[6] Sua alma foi cravejada pelas setas da angústia ao ver a cidade queimada, os rebanhos roubados, as mulheres cativas e os filhos e as filhas levados como escravos. Os dramas da vida devem, também, nos fazer sofrer e nos angustiar. Não podemos nos conformar com a derrota. Não podemos aceitar passivamente a decretação do fracasso em nossa família.

Em terceiro lugar, *Davi se reanimou no Senhor* (30:6). A angústia de Davi não o puxou para baixo, mas levou-o para cima. Levou-o a buscar a Deus. A despeito das circunstâncias, Davi se reanimou no Senhor seu Deus. Richard Phillips diz que antes de Davi controlar seus homens tinha de controlar a si mesmo. Seu longo surto de autoconfiança o havia levado à beira da morte, então era hora de abandonar seu programa de salvar a si mesmo. Nesse momento de total desespero, ele fez uma coisa muito necessária: "Davi se reanimou no Senhor, seu Deus". Se anteriormente ele havia recorrido aos seus próprios recursos, virtualmente sem orar e sem recorrer à palavra de Deus, agora ele se afastava de sua própria força e se dedicava ao Senhor.[7]

Davi não se reanimou porque era forte; ele não se reanimou porque o inimigo era fraco; ele não se reanimou porque seus soldados estavam ao seu lado; ele não se reanimou porque tinha uma estratégia infalível. Ele se reanimou no Senhor seu Deus. Do alto vem o socorro. Não se trata aqui de autoajuda, mas da ajuda do alto. Concordo com Tim Chester: "No versículo 4, Davi não tinha mais forças por causa de sua tristeza. Mas onde a força de Davi falha, a força de Deus prevalece [...] O resultado é que o medo se transforma em fé e a dor se transforma em louvor".[8]

Em quarto lugar, *Davi consultou o Senhor* (30:7,8). Ele não se reanimou com bravatas humanas, mas reanimou-se para conhecer a direção divina. Ele buscou a Deus e este o atendeu. Ele orou ao Senhor e este o ouviu. A oração de Davi é uma das mais curtas da Bíblia. Constitui-se apenas de duas perguntas: "Perseguirei eu o bando? Alcançá-lo-ei?". Deus respondeu sua oração favoravelmente. Vemos aqui um contraste entre Saul e Davi. Saul consultou o Senhor, e o Senhor não lhe respondeu. Mas Davi consultou ao Senhor e o Senhor lhe atendeu. Kevin Mellish diz que Deus não só ordenou que Davi fosse à guerra, dando-lhe o sinal verde para o ataque, mas, de forma inequívoca garantiu-lhe que lhe daria o sucesso nesse empreendimento.⁹

Em quinto lugar, *Davi agiu* (30:9,10). Ele não só orou, mas também obedeceu. Diante da ordem do Senhor para perseguir o inimigo e tomar de volta o que ele havia levado, partiu. Sua liderança reverteu a situação. Seus soldados não querem mais apedrejá-lo. Estão todos marchando, sob sua liderança, para triunfarem sobre o inimigo. É importante destacar que o que Deus promete é vitória certa e não ausência de luta; é chegada segura e não caminhada fácil. Duzentos homens, de cansados que estavam, não puderam atravessar o ribeiro de Besor e prosseguir na batalha. O termo hebraico traduzido por "cansados" significa "exauridos".¹⁰ Então, ficaram na base, tomando conta da bagagem enquanto os demais prosseguiram com Davi rumo à vitória.

Em sexto lugar, *Davi recebeu ajuda providencial* (30:11-16). Por divina providência os soldados de Davi encontram um egípcio, que em virtude de sua doença fora abandonado pelos amalequitas, para morrer no deserto. Este foi alimentado e reanimado pelos homens de Davi, e depois de assegurar proteção e imunidade, guiou o exército até os amalequitas. Concordo com Warren Wiersbe, quando disse: "Aquele homem poderia ter morrido no deserto, mas Deus o preservou por amor a seu servo Davi".[11] Joyce Baldwin diz que graças a seu guia, Davi e seus homens encontraram o acampamento dos amalequitas e, parados em algum ponto de observação, contemplaram a festa desenfreada, que se estendia até onde seus olhos podiam enxergar.[12]

A vitória de Davi sobre os amalequitas

Destacamos dois pontos importantes aqui:

Em primeiro lugar, *Davi venceu o inimigo* (30:17). Sua vitória sobre os amalequitas foi arrasadora. Ele os massacrou desde a alvorada do dia até a tarde do dia seguinte. Exceto quatrocentos moços que fugiram montados em camelos, todos os demais foram mortos. Davi então recuperou todos os despojos, e o mais importante, resgatou as pessoas cativas. Deus mudou o placar do jogo, virou a mesa da história. A tragédia transformou-se em triunfo. Nas palavras de Joyce Baldwin: "Agora a honra pertence a Davi, assim como um pouco antes ele fora obrigado a receber a culpa. Os verbos reiteram sua bravura: *"Feriu-os Davi... Davi salvou tudo... também salvou... tudo Davi tornou a trazer... também Davi tomou todas as ovelhas e o gado"*.[13]

Em segundo lugar, *Davi tomou de volta o que o inimigo levou* (30:18-20). Vemos aqui uma reviravolta completa. Davi recuperou tudo o que os amalequitas haviam tomado: os bois, as ovelhas, as coisas grandes, as coisas pequenas, e ainda, salvou as mulheres, os filhos e as filhas. Nada ficou nas mãos do inimigo. Tudo tomou de volta e tornou a trazer. Warren Wiersbe tem razão em dizer que a vitória não foi apenas completa, mas, também, lucrativa para Davi, pois tomou riquezas e despojos dos amalequitas para si.¹⁴ Com essa retumbante vitória, suas peregrinações pelo deserto haviam terminado.

A conduta graciosa de Davi (30:21-31)

A questão dos despojos domina o restante do capítulo. Vejamos:

Em primeiro lugar, *o valor da cordialidade* (30:21,22). Quando Davi chegou aos duzentos homens cansados que ficaram na base, guardando as bagagens, os saudou com cordialidade, demonstrando amor e simpatia a eles. Alguns de seus homens, chamados de filhos de Belial, porém, foram hostis aos que ficaram para trás, sendo contrários à ideia de repartir com eles os despojos de guerra. Na opinião desses homens, os que ficaram na base deveriam apenas tomar suas mulheres e filhos e partir. Davi, porém, exerceu sua prerrogativa e não permitiu que a avareza desses homens prevalecesse.

Em segundo lugar, *o reconhecimento da graça* (30:23). Davi resistiu fortemente aos filhos de Belial e saiu em defesa dos duzentos que tinham ficado no ribeiro de Besor, dizendo que aqueles que haviam ficado na base tinham os mesmos direitos daqueles que estavam na linha de frente. Aqueles que seguram as cordas merecem o mesmo tratamento daqueles que descem ao poço.

O argumento de Davi foi baseado na graça de Deus. A vitória não tinha sido resultado do esforço humano, mas da graça divina. Foi o Senhor quem os guardou. Foi o Senhor quem entregou em suas mãos os amalequitas. É digno de nota, porém, que Davi tratou os maus filhos de Belial, dentre os homens que tinha em seu exército (30:22), com brandura, chamando-os de "irmãos meus" (30:23).

A graça de Deus produziu nele um espírito conciliador e pacificador. Nas palavras de Richard Phillips, "Davi não os repreende severamente nem os insulta, mas dirige-se a eles graciosamente como seus irmãos".[15] Esse é o mesmo princípio ensinado pelo apóstolo Paulo: "Não repreendas ao homem idoso; antes, exorta-o como a pai; aos moços, como a irmãos; às mulheres idosas, como a mães; às moças, como a irmãs, com toda pureza" (1Tm 5:1,2). Matthew Henry capta o sentido dessa verdade ao escrever: "Os superiores frequentemente perdem sua autoridade por arrogância, mas raramente por cortesia e condescendência".[16]

Em terceiro lugar, *a importância da valorização de todos* (30:24,25). Além de Davi exercer sua prerrogativa de líder, requer igualdade de privilégios para todos os homens, tanto os de vanguarda como os que ficaram na retaguarda. Ele estabeleceu este princípio como regra perpétua. O princípio tornou-se a prática comum, um precedente legal. Kevin Mellish diz que, ao fazer isso, Davi promulgou uma regra de distribuição de despojos que faz lembrar a legislação encontrada em Deuteronômio 20:14.[17] Robert Chisholm diz que embora Davi ainda não seja rei, já desempenha seu papel de líder imbuído de autoridade, e, com isso, prefigura sua ascensão ao trono.[18]

Em quarto lugar, *a doação generosa* (30:26-31). O texto enumera diversas cidades das pessoas a quem Davi deu presentes. Além de presentear os seus soldados com os despojos da guerra, Davi ainda enviou presentes dos despojos para os anciãos de Judá, aos de Betel, aos de Ramote do Neguebe, aos de Jatir, aos de Aroer, aos de Sifmote, aos de Estemoa, aos de Racal, aos que estavam nas cidades dos jeremeelitas e nas cidades dos queneus, aos de Horma, aos de Borasã, aos de Atace, aos de Hebrom e a todos os lugares em que andara Davi, ele e os seus homens. Concordo com Warren Wiersbe, quando diz que Davi não estava apenas agradecendo a esses líderes, das diversas cidades, mas também preparando o caminho para a ocasião em que voltaria à terra deles como rei de Israel.[19] Assim Davi conseguiu se congraçar com os clãs, tribos e famílias da região quando repartiu os despojos da batalha com eles.

Notas

[1] PURKISER, W. T. *Os livros de 1 e 2Samuel*. In Comentário bíblico Beacon. Vol. 2. 2015, p. 227.
[2] BALDWIN, Joyce G. *I e II Samuel: introdução e comentário*. 2006, p. 187.
[3] MELLISH, Kevin J. *Novo comentário bíblico Beacon – 1 e 2Samuel*. 2015, p. 204,205.
[4] BALDWIN, Joyce G. *I e II Samuel: introdução e comentário*. 2006, p. 187.
[5] PHILLIPS, Richard D. *1Samuel*. 2016, p. 475.
[6] WIERSBE, Warren W. *Comentário bíblico expositivo*. Vol. 2. 2006, p. 281.
[7] PHILLIPS, Richard D. *1Samuel*. 2016, p. 476.
[8] CHESTER, Tim. *1Samuel para você*. 2019, p. 214.
[9] MELLISH, Kevin J. *Novo comentário bíblico Beacon – 1 e 2Samuel*. 2015, p. 206.
[10] WIERSBE, Warren W. *Comentário bíblico expositivo*. Vol. 2. 2006, p. 281.
[11] Idem.
[12] BALDWIN, Joyce G. *I e II Samuel: introdução e comentário*. 2006, p. 189.
[13] BALDWIN, Joyce G. *I e II Samuel: introdução e comentário*. 2006, p. 189.
[14] WIERSBE, Warren W. *Comentário bíblico expositivo*. Vol. 2. 2006, p. 281.

15 PHILLIPS, Richard D. *1Samuel*. 2016, p. 481.
16 HENRY, Matthew. *Commentary on the whole Bible*. Vol. 6. Peabody, MA: Hendrickson. 1992, p. 345.
17 MELLISH, Kevin J. *Novo comentário bíblico Beacon – 1 e 2Samuel*. 2015, p. 208.
18 CHISHOLM JR., Robert B. *1 & 2Samuel*. 2017, p. 191.
19 WIERSBE, Warren W. *Comentário bíblico expositivo*. Vol. 2. 2006, p. 282.

Capítulo 32

O trágico final de um rei impenitente

(1Samuel 31:1-13)

O NARRADOR BÍBLICO VOLTA a falar de Saul, neste capítulo, para descrever o eclipse desse rei impenitente. Ele que foi ungido para libertar o povo de Israel dos filisteus, foi decapitado pelos filisteus. Ele que deveria liderar Israel em suas guerras, nunca liderou o povo nas batalhas. Vemos aqui o fim trágico de Saul. Como o centro de seu universo era ele mesmo, acabou ceifando sua própria vida, cometendo suicídio. Nas palavras de Richard Phillips:

> O rei Saul começou com grandes privilégios e bênçãos, mas entregou-se à obstinada desobediência a Deus. Quando reprovado, Saul endurecia seu coração e

> se lançava numa trajetória declinante de orgulho, ódio e desespero. Seus últimos anos foram marcados pelo seu ódio louco ao fiel Davi, pelo assassinato dos santos sacerdotes de Deus (22:18,19) e pela busca de auxílio da parte de uma serva do diabo (28:7,8). Não é de admirar que essa vida impenitente terminasse lançando seu corpo sobre uma espada. Saul havia estado matando sua alma durante todo o tempo em que se afastou da misericórdia de Deus, de modo que era adequado que seu último ato impenitente fosse matar si mesmo.[1]

Joyce Baldwin, nessa mesma toada, destaca que a missão divina entregue a Saul tinha sido a de salvar Israel dos filisteus (9:16), mas ironicamente ele morre na batalha contra os filisteus.[2]

Concordo com Richard Phillips quando diz que a vida de Saul foi um relato amargo do abandono do caminho de Deus e da perda do perdão divino por sua recusa em se arrepender.[3] Caso Saul tivesse se arrependido verdadeiramente, podemos estar certos de sua aceitação e bênção por parte de Deus. Um exemplo claro é o que aconteceu com o rei Manassés, um verdadeiro monstro, feiticeiro, idólatra e assassino. Quando Deus o entregou nas mãos de seus inimigos, o ímpio rei se arrependeu de seus pecados e invocou ao Senhor para salvá-lo (2Cr 33:12,13). A verdade divina é clara: arrepender-se e viver ou não se arrepender e morrer.

Este capítulo é repetido quase que literalmente em 1Crônicas 10:1-14. O livro das Crônicas esclarece: "Assim, morreu Saul por causa da sua transgressão cometida contra o SENHOR, por causa da palavra do SENHOR, que ele não guardara; e, também, porque interrogara e consultara uma necromante e não ao SENHOR, que, por isso, o matou e transferiu o reino a Davi, filho de Jessé" (1Cr 10:13,14).

A derrota do exército de Israel (31:1)

Saul está em franco declínio. Depois de exortado inúmeras vezes, não quebrantou seu coração. Então, agora, é quebrado sem que haja cura (Pv 29:1). Seu egoísmo o destruiu. Seu ciúme o adoeceu. Sua impiedade truculenta manchou suas mãos de sangue. Sua rebeldia o levou a uma sessão mediúnica. Sua perturbação emocional e espiritual o desqualificou para a batalha. Enquanto Saul está se desidratando, os filisteus estão se fortalecendo. Eles pelejam, os homens de Israel fogem. Eles terçam a espada, os homens de Israel caem feridos no monte Gilboa. Robert Chisholm diz que a descrição da derrota de Israel é semelhante a 1Samuel 4:10, a única outra passagem em que os filisteus "lutam" e Israel "foge". Na ocasião anterior, a arca foi capturada e o sacerdote Eli e seus filhos morreram. Na presente ocasião, o rei de Israel e três de seus filhos são mortos.[4]

Nessa mesma toada Richard Phillips diz que a total derrota do exército de Israel no monte Gilboa foi um desastre nacional de proporções monumentais, equiparando-se à terrível perda na batalha de Ebenézer duas gerações antes (4:1-22). O exército de Israel foi destruído, sua liderança foi assassinada, sua terra foi ocupada e sua religião foi desgraçada. Era a hora de *Icabode* ser pronunciado sobre o reinado de Saul, pois a glória do Senhor já havia partido há muito tempo (4:21,22).[5]

A morte dos filhos do rei Saul (31:2)

A família real está no campo de batalha. Saul e três de seus filhos estão juntos no aceso do confronto. Os filisteus apertaram com Saul e seus filhos e mataram Jônatas,

Abinadabe e Malquisua. O rei vê seus filhos tombarem no campo de batalha. Seu exército está sendo massacrado.

O elogio fúnebre de Jônatas será cantado por Davi em 2Samuel 1:17-27, mas Dale Ralph Davis faz um breve obituário de Jônatas: "Ele foi um verdadeiro amigo de Davi e um filho fiel de Saul. Ele entregou seu reinado a Davi (18:1-4); sacrificou sua vida por Saul. Nesse fiasco sem esperança, Jônatas estava no lugar que o Senhor lhe havia atribuído — ao lado de seu pai".[6]

A morte do rei Saul (31:3-6)

Saul está sofrendo acachapante derrota. Além de ver seus filhos mortos, ele também foi atingido pelos flecheiros filisteus. Está encurralado. Não pode mais escapar. O temor, como um carrasco, atordoa sua mente, apavora seu coração e tira-lhe a última gota de esperança. Antes de Saul cair nas mãos dos filisteus, caiu em suas próprias mãos. Tim Chester é oportuno, quando escreve: "Quatro vezes neste último capítulo são usadas variações do verbo 'cair'. Os soldados israelitas 'caíram feridos no monte Gilboa' (31:1). '[...] Saul, então, pegou sua própria espada e caiu sobre ela' (31:4, NVI). O escudeiro 'caiu também sobre sua espada' (31:5 NVI). Por fim, os filisteus 'encontraram Saul e seus três filhos caídos no monte Gilboa' (31:8)".[7]

Não vendo uma luz no fim do túnel, e com medo de ser escarnecido pelos incircuncisos filisteus, Saul prefere a morte à captura. Saul, então, pede ao seu escudeiro para abatê-lo e atravessá-lo com sua espada. Em uma nota de amarga ironia, a última ordem que Saul deu como rei incluía sua própria sentença de morte. Saul preferiria morrer pela lança de seu próprio servo a que cair nas mãos dos filisteus.[8]

O escudeiro de Saul recusou-se a atentar contra o rei. Sem mais ninguém para ajudá-lo, Saul tomou sua própria espada e se lançou sobre ela, cometendo suicídio. Richard Phillips diz que o suicídio de Saul é o último prego no caixão da fé que ele uma vez professou.[9] Tim Chester diz, corretamente, que o suicídio de Saul é simbólico. Os filisteus não o removeram do trono. Davi se recusou a fazê-lo. É o próprio Saul que se mata, pois foi autor de sua queda por infidelidade e desobediência. O suicídio o confirma.[10] Quando o escudeiro de Saul o viu sem vida, atravessado por sua própria espada, também se lançou sobre a própria espada, e morreu com ele.

Concordo com Richard Phillips quando diz que talvez mais problemático que o que Saul fez naquela hora de desespero seja o que ele não fez. Não há clamor a Deus por auxílio. Não há súplica ao céu por misericórdia. Ele morreu como viveu, em dura obstinação e sem fé na salvação de Deus, sem nem mesmo clamar ao Senhor no seu último suspiro. Durante todo o seu reinado, nenhuma mão lhe havia causado dano, a não ser a sua própria; e, como viveu, assim ele morreu, seu próprio destruidor e seu próprio assassino.[11]

A debandada geral dos homens de Israel (31:7)

A debandada geral dos homens de Israel, somada à morte de Saul e de seus filhos jogou uma pá de cal em todas as esperanças de vitória na peleja e os homens de Israel desampararam as cidades e fugiram. Então, vieram os filisteus e habitaram nelas. Richard Phillips diz que tão grande foi o desastre dessa batalha que os israelitas que viviam na fértil região atrás do monte Gilboa, incluindo as cidades ao longo do Jordão e até mesmo as do lado oriental, abandonaram suas terras e fugiram. Portanto, o fim da idolatria do povo em rejeitar ao Senhor para pedir um rei foi a dominação da terra e das cidades deles pelos servos dos ídolos.[12]

Tim Chester tem razão em dizer que essa é uma derrota devastadora — o rei e seus três filhos mortos em uma só batalha (31:6) — e os filisteus não somente derrotam o exército israelita, mas também ocupam as cidades do vale do rio Jordão e toda a terra ao longo do lado leste do rio (31:7).[13] Kevin Mellish chama a atenção para o fato que Saul nunca derrotou os filisteus; aliás, eles ficaram mais fortes durante o governo dele, ocupando até territórios que os israelitas antes ocupavam.[14] Nas palavras de Warren Wiersbe, "Saul perdeu o exército, perdeu a vida, perdeu a honra e perdeu a coroa".[15]

A profanação do corpo de Saul e de seus filhos (31:8-10)

Os israelitas perderam para si mesmos. No dia seguinte, os filisteus não vieram lutar, mas apenas garimpar os espólios e despojar os mortos. Foi quando acharam Saul e seus três filhos caídos no monte Gilboa. Saul conseguiu escapar da tortura enquanto ainda vivia, mas não pôde evitar o abuso do seu cadáver (31:9).

Fizeram com Saul o que Davi havia feito com o gigante Golias. De modo irônico, Saul está agora no papel de Golias, e os filisteus, no papel de Davi (17:51). Cortaram sua cabeça e o despojaram de suas armas. Os filisteus fizeram uma passeata com o corpo e as armas de Saul. Fizeram retumbante anúncio no território filisteu e fizeram essa notícia chegar à casa de seus ídolos e entre o povo. Joyce

Baldwin diz que os filisteus procuraram tirar vantagem da vitória obtida, congratulando-se com seus deuses e dedicando as armas de Saul como um troféu no templo de Astarote.[16]

Aos olhos humanos o deus estrangeiro tinha triunfado, e o corpo decapitado do rei ungido de Israel fora pendurado e exposto no muro da cidade de Bete-Seã, uma importante cidade murada, controlada pelos filisteus, na junção do vale de Jezreel com o vale do rio Jordão, a mais oriental na série de antigas cidades fortificadas cananeias que atravessam a região que vai do Mediterrâneo até o Jordão, as quais os israelitas não haviam conquistado (Js 17:1).[17]

A coragem movida pela gratidão (31:11-13)

Purkiser diz que uma nota de heroísmo fecha esta triste história.[18] Os moradores de Jabes-Gileade, que há quarenta anos haviam sido socorridos pelo rei Saul do ataque dos amonitas (11:5-11), agora pagam essa dívida de gratidão, e com grande bravura, e não pouco risco, em uma rápida investida noturna, tiraram o corpo de Saul e os corpos de seus filhos do muro de Bete-Seã, recuperando-os de uma humilhação pública, e vindo a Jabes, os cremaram. Então, tomaram-lhes os ossos, e os sepultaram debaixo dum arvoredo, em Jabes, e jejuaram uma semana. Certamente a intenção desses valentes foi dar um enterro decente ao rei Saul e a seus filhos. Posteriormente, Davi exumou os restos mortais de Saul e de seus filhos e providenciou para que fossem sepultados no túmulo de sua família em Benjamim (2Sm 21:12-14).

Concordo com Richard Phillips, quando diz que o fato de 1Samuel terminar com um corajoso ato de gratidão por

Saul diz mais sobre Deus que sobre Saul. Ele nos lembra que até mesmo o pior dos vivos nasceu portando a imagem de Deus e possui pelo menos centelhas da bondade e do amor divinos. Essa nota final também mostra quanto Deus está pronto para abençoar e recompensar os mínimos atos de fé e de obediência.[19]

Os valentes de Jabes-Gileade fizeram o que é certo e tomaram partido do lado vencedor. Não pouco tempo depois, Davi ascendeu ao trono e impôs aos filisteus uma derrota fragorosa e definitiva e libertou Israel da opressão desse povo pagão. De igual modo, devemos sempre, também, tomar posição em defesa da verdade e da justiça, pois onde quer que Jesus seja servido com verdadeira fé e obediência, há um novo começo, no qual a graça do seu reinado pode crescer e triunfar.[20]

NOTAS

[1] PHILLIPS, Richard D. *1Samuel*. 2016, p. 490.
[2] BALDWIN, Joyce G. *I e II Samuel: introdução e comentário*. 2006, p. 191.
[3] PHILLIPS, Richard D. *1Samuel*. 2016, p. 486.
[4] CHISHOLM JR., Robert B. *1 & 2Samuel*. 2017, p. 195.
[5] PHILLIPS, Richard D. *1Samuel*. 2016, p. 486.
[6] DAVIS, Dale Ralph. *1Samuel: Looking on the heart*. 2000, p. 262.
[7] CHESTER, Tim. *1Samuel para você*. 2019, p. 218.
[8] MELLISH, Kevin J. *Novo comentário bíblico Beacon – 1 e 2Samuel*. 2015, p. 214.

9. PHILLIPS, Richard D. *1Samuel*. 2016, p. 488.
10. CHESTER, Tim. *1Samuel para você*. 2019, p. 217.
11. PHILLIPS, Richard D. *1Samuel*. 2016, p. 488.
12. PHILLIPS, Richard D. *1Samuel*. 2016, p. 489.
13. CHESTER, Tim. *1Samuel para você*. 2019, p. 217.
14. MELLISH, Kevin J. *Novo comentário bíblico Beacon – 1 e 2Samuel*. 2015, p. 214.
15. WIERSBE, Warren W. *Comentário bíblico expositivo*. Vol. 2. 2006, p. 285,286.
16. BALDWIN, Joyce G. *I e II Samuel: introdução e comentário*. 2006, p. 192.
17. Idem.
18. PURKISER, W. T. *Os livros de 1 e 2Samuel*. In Comentário bíblico Beacon. Vol. 2. 2015, p. 229.
19. PHILLIPS, Richard D. *1Samuel*. 2016, p. 494.
20. Idem, p. 495.

Sua opinião é importante para nós.
Por gentileza, envie-nos seus comentários pelo e-mail:

editorial@hagnos.com.br

Visite nosso site:

www.hagnos.com.br